ANNALS OF SHENYANG CABLE

沈阳有线志

1989 — 2014

何宏刚　主编

沈阳出版发行集团
沈阳出版社

图书在版编目（CIP）数据

沈阳有线志：1989—2014 / 何宏刚主编. —沈阳：沈阳出版社，2017.6

ISBN 978-7-5441-8151-8

Ⅰ.①沈… Ⅱ.①何… Ⅲ.①有线电视—电视事业—概况—沈阳—1989—2014②有线广播—广播事业—概况—沈阳—1989—2014 Ⅳ.①G229.273.11

中国版本图书馆CIP数据核字（2017）第018590号

出版发行： 沈阳出版发行集团 | 沈阳出版社

（地址：沈阳市沈河区南翰林路10号 邮编：110011）

网　　址： http://www.sycbs.com

印　　刷： 辽宁星海彩色印刷有限公司

幅面尺寸： 170mm×240mm

印　　张： 27

插　　页： 4

字　　数： 280千字

出版时间： 2017年6月第1版

印刷时间： 2017年6月第1次印刷

责任编辑： 周武广　杨　静　张　畅

特约编辑： 张　艳

封面设计： 周兴有

版式设计： 易举众擎

责任校对： 徐光雨　张　畅　何旖晴

责任监印： 杨　旭

书　　号： ISBN 978-7-5441-8151-8

定　　价： 136.00元

联系电话： 024-62564985　24112447

E-mail： sy24112447@163.com

出 版 说 明

2013年元月，沈阳有线年度工作报告中将编写《沈阳有线志》列入企业文化建设部分，作为2013年一项重要工作提上议事日程。

2014年，由于网络整合等客观因素，沈阳有线的企业形态发生变化，或多或少影响了《沈阳有线志》编写的进度。

今天，《沈阳有线志》出版了。借出版的机会，把邀请做《沈阳有线志》编辑指导委员会成员和承担编写工作人员的名字按姓氏笔画排序如下。

邀请做编辑指导委员会成员的有：

于启洋　弋国良　马　哲　马　瞕　孔　军
王　刚　王　梅　王大明　王东明　王克岩
王湘农　边延信　车欣悦　田　研　史德新
可成杰　冯志勇　白明路　白忠祥　曲　刚
华　岩　刘　芳　刘　海　刘凤城　刘世颖
刘守德　伊秀中　刘家彬　孙　航　孙金洲
孙祥维　邢大勇　乔恩福　张　岩　张　剑
张　艳　张士忱　张广辉　张艺凡　张立国
张东毅　张秀艳　张甫臣　张茂民　张晓钧
肖　华　陈　坚　陈　胜　陈　洋　陈秋雁
杨　宇　杨　轩　杨　林　杨绍臣　汪　溪

李大明　李永耀　李成雨　李向宽　李先富

李秉仁　李英杰　李依群　何冬梅　何宏刚

邱学武　沈国柱　苏焕伟　周庆玺　周晓庆

林跃进　胡由义　赵守利　赵新民　姜复森

倪　红　莫　克　高占文　夏永兴　崔国庆

商国忠　韩永言　程　亮　董　涛　董国祥

董明跃　裘远真　潘新庆　廉　杨　魏绍利

承担编写工作的人员有：

张　艳　李永耀　何宏刚

在《沈阳有线志》编写过程中，承蒙史长富、李成雨、倪红、刘锐等人在技术、专业和资料收集等方面的支持，还有一些临时参与相关事务的人员就不一一列名了。

现出版的《沈阳有线志》中，还有许多史实需要补正，特别如遇谬误之处，望读者斧正。

编　者

2017 年 3 月 12 日

编 者 的 话

　　"沈阳有线"的叫法，源于用户的口碑，也是沈阳有线电视台、沈阳传媒网络（集团）公司和沈阳有线广播电视及其传输覆盖网络的简称，更是沈阳有线广播电视事业发展的写照。

　　把沈阳有线以"志"的形式记录下来，是一项艰苦的抢救性工作。《沈阳有线志》如实记载了自1989年至2014年沈阳有线25年的发展历程，是珍贵的历史资料和历史财富。《沈阳有线志》的编写完成，为沈阳有线广播电视事业发展史留下了浓墨重彩的一笔。

　　沈阳有线的建设，启示于南方城市有线电视的发展，孕育在沈阳电视台有线电视筹备处，成长于沈阳有线电视台，发展在沈阳传媒网络有限公司。沈阳有线从动意建设，到肩负着"代市政府开发、管理、运营沈阳地区有线广播电视及其传输覆盖网络"的重任。25年来，沈阳有线人不辱使命，从模拟电视到数字电视，从标清电视信号到高清电视信号，直至面向未来的交互式全业务综合物理网的建设，无不为沈阳有线的可持续发展奠定了坚实基础。

　　沈阳有线创业之初，在市委市政府的关怀下，全市上下"拧成一条线，沈阳有线；共织一张网，沈阳有线网"；成长之期，艰苦奋斗，自强不息，没有条件创造条件也要干；发展之途，困惑无解，波折重生，但没有阻挡住沈阳有线奋进的步伐。

今天的沈阳有线，以集团公司的实力，鹰视旷野，已拥有有线电视用户资源215万户，年收入超过6亿元，总资产超过16.7亿元，位居全国副省级城市之前列。今天的沈阳有线人，已将"沈阳有线，服务无限"的文化理念，夯实到现代企业管理流程中，"以用户为中心"已成为员工的行动自觉。一个蒸蒸日上，风清气正，戮力同心，共识转型，与"智慧社区"建设项目融合发展的沈阳有线正在崛起！

历史走到当下，历经25年的沈阳有线，在市场经济的环境下，管理形态发生变化，其主体随行政主导被整合到新的网络运营体中……

历史感召未来，让《沈阳有线志》，作为一种文化传承下去；作为一种资源在未来的发展中发挥作用；作为一种力量激励后沈阳有线人前行！

何宏刚

2015年9月10日

目　　录

开篇　沈阳有线沿革

沈阳有线自1989年发起筹备建设发展以来，已经走过了25个春秋。25年来，从苗于沈阳电视台有线电视筹备处，成长为沈阳有线电视台，发展到沈阳传媒网络有限公司。按发展时期计算，经历了沈阳有线的筹建、沈阳有线的建设、沈阳有线的发展等三个时期。就单位性质来说，前两个时期为文化事业单位性质，后一个时期为文化企业单位性质。

第一章　沈阳有线的筹建

早在1989年，沈阳电视台领导们就十分关注沈阳市有线电视事业，转年便动意建设沈阳市的有线电视系统，并组织人力着手工作，把建设沈阳市有线电视系统作为重点工作项目纳入沈阳电视台议事日程。1991年初，向沈阳市委、市政府提出建设沈阳市有线电视系统的建议。

1991年8月9日，沈阳市委召开书记办公会议，研究决定沈阳市发展有线电视事业。会议明确沈阳有线电视系统建设由沈阳电视台负责筹建工作。会后下发了书记办公会议纪要。

根据市委书记办公会议精神，市政府相关部门相继批准了建立沈阳有线电视台的相关手续。

1992年3月，沈阳市政府成立了沈阳有线电视工程领导小组。1992年6月15日，沈阳有线筹备处成立，办公地点设在沈阳电视台，全称为沈阳电视台有线电视筹备处。由此沈阳有线进入了筹建的实施阶段。

经过4年的努力，1993年9月28日，沈阳有线电视信号开通，10月1日正式试播，从此，沈阳有线电视诞生了！

第二章　沈阳有线的建设

1993年8月26日，沈阳市政府批准了沈阳有线电视台的设立。1994年初，沈阳有线便着手架构沈阳有线电视台，并按照有线电视台的体系开始了11年的大规模网络建设。

先期完成了有线电视网络前端和部分区域有线电视网的建设，先后建设起市内五区有线电视维护站和收费站，收费由手动记账收费提升为微机联网收费。中期网络又经过边建设边改造的过程，到2002年数字网调试完成，沈阳有线由原来的550兆赫兹单向传输网，改造升级为860兆赫兹的双向传输系统，网络结构为一个中心，两个平台，32个分前端。建设了20个分前端机房，敷设地下干线光缆937孔公里，支线42孔公里，地上光节点完成建设430个，取代了租用电信的全部光缆。网络覆盖率和覆盖面积均达95%。向有线电视用户播出的节目，由先期的 12 套模拟电视节目，到中期的 24 套模拟电视节目，至后期已播出模拟电视节目 43 套、数字电视节目 58 套，并向用户开通了互联网数据业务。播出前端实现了由手动播出节目为自动播出系统，建立了全线监控系统。

2003 年以来，完成了对中央驻沈企业、省市属大中型企事业单位以及学校等局域性有线电视网络整合，不断扩大市场占有率，沈阳有线的用户资源由先期的 3.8 万户，到中期的 42.1 万户，到沈阳有线大规模建设的最后一年——2004 年，用户资源递增到 100 万户。

经过 11 年的奋斗，市区网络基本覆盖、网络平台升级完成、百万用户目标实现，沈阳有线大规模基本建设圆满收官。

第三章　沈阳有线的发展

大规模的集中建设，为沈阳有线的后续发展奠定了坚实基础，迎来了沈阳有线后 10 年的大发展。

2004 与 2005 年际之间，正值沈阳有线转制当口，按照国家文化体制改革的要求，由文化事业改为文化企业，企业性质为国有，企业名称为沈阳传媒网络有限公司。公司注册于 2004 年 8 月 12 日，启动于 2005 年。这时起，沈阳有线按照现代化企业要求，完成了资产评估和股权分配，初步建立起了现代企业管理制度，标志着沈阳有线广播电视网络的运营主体正式从国家文化事业管理体制转为文化产业管理体制。身份的转换，迸发了活力，极大地促进了沈阳有线的蓬勃发展。

沈阳有线抓紧时机，刻不容缓地加快对东陵区、于洪区、苏家屯区和沈北新区有线电视行政区域网络整合，迅速抢占沈阳地区有线电视网络市场，实现了城乡网络一体化。

沈阳有线基本完成了城乡有线电视数字化整体转换工程；进一步突出卫视节目收转"沈阳模式"的商品价值；积极开发宽带互联网、政务网、资料网、加密网等增值业务；全力推动交互式数字电视的研发与应用等业务。

破除有线维护站、收费站，建立统一的运维系统和区域客服系统。组建了一个集呼叫中心为核心的用户服务系统和投诉中心为核心的服务监督系统为一体的"一站式"用户服务监督体系。

进入2013年，沈阳有线开始思索"后沈阳有线时代"的发展。抓住了"智慧城市"建设的机遇，求得市里认可和支持，将"沈阳市智慧城市网络管理中心"设立在沈阳有线，实施跨行业跨地区合作发展，优先考虑政府回购的惠民服务项目，将有线电视业务及服务融入"社区公共服务业务规划"中，带动网络资源再生的上下游产业链联动，借势实现转型升级，为"后沈阳有线时代"创造了无限发展空间。

经过10年的发展，沈阳有线基本业务巩固提高、扩展与增值业务持续开发、"智慧城市"建设与广电融合业务项目开始启动，一个全新的生机勃勃的现代文化企业正在崛起。

第四章　沈阳有线归述

沈阳有线，从1989年到2014年，通过25年凝心聚力的创造，已铸就成为沈阳地区家喻户晓的网络运营商誉品牌。

沈阳有线，自1989年初夏开始，由沈阳电视台全身心的调研筹划在沈阳市设立有线广播电视网的可行性和立项工作；以沈阳有线电视筹备处身份设计规划沈阳地区有线广播电视传输覆盖网络的建设和实施；以沈阳有线电视台呼号实验试播沈阳有线广播电视信号，至1993年10月1日，沈阳有线广播电视正式试播，开启了沈阳广播电视事业中的"有线电视时代"。

沈阳有线，自1993年末起，以沈阳有线电视台身份全面铺开大规模网络建设。网络触角和客服系统遍布沈城，一个辖控管理沈阳地区有线广播电视传输命脉的"沈阳有线网管中心"建成并投入使用，具有接收、存储、处理、制作、发射和传输有线广播电视信号和处理互联网数据的专用设备设施和手段，"代市政府开发、管理、运营沈阳地区有线广播电视及其传输覆盖网络"，至2004年秋，以模拟信号传输的沈阳有线广播电视节目普及村镇农宅，标志着沈阳全境进入"模拟电视"时期。

沈阳有线，自2004年末起，按照国家广播电视行业政策调整转制为文化企业，以沈阳传媒网络有限公司身份迎来沈阳有线全方位大发展的新阶段。利用广电网络资源优势，以互联网管理技术为依托，以光缆传输技术为载体，开展有线电视数字化整体转换，开发并推广宽带接入业务，沈阳进入"数字电视"发展时期，已成为沈阳地区"三网融合"业务服务的网络运营商；以吸收合并买断等方式实现全市九区网络一体化，已形成集团公司经营规模；2013年初冬，"沈阳市智慧城市网络管理中心"花落沈阳有线，转年沈阳有线启动"智慧城市"建设项目的研发，至此开辟了以"智慧社区"建设为抓手融合广电综合业务带动上下游产业链联动发展"后沈阳有线时代"的新纪元。

沈阳有线网，是具有双向传输功能的860兆赫兹A、B两个平台的集视频、语音、数据于一体的有线电视与宽带融合发展的综合业务网，成为支持沈阳地区信息化建设功能完备的基础网平台。

沈阳有线总部，坐落于沈阳市沈河区小西路71号，大楼主体建筑地上17层，地下2层，办公面积为10263平方米；分支机构，在沈阳市东陵、于洪、苏家屯和沈北等副城区分别设有5处办公地点；96195客服中心，位于沈阳市皇姑区北陵大街12号，综合楼办公面积为3878平方米，设有用户呼叫与客服监督等两大系统的专属区域；集团在全市城乡还设有30个经营服务场所。

沈阳有线员工队伍，包括各类用工形式的人员1106人，承载着总部与分支机构的全部工作。其中30岁以下405人，31至40岁394人，41至50岁207人，51岁至60岁100人；男职工为677人，女职工429人；具有高级职称32人，大学以上学历682人。

　　沈阳有线管理结构，实施"扁平化"管理。在管理体制上，实行总经理领导下的副总经理负责制，副总经理分管下的部门责任制；在工作机制上，实行总经理召集下的班子成员分工协作制，班子成员召集下的专业委员会工作协调制；在组织机构上，简化管理层级，总部内设18个职能部门，副城区设置4个直属分支机构。

　　沈阳有线，从无到有，实力日见增强，已拥有用户资源215万户，年收入超6亿元，资产总额近16.8亿元，位居全国副省级城市同业之前列。

第一篇　沈阳有线筹建时期

1989年至1993年，这四年是沈阳有线筹建期。

沈阳有线作为沈阳市行政区域有线电视敷设、播控和经营单位，其对有线电视系统的开发、管理和运营等具有代政府行为。

在沈阳有线电视网络建设之前，沈阳人普遍都是用户外支天线的方式收看电视节目的。因为受城市公共电车、汽车、电磁波和风雪雷电等自然现象的影响和干扰，收看电视时常常因荧屏"雪花"、画面"漂移"等现象所困扰。后来，一些机关、院校、企业、宾馆、住宅小区等相继建立了电视公用天线系统，大型企业、事业单位各自相继建立了独立的局域性有线电视网络闭路系统，这便是沈阳人收看电视节目的状况。当时，参差不齐的个人和单位的各类天线系统也成为市容一大"景观"。

从公共天线网络到企事业单位建有的有线电视网络闭路系统，其各自为政，技术标准不一，争先发展地盘，在一段时间内，沈阳地区有线电视网络的"散""乱"是其主要特征。

为了改善沈阳人收看电视的效果，从根本上解决单位"各自为战"，居民自支天线的"散""乱"状况，沈阳电视台筹划并开始了沈阳市有线电视系统的筹建。沈阳市有线电视系统自1990年筹备并建立沈阳有线以来，沈阳有线为市民送去了党和政府的政务信息，送去了高质量的丰富多彩的电视节目，丰富了沈城人民群众精神文化生活。

到筹建时期末，沈阳有线发展用户3.8万户；实现收入2448万元；员工人数为83人。

第一章　沈阳有线的发起

谈及沈阳有线，要追溯到二十世纪八十年代末。

1989年，国内城市有线电视系统建设的春潮卷起沈阳有线电视的浪花。同年6月，在沈阳电视台的主张下，由时任沈阳市副市长张毓茂带队的，市政府相关部门人员和沈阳电视台韩永言（时任台长）、史长富、寇克忠等人组成的沈阳市有线电视考察团，历时25天，对当时国家广播电视部推广的全国有线电视建设先进城市，即广东的佛山、湖北的沙市、浙江的常州及无锡等城市的有线电视系统进行了实地考察。考察的主要内容有：这些地区有线电视发展情况、设计规划、技术特点、传输方式及资金来源等。考察结束后，由史长富执笔起草了《沈阳市建设有线电视系统可行性研究报告》，主要内容为国内外有线电视发展现状及我市发展有线电视的可行性探讨。

1990年初，时任国家广播电影电视部总工程师瞿瑞虎直接给沈阳电视台发信函，议商沈阳市作为中国城市有线电视网络建设试点城市，坚定了沈阳电视台建设沈阳市有线电视系统的想法。时任沈阳电视台总工程师刘凤城态度积极，及时把广电部瞿总工的信函以及个人对建设沈阳有线的观点与台长韩永言进行了汇报。沈阳电视台适时抓住广电部拟将沈阳作为有线电视网络建设试点城市的契机，发起建设沈阳有线。将动意建设沈阳市有线电视网络的设想向政府分管市长做了正式汇报，并着手抽调人员酝酿有线电视建设的先期准备。同年11月，沈阳电视台把建设沈阳市有线电视系统作为重点工作纳入议事日程。

1991年2月，沈阳电视台向沈阳市委、市政府提出建设沈阳市有线电视系统的建议，并递交了沈阳电视台承建沈阳市有线电视系统的报告，引起市里对建设沈阳有线电视系统的高度重视。同年4月，沈阳电视台召开会议，会议明确有线电视筹备工作由刘凤城同志负责，韩永言台长宣布抽调孔军、边延信、王大明、马暎等人组成台内有线电视筹备工作小组。

1991年4月20日，国家广播电影电视部下发了第5号令，关于国务院批准并发布《有线电视管理暂行办法》和《〈有线电视管理暂行办法〉实施细则》。"办法"指出：有线电视系统的设立，是国家实行稳步、协调、科学地发展有线电视事业的方针。有线电视是扩大无线广播、无线电视的有效覆盖，提高节目质量的重要手段。

国家有线电视相关政策的出台，全国有线电视网络雨后春笋般的发展，有力地促进了沈阳市有线电视系统的筹建工作。

　　1991年8月9日，沈阳市委召开书记办公会议，会议由时任市委书记张国光主持，市委副书记市长武迪生、市委副书记董万德、市委宣传部长丁世发出席；副市长张毓茂，以及市委市政府有关部门的周文高、王洁纯、张建华、张德奎、高东晓、高占文、韩永言、弋国良、张茂民、王维德、禹振侠、白明路、刘凤城等同志列席。

　　会议听取了沈阳电视台工作情况汇报。会议原则同意沈阳电视台在沈阳市筹建有线电视系统。要本着既适应于我市发展状况的需要，又兼顾全市人民承受能力的原则，制订具体方案，要充分论证，把这项改善党和政府同人民群众的联系，为沈阳市人民造福的事情认真抓实抓好。会后，中共沈阳市委办公厅于1991年8月11日向市委常委、市纪委、市人大、市政府、市政协党组、市委各部委、市财政局、市税务局、市编委、沈阳电台、沈阳电视台、市委副秘书长印发了会议纪要。

　　根据市委书记办公会议精神，市政府相关部门相继批准了建立沈阳有线电视台的相关手续。主要有：

　　1. 沈政发〔1991〕56号文件，正式批准在沈阳建立有线电视台。

　　2. 市计划经济委员会〔1991〕967号文件批准了新建沈阳有线电视台项目。

　　3. 市编委〔1991〕245号文件，批准了沈阳有线电视台编制100人。

　　在市委、市政府的领导下，受托的沈阳电视台结合沈阳市的实际情况，凭借多年以来参与国际广播电视技术交流会以及设备展示会的技术积累，调研掌握了国内外先进技术和设备以及较为先进的广播电视网络资源的基础上，经过半年多的精心筹划，绘制了沈阳有线电视规划网络图，组织专家和有关部门论证，拟订了建设发展沈阳有线电视的总体规划和第一期工程实施方案，于1992年3月16日向市委报告。

主要有：

1. 沈阳有线电视建设和发展的总体规划

自1991年6月至1998年年底，利用约7年的时间完成沈阳有线电视系统工程。

整个有线电视网络系统将设计使用国际上先进的有线电视设备，规划是一个450兆赫兹双向邻频电缆传输和全向微波传输相结合的有线电视系统工程，总覆盖面将达全市九区两县，将有100多万户受众，500多万人收听收看到有线广播电视。整个系统将是集电视、广播、内部通信、电视会议、图文传真等多种功能融为一体的综合信息系统。

2. 沈阳有线电视第一期工程实施技术方案的总体框架

建设1000平方米、具有开播要求的有线电视前端系统。向市民开通14个有线电视频道，其中7个频道播放中央、省、市无线电视节目，3个频道转卫星节目，4个频道为自办节目。

1992年内将完成3至5万户联网，具体走向为以市政府广场为起点，以二环、3路无轨电车线杆作依托，自建架设3条主干线。覆盖干线两侧用户。以后逐渐向市内五个行政区域发展建设，最终形成全市一张有线电视网络。

3. 资金筹集及其运营方式

沈阳市有线电视系统建设，将采取自筹资金解决，其中包括沈阳电视台职工集资、银行贷款，再由收取用户安装费和收视费逐步还贷。一期工程启动资金将由沈阳电视台向市建行贷款400万元。

整个系统面向沈阳市及周边地区辐射，是一个代政府开发、管理、运营沈阳地区电视系统建设公用性质的有线电视网络。

根据沈阳电视台提出的建设方案，市委市政府批准了该项计划。

由沈阳电视台提出并建设的代政府开发、管理、运营的沈阳地区有线电视系统工程的筹备工作，由此正式拉开帷幕。

第二章　沈阳有线的筹备

自1991年由沈阳电视台负责开发的沈阳市有线电视网络建设工程立项以来，始终得到了市委、市政府的关怀。同时，也得益于沈阳市广播电视系统管理机构简化，办事高效（原市委书记李涛同志在任时，在机构调整设置上专门召开会议进行研究，取消了沈阳市广播局，分设广播电台和电视台，并分别确定为局级单位，使得有关立项、审批，以及政府资金直接由市财政进入广播电台和电视台，这对后续沈阳有线的建设发挥了快速有效的作用）。

为了加速推进沈阳有线的筹备工作，早日使沈阳人收看到高质量的电视节目。1992年3月27日，沈阳市政府组成了以时任副市长任殿喜为组长，副市长张毓茂为副组长，以及市委宣传部、市工会、市政府办公厅、市经济计划委员会、市财政局、市税务局、市公安局及交警大队、市物价局、市土地规划局、市建委、市城建局、市城管办、市交通局、市房产局、沈阳电业局、沈阳电信局、沈阳电视台等主要领导为成员的沈阳市有线电视工程建设领导小组。

沈阳市有线电视工程建设领导小组，多次召开专题会议，研究部署沈阳市有线电视建设事项。

遵照沈阳市有线电视工程建设领导小组的指示，沈阳电视台在调研了国内主要城市有线电视发展情况的基础上，做出了沈阳有线建设的总体方案和一期工程计划。

1992年3月31日，受市政府的委托，沈阳电视台在沈阳市工会大厦主持召开了沈阳有线电视系统总体方案论证会。参加会议的有：国家广播电影电视部、机电部、航天部、新华社的有关专家，市政府各部委办局的领导。论证会上，与会专家充分肯定了沈阳有线总体建设方案，确定了有线电视建设的任务和目标。一期工程主要内容是：

一、工程项目

1. 建立1000平方米机房；初步建成能达到开播要求的前端系统和中心播控系统。

2. 架设三条有线电视主干线，全长22.9公里。

3. 覆盖干线两侧用户，年末计划联网3.5万户。

二、设计施工单位

1. 设计单位是鞍山广播电视设备集团公司和沈阳广播电视设备厂。

2. 干线、支干线的建设由鞍广集团公司和沈阳广播电视设备厂共同完成。

3. 用户分配网络的施工由鞍广集团公司和沈阳广播电视设备厂以及市电车公司及其他相关单位共同承担。

三、经费投资计划

计划投资为848.68万元。其中：前端系统设备35.38万元；播控系统设备32万元；放大器及电缆566万元；施工费140万元；施工用设备75.3万元。

1993年4月22日，沈阳市有线电视工程建设领导小组第一次会议在市政府320室举行，会议由常务副市长任殿喜、副市长张毓茂主持召开。参加会议的有：市政府副秘书长兼办公厅主任龙致华、市建委主任许竞贤、市房产局局长郭英、市交通局局长修吉仁、市规划局局长王清、市财政局局长李经芳、市物价局局长魏玉书、市城建局副局长高顺祥、沈阳工商局副局长包维杰，市公安局副局长贾永祥及交警大队队长郝荣昌，市城管办主任朱福斌、沈阳电信局副局长赵廷芳、沈阳电业局副局长王恩志、沈阳电视台台长韩永言、副台长兼总工程师刘凤城以及市委宣传部、市总工会、市计经委、税务局、电车总公司等有关单位的负责同志。

会上，市政府副秘书长兼办公厅主任龙致华同志宣布了调整后的沈阳市有线电视工程建设领导小组成员名单：任殿喜、张毓茂副市长任组长，龙致华副秘书长、沈阳电视台韩永言台长任副组长，有关部、委、办、局的负责同志为成员。韩永言台长、刘凤城副台长汇报了有线电视筹建情况及当前亟须解决的有关问题，与会同志就此进行了讨论。任殿喜同志作了总结讲话。

会议认为，有线电视事业在我国有了迅猛发展，沈阳是东北地区最大的中心城市，建设沈阳市有线电视工程不仅可以从根本上改善我市看电视、听广播的现状，而且也是把沈阳建设成为现代化、国际化城市的需要。要本着"经济节省、技术可行、安全可靠、考虑未来发展、达到国际先进水平"的原则建设沈阳有线电视系统。

会议确定如下事项：

关于一期工程完成时限问题。各部门要团结协作、全力以赴，一期工程争取（1993年）"十一"完工，向全市人民献上一份厚礼。

关于敷设干线和供电问题。由沈阳电视台牵头，电信局、电业局、电车总公司等单位参加，组织技术权威组成沈阳市有线电视技术顾问组，进行深入论证。有线电视主干网敷设，能合用的尽量使用；分支如不能合用，再研究其他办法。干、支线的借用、衔接，要按照利益关系处理，用合同形式约定。因利益关系而定不下来的问题，报市政府领导裁定。

关于收费问题。要按照经济规律来研究初装费和收视费的价格，做到保本微利。其中：单位和居民个人不搞两套价格；对宾馆等集中使用单位，不能只搞一次初装费。价格要一年一定，根据物价指数的涨落，并考虑到折旧因素定价。前三年，税务部门要对建设有线电视工程给予扶持，予以免税。但必须收缴的税要按规定收取，在收缴费用时把征收的15%税金加进去。

关于工程建设问题。由市建委牵头，作为公用设施建设项目审批、呈办手续、纳入管网建设规划。主干线方案论证后方可正式呈报。实施过程中，其所涉及的单位都要按企业核算，价格可以定最低价格，但要考虑成本、折旧、维护等因素，体现利益关系。

关于线路进户。要与房产部门协调处理。有线电视线路的保护，要按公用设施依法保护。以后在修改有关地方法规规章时，要把保护有线电视线的内容加进去。要搞好宣传，让全市广大群众关心、了解、支持有线电视工程建设。宣传计划由沈阳电视台安排。

至此，沈阳电视台建设沈阳市有线电视网络的规划及相关建设事项得到了初步落实。

第三章　沈阳有线的诞生

为了认真贯彻落实沈阳市有线电视工程建设领导小组第一次会议精神，有的放矢地加快沈阳有线电视建设的步伐，市政府研究决定，设立沈阳有线电视筹备处，全称为沈阳电视台有线电视筹备处（以下简称"筹备处"）。1992年6月15日，市编委下发《关于成立沈阳电视台有线电视筹备处的批复》[沈编发（1992）105号]，明确筹备处事业编制30名，处级干部职数3名，经费自收自支，隶属沈阳电视台领导。同年11月25日，根据工作需要，筹备处增加事业编制7名［沈编办发（1992）210号］。筹备处核定事业编制为37名。

筹备处成立之初，利用原沈阳电视台播出部办公区（皇姑区昆山东路40号），开展筹备组织工作。后因工作需要，筹备处办公地点先后租用皇姑区消防中队小白楼、沈阳市民政大楼（黑龙江街）等处。

时任沈阳电视台台长韩永言为筹备处总负责人，副台长兼总工程师刘凤城主抓有线筹建工作。具体工作班子为筹备处下设的办公室。办公室主任孔军，副主任苏焕伟。办公室主要工作人员有：张岩、董明跃、华岩、王梅、马暌、陈胜等，分别负责技术、工程、市场、财会、行政、车辆等具体工作。1993年4月2日，增补潘新庆同志为筹备处办公室副主任［沈视发（1993）1号］。

围绕沈阳市有线电视工程建设领导小组的部署，筹备处自成立之日起至1993年10月1日沈阳有线电视正式试播，共完成了宣传、工程总体设计、建设工程协调、工程款集资、价格听证、首期工程建设等项工作。

围绕有线电视宣传准备工作，筹备处集中一个月的时间，对沈阳市有线电视筹建工作做了全面、系统、深入的宣传和报道。召开了新闻发布会；沈阳日报、沈阳晚报、沈阳人民广播电台，沈阳电视台等新闻媒体播发了有关有线电视的相关知识和新闻消息；制作了沈阳有线电视开播纪念品。纪念品上首次呈现"沈阳有线"纪念标识：标识由"沈阳有线"英文缩写"S"和"C"组成。S由电视三原色横条构成，形呈电视荧屏状，喻意沈城的电视；C将电视荧屏状S套入其中，喻意有线电视遍布沈阳地区，千家万户都可以收看到沈阳有线电视节目。通过一系列宣传，使全市人民了解到有线电视是一项利国利民的新兴事业，沈阳有线电视网建设是一个庞大的系统工程，不仅需要电视台自身付出巨大的努力，而且还得靠社会各方面的大力支持，才能真正成为促进经济发展，满足人民文化需求，集广播、电视和数据信号传递为一体的综合性社会服务网络。

围绕沈阳市有线电视系统工程实施前需要落实和解决的相关问题，筹备处积极和市政府有关部门协调，在有线电视的光缆和电缆的敷设、架设问题上，本着按城市规划和节约资金的需要，确定了以电车、电信、电力等系统的电杆为依托架设有线电视传输电缆的方案；在保证干线放大器等设备供电问题上，制定了沈阳市有线电视保护法规条例，较好地解决了有线电视建设工程开工前的各项准备。

为了高起点高标准地建设沈阳有线电视网，筹备处主抓技术的领导，时任沈阳电视台总工程师刘凤城会同国家广播电影电视部的主管领导瞿瑞虎、国家邮电部的主管工程师等反复论证，把原方案规划的沈阳有线电视网由450兆赫兹传输带宽改为550兆赫兹传输带宽设计（当时国内大部分城市的有线电视系统选用的传输带宽为380兆赫兹）。具体设计方案，由鞍山广播电视设备集团公司和沈阳电视台共同合作完成。该方案是以传送电视和调频广播节目为主，并将多种通信手段相结合，形成语言文字传播，图像声音传输、控制数据传输为一体的大容量、高技术的综合信息网络。

根据21世纪卫星电视多频道技术与地面有线电视相结合的发展趋势，考虑到沈阳市是属于特大城市的因素，为适应城市建设和社会发展需要，在10至20年内留有余地，沈阳市有线电视系统设计确定采用邻频传输技术，国际上先进的光纤FSA型结构。提供电视节目规划为中央电视台节目三套；中央电视台电教节目两套；辽宁电视台节目两套；沈阳电视台节目两套；辽宁有线电视节目四套；沈阳有线电视节目两套；外省、市卫星节目四套；总计规划为50套的设计方案。

围绕沈阳有线一期工程建设，筹备处遵照市领导把沈阳有线电视建成一流水平的指示精神，本着高起点、高技术的要求，并从国情市情出发，采用了有线电视信号由电缆、光缆和点对点微波相结合的传输方式，并与沈阳电车公司多次协调，对三条主干线完成了现场勘测和设计，为一期工程建设打下了坚实的基础。

在资金筹集上，为了解决筹建沈阳有线网的启动资金，沈阳电视台发起内部职工集资计划，共自筹资金1700余万元。银行贷款400万元。并采取边建设边回笼资金的资金滚动方式。

为了吸引后续建设资金，结合沈阳市招商引资政策，沈阳电视台由沈阳市政府主导招商引资，曾经计划同泰国正大集团合作投资建设沈阳有线电视网，双方达成了合作共建沈阳有线电视工程项目的协议，计划总投资为11250万元人民币，注册资本为4500万元，合作期限为50年，并将《关于沈阳电视台与泰国正大集团联建有线电视网的报告》上报国家广播电影电视部地方管理司。后因国家　"作为宣传机构的有线电视台，包括其基础的有线电视网，都必须掌握在党和政府手中"的政策精神，根据国务院办公厅（办发〔1987〕76号）文件和广播电影电视部1993年1月9日印发《关于有线电视不能与外商合资办台建网的批复》（广发地字〔1993〕13号）规定，"不能与国外合资办台，也不准向外商出租有线电视频道"的规定而终止合作。

为了弥补与"正大"集团终止合作的资金需求缺口，解决沈阳有线后续建设资金问题，沈阳电视台经市委、市政府同意，于1993年3月30日，同中信国安电气公司签订了《合作建设沈阳有线电视合同》。合同规定：（1）沈阳有线电视网建设期为5年（1993—1997），发展期为12年，期满后，产权归沈阳电视台；（2）双方投资1.4亿元，各投50%。建设期利润，首先返还中信全部投资，之后按沈阳电视台45%、中信55%比例进行分配。发展期利润，前6年仍按上述比例分配，后6年双方各按50%比例分配。解决了筹建期资金短缺之需，为沈阳有线的建设提供了一定的合作建设资金。

在设备器材的准备上，筹备处一方面利用沈阳电视台前端设备进行更新改造，建设了符合播出标准的前端机房；另一方面组织专门队伍购置了光发射机、光接收机、主干线放大器、用户分配放大器和支干电缆，绝大部分为进口，其质量是国内一流的。

在工程建设队伍的选择上，确定了中国人民解放军沈阳军区某部通信工程兵部队，沈阳广播电视设备厂、沈阳天线设备厂、鞍广集团、市电车公司以及其他中标单位等在机电通信行业有建设经验的施工队伍，作为首批工程建设力量。在培养自己的员工队伍上，一是从沈阳电视台播出部甄选一批富有经验的技术骨干参与工程指挥建设，二是通过大专院校招生的方式，如在沈阳大学自动控制系培养的电视班学员，毕业后大部分学员都参加了有线电视台的建设，解决了工程建设的人员急需问题。

在用户收视费标准制定的问题上，筹备处积极协调沈阳市物价局，在广泛听取了社会各界人士意见的基础上，初步拟定了物价收费水平。为了进一步落实居民收看有线电视付费标准，沈阳电视台向沈阳市物价局申报，经协商，1993年5月4日，市物价局下发了《关于对沈阳电视台有线电视收费标准的批复》。批复规定，主要有：标准一，居民和非经营性单位初装费280元/户；闭路电视系统并网费150元/台；居民增机费50元/台；经营性单位初装费1000元等。标准二，居民和非经营性单位收视费，每台每月8元；经营性单位收视费为每台每月45元等。

围绕沈阳市有线电视系统开工建设，筹备处经过近五个月的精心准备，1993年4月，在沈阳北大营中国人民解放军某部礼堂，组织召开了由沈阳电视台有线电视筹备处、沈阳军区支援地方建设办公室和电子对抗团等参加的军民共建沈阳有线电视誓师大会。会上，筹备处办公室副主任苏焕伟代表沈阳有线对全体建设人员作了动员讲话。

1993年5月12日，沈阳有线网络建设第一钻在皇姑区黄河大街新开河桥附近开始，迈出了沈阳有线电视建设的第一步。

建设工程初期，沈阳有线电视网络是在皇姑区、和平区、铁西区租用中国电信光缆开始建设光站，架设有线电视网络主干线向外辐射的。沈阳有线网络建设的源头，是在皇姑区展开的。不久，扩大至和平区和铁西区。

在皇姑区区域，是从黄河大街昆山路向西沿无轨电车线向外辐射；随后在和平区区域，是从集贤街十马路、马路湾、九纬路、十一纬路向四周辐射；在铁西区区域，是从肇工街、十马路、兴顺街、八马路向四周辐射。首期开工的片区有五里河片区、马路湾片区、红领巾片区、勋望片区、肇工片区，还有两个片区也一并展开，计七个片区同时施工。

沈阳有线组织参加施工的单位主要有：沈阳军区支援地方建设办公室（中国人民解放军第39军和电子对抗团等）、沈阳天线设备厂、沈阳无线电十二厂（百花一队、百花二队）、沈阳七九零厂、沈阳无线电二厂、沈阳五三厂、沈阳广播电台服务公司电线队、沈阳广源电信工程安装处、市电子局有线电视开发公司、辽宁电力设计院天线工程公司和开原市电子设备服务中心等十几家单位。

第一期工程陆续在和平区全区、沈河区、皇姑区的大部分区域和大东区、铁西区部分区域展开。参加建设人员采用了边测量，边设计，边施工，边总结经验，边进行工程评比的做法。一边架设主干线电缆，一边敷设支线，直至将信号传输线路进入到居民用户。至1993年11月，沈阳有线电视筹备处组织建设队伍，共架设电缆干线、支线429公里，有线电视信号进户安装38080户。完成了节目前端1000余平方米的播出机房建设任务；完成了节目信号接收、储存、处理，直至信号传输前的各项准备；并实现收视费收入 2448 万元。

筹建期间，筹备处还得到了中国人民解放军驻沈某部、鞍山广播器材厂、阜新电缆厂、沈阳广播器材厂、沈阳天线设备厂、深圳蛇口后海湾开发公司、广州万通视听器材厂、佛山电缆厂等单位的大力支持。

经过紧张的筹建，至 1993 年 9 月，沈阳市有线电视系统已经部分建成，初步达到了向市民试播有线电视信号的条件。

1993 年 9 月 28 日，作为沈阳广播电视事业历史上的大事件——沈阳有线电视开播庆典仪式，在沈阳中山大厦隆重举行。时任中华人民共和国副主席荣毅仁亲自为沈阳有线电视开通试播庆典题写了"创办沈阳有线电视，促进两个文明建设"的铜匾。中国国际信托投资公司总经理王军率 25 人代表团从北京前来参加庆典活动，辽宁省和沈阳市有关领导 200 多人参加了开播仪式。《人民日报》、中央人民广播电台、新华社等全国十大新闻单位和辽宁省、沈阳市 16 家新闻单位的记者对大会进行了采访和报道。北京、上海、广州等全国 50 多个兄弟省、市电视台发来了贺电。

10 月 1 日，沈阳电视台有线电视正式开通试播，共向市民推出了中央电视台、辽宁电视台、沈阳电视台、云南电视台、贵州电视台、四川电视台和沈阳有线自办节目等 12 套电视节目。其中由沈阳有线自办一套综合节目，每天播出 14 小时的影视、信息、文艺、体育、电教等节目，得到第一次接收有线电视信号的观众好评。一时间，沈阳有线的电视节目以节目多、质量好，誉满沈城，深受广大市民的喜爱。

沈阳有线，经过两年实质性准备，一年快速施工，建成了当时全国最先进、最大的有线电视网络系统，结束了沈阳市民靠丈天线收看电视节目的历史。同时，沈阳市政府批准了沈阳电视台建立"沈阳有线电视台"的请示。这是沈阳电视台和市有关单位克服重重困难，辛勤劳动，日夜奋战的结晶，同时也是省、市领导和省广电系统以及广大市民鼎力支持的成果。

随着沈阳有线电视的开播和建立"沈阳有线电视台"的请示获得批准，标志着沈阳有线的正式诞生，这是沈城650万人民政治、经济、文化生活中的一件大喜事。至此，沈阳电视台有线电视筹备处也完成了光荣的历史使命。

第二篇　沈阳有线建设时期

1993年至2004年，这十一年为沈阳有线建设期。

自1993年末开始，沈阳有线进入了大规模的建设时期。

这一时期，沈阳市政府决定设立沈阳有线电视台，获得国家广电部正式批准。这时的沈阳有线管理体制为事业单位，对外启用沈阳有线电视台的呼号，对内简称"有线"。

这一时期，沈阳有线按照沈阳电视台总体部署，根据不同发展阶段的需要，调整组织机构。1994年、1995年、1998年和2001年分别进行了机构调整。到这一时期末，沈阳有线的内设机构调整为：网络运营部、网络技术开发部、网络工程部和网络管理部等四个部门。突出特点是机构少而精，市场化元素在经营活动中得到彰显，为提高市场竞争能力提供了组织保证。

这一时期，先期建成了当时国内较为先进的有线电视网络2000多公里，中期持续开发建设并开始网络改造，后期基本完成了网络升级改造任务。即将原来的550兆赫兹单向传输网，改造成为具有双向传输功能的860兆赫兹A、B两个平台的综合业务网。敷设地下干线光缆937孔公里，支线42孔公里，地上光节点完成建设430个。网络覆盖率和覆盖面积均达95%。向有线电视用户播出的节目，由先期的12套模拟电视节目，到中期的24套模拟电视节目，至建设期末已播出模拟电视节目43套、数字电视节目58套，并开发了宽带网，推广数据业务，发展互联网用户。播出前端边建设边改造，实现了由手动播出节目为自动播出系统，精确了节目播出的时效，建立起有线电视全线监控系统，为有线电视传输安全运行提供了保障。

这一时期，建立了市内五区的有线电视维护站和收费站，并在收费环节上实现了由手动记账收费提升为微机联网收费，整个网络系统建设通过了国家广播电影电视部的技术验收。

这一时期后一阶段，沈阳有线按照市场运营的模式，成功整合了黎明集团公司、沈飞集团公司、省邮电科研所、沈阳航空航天大学等九家企事业单位有线电视网络，不断扩大沈阳有线的市场占有率。加快推进沈阳有线体制创新，有线电视网络产业化的格局初见端倪。

到建设时期末，沈阳有线用户发展到100万户；收入已达1.38亿元；资产总额8.98亿元；各类用工形式的员工总数为411人。

第一章　有线台成立

早在沈阳有线筹建时期末的1993年8月20日，辽宁省政府办公厅召开了由张荣茂、张榕明副省长主持的第3期省长办公会议。参加会议的有省政府办公厅李增祥、省广播电视厅李克康、辽宁电视台孙德成、省文化厅李起云、郭大顺，沈阳市政府副秘书长张馥卿、沈阳市规划局王清、沈阳市建委侯俊、沈阳电视台韩永言等。会议明确指出，沈阳市有线电视网由沈阳电视台建设，并形成"一市一网"格局。

根据省长办公会议精神，按照国家广播电影电视部《〈有线电视管理暂行办法〉实施细则》关于"……有线电视台符合当地广播电视覆盖网络整体规划；有专门的管理机构。应像无线电视台一样的标准配备台长和主要骨干力量……"的规定，市政府决定成立沈阳有线电视台。

1993年8月26日，市编委下发《关于成立沈阳有线电视台的批复》（沈编发〔1993〕39号）。批复明确：沈阳有线电视台与沈阳电视台为一套机构两个名义。一套机构即沈阳电视台与沈阳有线电视台同为一个机构，两个名义即对外名称分别为沈阳电视台和沈阳有线电视台。沈阳有线电视台，在经济上独立核算，对外独立承担民事责任，为"自收自支"事业单位性质的经济实体；核定事业人员编制为180名（含原沈阳电视台有线电视筹备处37名编制），领导职数1名（沈阳电视台增设分管副台长），处级干部职数12名（含原沈阳电视台有线电视筹备处3名处级干部职数）；办公地点先后分别在沈阳电视台原址（皇姑区昆山东路40号）、皇姑区消防中队小白楼、沈阳市民政大楼、沈阳电视台网络管理中心（沈河区小西路71号）等处。

1994年，沈阳有线电视台开始搭建内部组织架构。随着"沈阳有线电视台"称号的启用，原沈阳电视台有线电视筹备处便撤销，沈阳有线电视台宣告正式成立。

1998年2月28日，国家广播电影电视部印发《关于同意建立沈阳市有线广播电视台的批复》（广发社登有字〔1998〕107号）。批复明确：根据《广播电视管理条例》，经广播电影电视部审核，同意沈阳市政府设立沈阳市有线广播电视台。台名为："沈阳市有线广播电视台"，许可证编号为：033061728 台标编号为：TB033061728。

第二章　组织机构

沈阳有线在建设时期，管理上隶属于沈阳电视台，沈阳电视台台长兼任沈阳有线电视台台长，沈阳电视台一位副台长专职分管并主持有线台工作。

这一时期，沈阳有线电视台台长相继由高占文、弋国良和白明路兼任。沈阳电视台副台长孔军分管并主持沈阳有线日常工作。

这一时期，先后在沈阳有线担任相应职务的管理人员有：苏焕伟、潘新庆、白忠祥、汪溪、莫克、姜复森、陈秋雁、李向宽、崔国庆、肖华、商国忠、李英杰、张甫臣、陈　坚、何宏刚、张岩、张晓钧和王湘农等。

1994年初，高占文同志出任沈阳电视台台长，同时兼任沈阳有线电视台台长。同年5月26日，沈阳电视台为摸索有线电视台的管理模式，下发了《关于孔军等同志任职的决定》（沈视党组发〔1994〕6号），任命：孔军同志为沈阳电视台副总工程师兼沈阳有线电视台总编室主任（主持有线台日常工作）；白忠祥同志为沈阳有线电视台总编室副主任；潘新庆同志为沈阳有线电视台总编室副主任；苏焕伟同志为沈阳有线电视台工程部副主任；汪溪同志为沈阳有线电视台技术部副主任；莫克同志为沈阳有线电视台播出部副主任；姜复森同志为沈阳有线电视台市场信息部副主任。这是沈阳有线电视台设立后第一次职能部门的正式设置和管理人员的配备。

1995年，在沈阳电视台的努力下，沈阳电视台成为沈阳市事业单位人事制度改革唯一试点单位，在改革中形成总台制管理体系。为理顺无线台和有线台的管理体制，同年3月25日，沈阳电视台下发了《关于调整台内机构设置的通知》（沈视党组发〔1995〕3号），撤销原来沈阳有线电视台成立时市编委暂定的工程部、市场部、技术部、播出部、节目部和办公室等机构配置，调整有线台现有机构设置，重新设立有线总编室、有线工程部、有线维护部、有线技术部、有线播出部、有线市场部。同年6月20日，根据工作需要，台党组研究决定，设立有线台广告部。

1995年3月25日，与沈阳电视台机构调整同步下文（沈视党组发〔1995〕6号）任命：孔军同志为沈阳有线台总监（正处级），负责有线台日常工作；同年8月，市委研究决定，孔军同志任沈阳电视台副台长，分管并主持沈阳有线电视台工作。同年12月26日，沈阳电视台下发《关于崔国庆同志任免的通知》（沈视党组发〔1995〕14号），聘任崔国庆同志为有线台总监（正处级）。孔军同志不再兼任有线台总监一职。这一阶段，潘新庆、白忠祥为有线总编室副主任；李向宽为有线工程部副主任；苏焕伟为有线维护部副主任；汪溪为有线技术部副主任；莫克为有线播出部副主任；姜复森为有线市场部副主任；陈秋雁为有线广告部主任。

到1997年，沈阳有线事实上已按9个职能部门在运行，分别为有线总编室、有线节目部、有线技术部、有线播出部、有线工程部、有线维护部、有线广告部、有线市场部和有线办公室。

1997年5月，弋国良同志出任沈阳电视台台长兼沈阳有线电视台台长。从这时起，根据国家相关广播电视"网台分离"的精神，沈阳电视台开始考虑"网台分离"的布局。1998年，沈阳电视台的"网台分离"实质操作，沈阳有线不再制作节目，机构调整为有线技术部、有线播出部、有线网络开发部、有线管理处等四个部门，负责沈阳有线的网络建设和管理。其中，有线技术部：负责有线的设备管理和有线方面的技术设计、验收工作；有线播出部：负责三套有线节目的播出与有线播控设备的维护与管理；有线网络开发部：负责有线工程、维护、收费和网络开发工作；有线管理处：负责有线行政与后勤工作等。各机构负责人分别是：肖华为沈阳电视台副总工程师（正处级），协管有线技术工作；汪溪为有线技术部主任；苏焕伟为有线网络开发部主任，李英杰、张甫臣为副主任；莫克为有线播出部主任，陈坚为副主任；商国忠为有线管理处处长，陈秋雁为副处长。

2001年，为适应有线电视行业的市场化，增强沈阳有线的市场竞争力，沈阳电视台组成弋国良、孔军、李依群和何宏刚等四人工作小组，着手运作沈阳有线的企业化管理，重新调整沈阳有线内设机构，分别设立了网络运营部、网络技术开发部、网络工程部和网络管理部等4个新的职能部门。这4个部门的主要职能是：网络运营部主要负责网络拓展、经营创收、营销企划、卫视节目管理、用户信息管理、收费站管理、客服监管和收费结算等；网络技术开发部主要负责技术开发、规划设计、光缆工程、数字电视项目、宽带项目、前端管理、基站管理和设备器材管理等；网络工程部主要负责电缆工程、终端安装、工程验收、有线稽查、路由巡检、用户报修、线路维护和维护站管理等；网络管理部主要负责政务管理、财务管理、用工管理、行政后勤、车辆管理、动力保障和安全保卫等。这4个部门的主要负责人分别为：网络运营部主任何宏刚（兼），副主任李英杰；网络技术开发部主任汪溪，副主任陈坚、张岩（增补）；网络工程部主任苏焕伟，副主任张甫臣；网络管理部主任商国忠，副主任张晓钧（增补）。

这一时期末，沈阳有线在全国文化体制改革的浪潮中，深刻认识到自己作为沈阳市文化体制改革试点单位所肩负的责任。2004年3月，白明路同志出任沈阳电视台台长兼沈阳有线电视台台长，便着手推进沈阳有线的变革，从思想上组织上行动上都做好了进入实质性事转企的充分准备。

第三章　建设投资

沈阳有线建设时期的投资形式，源于1993年沈阳电视台与中信北京国安电气公司合作投资，利用收取用户安装收视费再投资的滚动投资方式进行的。

1993年时，经沈阳市委、市政府同意，沈阳电视台与中信北京国安电气公司通过友好协商，双方同意合作建设沈阳有线电视系统。同年3月30日，时任沈阳电视台台长韩永言和中信北京国安电气公司总经理彭评选在《合作建设沈阳有线电视合同》书上签字。合同规定：（1）沈阳有线电视网建设期为5年（1993—1997），发展期为12年，期满后，产权归沈阳电视台。（2）双方投资1.4亿元，各投50%。

1993年3月31日，沈阳电视台与中信北京国安电气公司合作成立的沈阳有线电视财务管理委员会召开第一次会议，会议明确了建设期的目标为1997年达到50万户联网。如未达到50万户联网，可延长建设期，直至达到50万户联网，再开始确定发展期等事项。

在沈阳电视台与中信北京国安电气公司合作期间，双方多次召开会议以及往来协商性函件，主要有：

1993年3月31日，沈阳电视台与中信北京国安电气公司在沈阳签署《沈阳有线电视财务管理委员会第一次会议纪要》。

1993年5月10日，沈阳电视台与中信北京国安电气公司形成《合作建设沈阳有线电视财务临时协调会议纪要》。

1993年10月27日，沈阳电视台与中信北京国安电气公司在北京签署《沈阳有线电视财务管理委员会第二次会议纪要》。

1994年4月19日，沈阳电视台与中信北京国安电气公司在北京签署《沈阳有线电视财务管理委员会第三次会议纪要》。

1996年5月1日，沈阳电视台与中信国安电气总公司在沈阳签署《沈阳有线电视财务管理委员会1996年度会议纪要》（〔1996〕1号）。

1997年5月17日，沈阳电视台与中信国安总公司签订《备忘录》。鉴于中信国安总公司进行股份制改造，筹建中信国安股份有限公司，中信国安股份有限公司资产中一部分涉及中信国安总公司对沈阳有线电视台的投资，为此，中信国安总公司与沈阳电视台达成备忘录。签订三方《变更主体补充协议》，主要内容：沈阳电视台、中信国安总公司和中信集团北京国安电气公司，就原"合作合同"的中信集团北京国安电气公司，变更为中信国安总公司。

1997年10月7日，中信国安电气总公司致函沈阳电视台：希望双方就沈阳电视台机构改革涉及有线台问题尽快进行友好探讨。

1997年10月10日，沈阳电视台致函中信国安电气总公司：希望双方尽快就沈阳电视台机构调整涉及有线台工作进行友好磋商。

1997年10月15日，中信国安电气总公司致函沈阳电视台：希望尽快确定双方就沈阳电视台机构调整涉及有线台工作进行友好磋商的具体安排。

沈阳有线建设阶段，按合作双方共同确定的投资为1.4亿元，各投50%。其间，北京国安电气公司向沈阳电视台投资4000万元人民币，为沈阳有线网络建设发挥了一定的作用，但以后改称为国安电气总公司，视建网后收取用户安装收视费所获利润算作继续投资为理由，不再做资金性投资行为，致使合同继续执行进入困境。

沈阳有线建设阶段的投资，最终采取边投资边建设，利用收取用户安装费和收视费用再投资的滚动投资方式，解决了网络建设资金投入问题。

第四章　网络工程建设

网络是沈阳有线开展各类业务的基础。沈阳有线建设时期，网络工程建设的任务十分繁重。沈阳有线网络建设分为两个阶段：第一阶段是播控前端建设，主干网络、支干网络建设和网络线路进户等三个部分基础工程，整个工程累计投资7650万元；第二阶段是配合网络升级改造，加快建设数字基础网和宽带介入网，有效利用网建投资1500万元。

第一阶段的工程建设，整个计划是参照1993年沈阳市有线电视系统工程总体方案进行的。

按照1993年制订的《沈阳有线电视系统工程总体方案》，沈阳有线的节目传送能力规划为50套电视节目。节目传送计划为：

1. 中央电视台节目6套。

2. 中国教育电视台节目3套。

3. 辽宁电视台节目3套。

4. 沈阳电视台节目3套。

5. 辽宁有线电视台节目4套。

6. 外省市电视节目4套。外省市卫星节目转播4套。

7. 预留高清晰度电视节目（频道）3套。

8. 预留加密电视（频道）12套。

另，预留8个机动频道。

为了实现1993年沈阳市有线电视系统工程总体方案中规划的可传送50套电视节目和16套以上广播节目的目标，沈阳有线投资了230万元，购置了播控设备、卫星接收设备、前端主机等，建立起手动形式的节目播出前端。

沈阳有线网络系统的结构和布局为FSA，即采用光纤到服务区型网络结构。是从各分前端经光纤到光节点，由光节点转换成RF信号，直接送入电缆线路。电视信号主要由电缆传输完成。电缆线路由多级干线放大器级联，信号由桥接放大器，线路延长放大器和分配放大器进户。

根据规划，沈阳有线网络建设线路走向主要有10条，分别是：

1. 由沈阳有线电视台沿昆山路、塔湾街、保工街、南十马路到于洪广场。

2. 由北二马路保工街到兴华街。

3. 由北二马路保工街到重工北街。

4. 由南八马路保工街到勋望街。

5. 由沈阳有线电视台昆山路、黄河大街到三台子。

6. 由沈阳有线电视台昆山路沿北京街、青年大街、十一纬路、和平大街、南五马路、南京街、砂阳路到滑翔小区。

7. 由大西边门沿青年大街到五里河。

8. 由市政府广场沿市府大路、北顺城路、津桥路、珠林路、地坛街到黎明街。

9. 由北顺城路大北门沿朝阳街、大南街、先农坛路、长青街到泉园小区。

10. 由珠林路立交桥沿北海街到老瓜堡。

沈阳有线本着条件成熟地区先建设先开通的原则，线路敷设施工工程先期从皇姑区开始，逐步发展到和平区、沈河区、铁西区。采取架设主干、支干电缆、进户同时进行，最后发展到大东区。建设初期条件较为艰苦，工程车辆只有五台小型卡车，大部分工程建设人员依然是靠原始的手段进行，即靠人工运送工具，爬梯子架线施工，由外墙用钻孔布线的工作方式进行施工。

工程建设中，多次出现主干线和支干线以及信号入户进度不平衡的问题，沈阳有线多次掀起集中建设会战。初建阶段，针对工程中主干线网络建设与支干线网络入户施工进度不平衡，特别是支干线网络入户滞后等问题，适时掀起了"沈阳有线电视大会战"，时任副市长张毓茂，市委宣传部副部长韩凤奎，沈阳电视台党组书记、台长高占文，党组副书记、副台长禹振侠，副总工程师孔军等领导多次亲临动员。

经过会战，网络建设工程整体进度明显加快，加之处理故障及时，确保了网络建设工程又快又好地进行。

随着沈阳有线网络建设的不断拓展，施工条件和维修维护条件也在不断改善，到1998年，仅工程用车就由几辆发展到52辆。经过努力，到1998年底，沈阳有线完成了有线电视信号在市内五区的覆盖。

1997年8月12日，根据辽宁省广播电视厅和沈阳有线电视台的申请，国家广播电影电视部科技司按照《全国省级、省会市、计划单列市有线电视系统工程技术验收规定（暂行）》的要求，对沈阳有线网络建设进行了全面的检查与验收。验收内容包括：规划方案；技术方案；前端设备、电平测试；系统流程；干线线路评价；抽查惠工片区、马路湾片区、南京街片区、红领巾片区的干线、支线分配网情况。测评了皇姑区、和平区、大东区等片区的干线放大站调试电平记录表及干、支线和延长放大器电平记录表。检查了皇姑区、和平区、大东区等片区的开工报告、竣工交接记录、竣工报告以及工程验收报告。经过全面验收，认为该系统完全符合《全国省级、省会市、计划单列市有线电视系统工程技术验收规定（暂行）》的规定，并予以验收。1997年10月24日，辽宁省广播电视厅转发了国家广播电影电视部《关于"沈阳有线广播电视系统工程"通过部级技术验收的批复》。

在第一阶段的工程建设中，沈阳有线建成了具有布网2000多公里的当时国内较为先进的有线电视网络，使得终端用户已从1993年的3.8万户发展到1998年的42.1万户。还帮助新城子区、新民市和法库县建设了有线电视台，3个台终端用户为18万户。

第二阶段的工程建设，是按照网络升级改造总体方案进行的。

2000年，完成71公里光缆管网的施工，完成3处分前端机房的购置工作；2001年，积极推进管网施工。完成管道工程206沟公里，折合560孔公里，已敷设光缆3150芯公里，完成人工井120个，引上工程96处；2002年，完成管道工程144沟公里，224孔公里（累计达789.9孔公里），9079芯公里（累计达12579芯公里），引上工程715处，安装光站432个；2003年，完成有线电视模拟总前端和数字总前端的搬迁改造工作，完成102公里光缆的敷设和230个光站建设任务。经过四年的快速网络建设和两年的数字电视试验工作，沈阳有线正式向社会推出了数字电视业务和宽带介入业务。这是沈阳有线电视事业向着数字化、互联网迈出的意义深远的一步，它将为增值业务的开展和有线电视事业的快速发展注入新的活力。到2004年，沈阳有线网络的建设不仅具备了几百套数字电视节目传输能力，而且在工程布局上为宽带网发展铺平了道路。这一年，还带动了政务网、资料网和加密网等增值业务的开展。

第五章　网络升级改造

随着现代科技的迅猛发展，广电网络技术进步也日新月异，要求网络不断升级改造。

1999年，沈阳有线顺应广电网络的发展趋势，随之决定网络升级改造。这次网络升级改造的目的，是将原550兆赫兹单向传输网改造成为860兆赫兹双向传输功能的具有A、B两个平台的综合业务网，以适应数据传输为主的增值业务。网络升级改造工程准备分两期进行，预计用2至3年时间全部完成。工程投资约4到6亿元。主要用于以下几方面：1.购买器材、设备；2.购买38个工作站房屋；3.线路入地下费用。启动资金来源分三部分解决：机构融资、银行贷款、电视台自筹。按照这个设想，沈阳有线规划制订了《沈阳有线电视网络升级改造方案（草案）》。

沈阳有线，从1999年5月15日向市计划委员会申报《沈阳有线电视网络改造立项报告》开始，经过认真筹划，于2000年完成了网络升级改造总体方案的专家评审工作；完成了网络升级改造方案的经济评估工作；完成了网络升级改造的管网路由规划和勘察设计工作等。

2000年4月23日，沈阳电视台领导班子召开了"沈阳有线电视网络升级改造工作会议"，通过了《沈阳有线网络升级改造方案》。

2000年8月1日，沈阳市政府成立了沈阳有线电视网络升级改造领导小组。市编委下发了《关于成立沈阳有线电视网络升级改造领导小组的通知》（沈编发〔2000〕35号），该领导小组主要成员是：时任副市长的吕亿环任组长，副组长由时任市政府副秘书长的马占春和时任沈阳电视台台长的弋国良担任，时任沈阳电视台副台长的孔军为成员之一。领导小组办公室设在沈阳电视台，主任由孔军同志兼任。

2001年5月9日，吕亿环副市长在市政府420会议室主持召开了"关于加快沈阳有线电视网络升级改造的办公会议"，会议要求，各成员单位要继续按既定原则和政策，加快工作进度，高效率、高质量推进这项工作如期完成。这次会议，有力地促进了沈阳有线网改工作，加快了网络升级改造的速度。

随着沈阳有线电视网络升级改造工作的快速进展，按照《市长办公会议纪要》（办文教字〔2000〕104号）文件要求，经沈阳电视台领导班子多次考察论证，2001年6月，沈阳电视台购置了沈阳啤酒厂所属原东北建材大厦作为沈阳有线网管中心，以适应网络升级改造后的前瞻发展需要。该网管中心大楼占地3100平方米，建筑面积10263平方米，购置费用3046万元，装修等施工费用约2955万元，总投资约6000万元，建设了沈阳地区有线电视核心播控枢纽。从这时起，相继进行了光缆的招投标、光设备的招投标、UPS电源等电器设备和空调设备的招投标及数字电视设备的招投标。全年有线电视网络升级改造共注入资金7000万元。到2002年，网络升级改造工作进展快速，完成了数字电视设备的升级改造任务；完成了网管中心大楼的装修配套工程；完成了有线网络监控系统的安装调试任务；对节目前端进行了升级；完成了和国家广播电视骨干光纤网的对接；建立了市内5个光纤管控机站，基本实现了具有双向传输功能的综合信息服务业务网的网络改造目标，为沈阳有线由模拟网升级为数字网打下了坚实的基础。

第六章　播出系统建设

起初的沈阳有线播出前端控制系统是手动形式。1995年以前，沈阳有线节目前端中心站设在皇姑区昆山东路40号，与沈阳电视台无线频道节目前端在同一个工作区域合署办公。

沈阳有线电视试播以后，为用户提供了中央电视台、辽宁电视台、沈阳电视台（两套），中国教育电视台、辽宁教育电视台，云南、贵州、四川、西藏等卫星电视节目和辽宁有线电视台、沈阳有线电视台等共计12套节目。

为了使节目播出实现专业化、标准化和安全播出。1995年，沈阳有线再投资对节目播控前端进行了升级改造，利用原沈阳电视台播出机房建立了独立的播出系统。前端由手动播控升级改造为两套自动播控系统，跃居全国同业领先地位。

该自动播控系统是采用美国犹他科技公司先进的主路线切换技术和计算机自动控制技术，由MC-501C主控切换器和TAS全自动系统等构成，并增加了同步信号发生器、帧同步机、时基校正器、音频处理器、波形与矢量监视器等视、音频处理和监视设备。整个系统由计算机控制，具有稳定性强、精确度高、灵活性大、功能齐全、易于扩展、操作方便等优点。该系统投入使用后，大大提高了前端节目播出质量，减少播出故障，减轻值班人员的劳动强度。该系统对安全优质播出起到了积极作用，年播出时长76813小时，基本做到了安全优质播出。在2000年省广电厅举办的全省节目播出质量评比活动中，荣获一等奖。

自1996年开始，沈阳有线播出的节目增加到22套，其中转播中央、省、市19套电视节目，自办节目为3套，分别为影视频道、体育音乐频道和家庭生活频道。同时，沈阳有线电视台还自办了图文频道。到2004年，沈阳有线实现了向用户传送43套的模拟信号节目，58套数字信号电视节目。广大电视观众通过数字电视不仅可以收看到DVD效果的国内所有上星频道的节目，还可以收看到经国家批准入网的境外卫视节目和付费频道节目，最终可以满足个性化独享的VOD点播节目。

2004年，还成功地完成了国家数字移动电视播出实验任务。

第七章　宽带开发

沈阳有线宽带，开发于2003年。时下，沈阳有线看准自身网络价值，充分挖掘网络潜质，利用有线电视干线网络的优势，发展宽带业务，为沈阳有线增值业务的拓展和经营创收的增长开辟了新的领域。

经历了专业人才引进，技术力量积累，自2003年起，用了一年多时间，完成了网管中心和沈阳市内五区机房设备的设置及调整，宽带容量从最初的100M逐渐扩容（到2010

年已实现4.5 G）；出口带宽达到10G，用户在线容量超过10万线的完整的宽带互联网络；培养了一支具有精湛技术，具有不断创新精神的技术队伍。

沈阳有线宽带，以IP技术为核心，IP城域网开通的业务主要有：

（1）个人用户、中小集团上网：采用10 Mbps 光纤专线接入，针对中小型企事业单位、高档住宅小区及网吧等。

（2）大型集团用户上网：采用100 Mbps高速光纤接入方式，包括大型企事业单位智能办公大厦、小型信息互联单位。

（3）VPN虚拟专网业务：在同一个城市内拥有多家分支机构的企业和组织，可运用VPN技术组建网络，作为实现总部与分支机构以及分支机构之间网络互联的解决方案，以VPN替代传统的租用专用线路。

沈阳有线宽带是运营级宽带IP网络，可提供数据、语音、视频及其他多媒体交互式通信网络。采用光纤链路方式连接INTERNET，提供宽带多媒体信息接入，为用户提供及时的全球新闻、网络游戏、动感MP3音乐、网上直播和分类信息等业务。有线宽带网采用全天候在线不占用电话线或租用专业线路，不必再支付额外的电话费或线路租金，收费低廉，实现低价上网。至此，沈阳有线宽带已初具运营能力。

到2004年，沈阳有线宽带网新设计改造数据光点532个，新设计数据光点265处，新装级连交换机366台。经过稳定运行，开始投入运营，完成用户安装4290户，处理用户各种故障12000多例，其中在客户服务报修系统中完成

4476例，电话维护及回访10000多例。

　　宽带业务的顺利开发，呈现出强劲的发展势头，已成为沈阳有线新的经济增长点。

第八章　网络拓展

　　在沈阳有线电视网络建设之前，沈阳市一些大型企业、机关、院校、事业单位、宾馆等相继建设了局域有线电视网络。这些有线电视网络，自成体系，加之一些住宅小区的公用天线网络，形成了沈阳地区有线电视网络各自独立的分散局面。其中"沈飞有线""黎明有线""铁路有线""东电有线""民航有线""浑河居住区有线""东北制药厂有线""新光集团有线""新新集团有线""沈阳煤业集团有线""东北输油管理局有线"等规模较大。由于历史、行业管理等原因，沈阳有线在建设发展的时候，以上企事业单位有线电视网络也在同步向社会扩展。从公共天线网络到企事业有线电视闭路系统网络，其各自为政，技术标准不一，争先抢占地盘，据不完全统计，仅2001年，全市各企业、事业、机关、学校、宾馆等独立的有线电视系统有300余家，用户达20余万户。

　　2001年，省广电部门又成立了自己的网络公司。省网络公司成立后，急切抢滩沈阳有线电视网络市场，首先收购了"浑河居住区有线"，作为实体的基础，随之又陆续取得了"东北制药厂有线""新光集团有线""新新集团有线""沈阳煤业集团有线""606 所有线"等网络的管理权，并向"东电有线""民航有线""东北输油管理局有线"等网络传送信号，形成省网络公司的主体。

至 2002 年，沈阳地区有线电视网络长期以来形成的"一城多网""网中有网""重复建网"，自成系统、争相扩张的状况愈演愈烈，其"散""乱"的程度在全国绝无仅有。虽然沈阳有线是沈阳地区唯一的"行政区域性"有线电视网，然而，由于沈阳地区有线电视行业管理的薄弱，甚至，沈阳市广电管理部门也自起炉灶，以沈阳广播电视技术开发中心的名义在社会上开发有线电视网络，发展自己的用户，这让沈阳有线的发展雪上加霜。由于沈阳地区有线电视行业管理的"特殊性"，导致沈阳地区有线电视网络管理异常复杂。

非行政区域网异军突起：省广电的网络公司从没有用户，发展为 62000 多户；市广电的网络公司从没有用户，发展为近 18000 户；企业台（站）向社会住宅小区发展用户 4000 多户。沈阳有线四面"受敌"：省网以滑翔、东药为基础，联合了东电、东塔机场、606 所、新光、东油、新新集团等企业网，建立了东南西北网络群，在二环路以里对沈阳有线网形成合围，制约着沈阳有线向外发展。同时，沈阳有线自身也遭"掠夺"：沈阳有线的用户区，铁路网占有 179 栋楼，东电网占有 17 栋楼，省网络公司占有一个园区。省网络公司在沈阳市进行亚明地区、克俭地区、牛心屯地区、艳粉屯地区和西站地区等棚户区改造时（计 3 万多户居民），以极优惠的条件给予开发商，与沈阳有线争夺；并采取各种手段，在一些因素的干预下，挤进了浑南。

沈阳市有线电视网络不以人们意志为转移地被推入无序竞争的市场，沈阳有线代政府统管沈阳行政区域有线电视网络的局面被省、市网络公司和企事业网络台（站）无情地撕开，过去那种沈阳有线"正宗血统"的经营体制已成为历史。

沈阳有线，积极应对沈阳地区有线电视网络市场白热化竞争的局面，调整组织结构，专门设立了市场运营部门，引进专业人才、组建专业队伍抢市场；更新经营观念，变"管理"用户为服务用户，在沈阳有线电视开播十周年之际，向社会推出"沈阳有线，服务无限"的服务理念；重拳出击市场，出台一系列联并网政策，变被动为主动。

这一时期，经过不懈努力，发展新用户88万户，沈阳有线用户资源累计增至100万户，占沈阳城区户籍户数的74.7%。

第九章　企事业网络整合

2001年，沈阳有线按照国家广电总局"一城一网"的要求，抓住实现有线电视网络"属地化管理"的契机，以沈阳地区"唯一的行政区域"有线电视网的区位优势开始对企事业单位有线电视网络进行整合。

企事业单位网络整合的方式。沈阳有线在充分研究各企事业单位实际情况的基础上，采取市场运作方式，以资本为纽带，以现有网络为基础，一次性收购买断其网络资产及网络资源。

企事业单位网络整合的方法。区别不同情况，分类进行：对大型国有企业采取了新闻宣传人员仍归原单位管理，人事关系不变，以保证单位的宣教工作；网络技术、服务及管理人员从原单位分离出来，解除劳动合同关系，划归沈阳有线管理，在国家法律与政策允许的条件下，企业有线电视专业频道继续保留，并为企业厂区及职工宿舍区域内电视宣传提供专用平台。企业有线电视网络合并到沈阳有线后，由沈阳有线实施统一管理；对中小企事业单位，采取网络买断后，直接划入沈阳有线网，由所在区域的沈阳有线下属部门实施管理，不涉及人员安置问题。

沈阳有线对企事业单位网络整合的过程十分艰苦。一方面，这些单位为了自身的既得利益，找出各种理由不想交网；另一方面，省广电直属网络公司，借省有线电视网络名义，与这些单位谈整合，开出的条件极为优厚，使沈阳有线的网络整合工作很棘手。通过各种灵活的措施、大量艰苦细致的工作，沈阳有线的企事业单位网络整合工作在博弈中，成效显著，截至2004年，先后整合了沈阳水泵厂有线电视网络、省邮电科研所有线电视网络、浑南泰康公司有线电视网络、沈海热电厂有线电视网络、沈阳黎明公司有线电视网络、沈阳飞机制造公司有线电视网络、601所有线电视网络、沈阳航空航天大学有线电视网络、沈阳广电中心有线电视网络（该网络分为市区南部网、市区西部网和市区北部网等三部分，市区北部网2013年完成整合）等9家企事业单位有线电视网络，总计入网9.1万户。

第十章　卫视收转

卫视节目收转，行业俗称"卫视落地"。卫视落地，是全国有关省、市主办电视频道用卫星传送信号的方式，由异地地面接收转播信号的简称。落地费，是卫视节目地面接收转播方收取卫视节目收转费用的简称。

2001年，沈阳有线转变经营观念，卫视节目收转工作由过去的频道资源管理转变为频道资源经营。资源推向市场，卫视有偿服务。

2001年5月，沈阳有线开市场先河，与安徽卫视签订了第一份落地合同，这份合同改变了沈阳有线网络无偿转播卫视节目的历史，掀开了沈阳有线卫视节目收转市场化运作的篇章。

2002到2003年，卫视节目有偿落地开始在全国有线电视行业进行推广。随着落地市场的日渐活跃，沈阳有线不断积累经验，酝酿在时机成熟时开展更深层次的市场化运作。但当时，全国有线电视网络的卫视节目落地仍处在由无偿到有偿的过渡期。一套卫视节目在省级及副省级城市的落地费最高只有三四十万元，而沈阳有线卫视节目落地的年平均收入也仅为三百多万元。

2004年起，沈阳有线积极探索适合沈阳有线电视网络的落地模式。对全国的卫视节目落地工作进行了详细、深入的调研，在对市场供求关系进行细致分析，对卫视台进行全面摸底，对各种情况反复论证并做周密计划后，最终创造出一套独特的卫视节目落地方式，那就是"以局部定全局"的"沈阳模式"，即拿出部分频道资源，引入网外台和原有落地台一同以竞标方式参与落地频道资源分配，并以此竞标价作为当年全部落地频道的收费基准。

2004 年 6 月，沈阳有线召开了第一次卫视节目落地会议。一举推出了"沈阳模式"，将卫视节目落地费从平均不足 40 万元大幅提高到 238 万元，让沈阳有线的网络价值提升到了一个全新的高度。"沈阳模式"的成功，不仅让沈阳有线一跃冲上全国有线电视网络运营的领军行列，更让沈阳有线的有形、无形价值得到了大幅提升。

2004 年，卫视节目落地完成创收 2837 万元，较上一年度增长 2000 余万元，实现了沈阳有线经营性创收的巨大飞跃。

第十一章　自办节目

沈阳有线电视台在成立之初，利用频道资源，自办了一套电视节目，之后又相继尝试自办了两套节目，播出时分别称：沈阳有线广播电视台综合节目、沈阳有线广播电视台影视节目、沈阳有线广播电视台图文电视。1996 年，又新增加了图文频道。发展到 1998 年，沈阳有线电视台与沈阳电视台的频道资源整合，有线台的三个频道资源对外呼号分别称为沈阳电视台影视频道、沈阳电视台体育音乐频道和沈阳电视台家庭生活频道。后增加的图文频道继续保留在有线台。

　　沈阳有线为了办好自办节目，开展节目评审、质量考核和栏目创优活动，加强栏目人员自办节目质量意识，提高业务水平；结合有线电视工作的实际情况，开设专业化频道，突出节目特色，办精品节目；开展业务培训，提高节目档次。通过对子栏目定位等栏目的规范化、编辑记者工作的量化、定期讲评和对编采人员进行培训，提高自身素质，使自办节目拥有了自己固定的收视群。三个自办节目频道开办各类专栏22个，其中自制节目有《有线空间》《今日有线》《热点扫描》《社会广角》《有线报道》《今日20分》《招聘天地》《股市行情》《缤纷娱乐圈》《芳草地》《便民诊所》《我爱我家》《文化天地》《救助热线》《跟我学》《温馨话语》《商企传真》《喜临门》《温馨的家》《今日时尚》《今日好去处》《七彩视角》等，引进节目《缤纷科技》《车迷世界》等。组织参加的全国有线协作体联合录制的《有线之旅》，播出后受到好评。

　　1997年，围绕邓小平逝世、香港回归、迎庆党的"十五大"等举世瞩目的国家大事，沈阳有线电视台会同沈阳电视台一起展开了重大主题宣传活动。为纪念小平同志逝世，播出了歌颂邓小平丰功伟绩的专题节目，购播了大型文献纪录片《邓小平》和革命历史题材影视剧；在迎香港百年回归期间，成功地制作播出了大型文艺焰火晚会、零点访谈、彩车游展、广场焰火晚会节目和92分钟"双庆"特别报道；围绕党的"十五大"主题，先后播发了新闻和系列报道620篇，各类专题和文艺节目240个。其中仅新闻就制作了"四大成就"系列报道58篇，人物专访系列报道12篇，主题访谈系列报道37篇，国企改革系列报道36篇，充分利用有线台自制栏目《有线空间》全面展示了党的"十四"大以来我市各条战线所取得的成果，突出了迎接"十五大"召开和贯彻落实"十五大"精神的主题。

通过不断努力和提高，沈阳有线一批自制节目获奖。其中，《爱的奉献》获由市残疾人联合会、市新闻工作者协会主办的好新闻大赛二等奖；《依法管水　依法节水》《人民卫士　罪犯克星》《茶楼之上话"茶道"》，分别获全国有线电视协作体优秀节目评比一等奖、二等奖、三等奖；沈阳有线电视台同沈阳电视台联合录制的十集电视专题《热血之歌》，获国家广播电影电视部1995年度全国电视文艺星光奖（专题节目类）三等奖；在（1995年）全国有线电视协会第四届有线电视优秀新闻节目评比中：《由劳模广告引发的思考》获新闻类的一等奖，《CATV空间》获栏目类二等奖、《温馨的家》获栏目类三等奖，《警惕，游医坐堂小医院》获专题类一等奖、《铁路，我们还你一个空间》和《葫芦上的七彩梦》获专题类二等奖、《养犬也应规范化》和《茶》获专题类三等奖；在（1997年）中国广播电视学会主办的节目评比中，沈阳有线电视台郑丽萍、刘珂、郭健等创作的《有线之旅》获社教类一等奖；郑丽萍、孟平江、刘庆祝等创作的《我来献血，就是尽一个公民的义务》获新闻类（消息）三等奖；屠志娟、王志良创作的《构筑生命的绿色通道——记中国医大一院》获新闻类三等奖。

为扩大沈阳有线的影响，沈阳有线电视台主办了有哈尔滨有线电视台、长春有线电视台、吉林有线电视台、丹东有线电视台和锦州有线电视台参加的"东北有线电视网传播中心"成立大会。会议旨在促进东北地区有线电视事业的发展，丰富人民群众文化生活，更好地同全国乃至国际广告、节目市场接轨。覆盖东北地区的"东北有线电视网传播中心"，使沈阳有线在东北地区的影响力越来越大。

1998年，沈阳电视台深化机构改革，取消了频道制，理顺了无线、有线节目管理体制，确定了五套节目的频道特色，实行了广告创收统一管理。频道特色为：第一套（无线2频道）是以新闻和新闻专题节目为主的时政频道。第二套（无线27频道）以社教类、科教类、外宣类、文艺类、体育类等专题节目为主的综合频道；第三套（有线1）是以电影、电视剧和影视专题节目为主的影视频道；第四套（有线2）是以体育、音乐、歌曲为主，侧重体育节目的体育音乐频道；第五套（有线3）是以家庭为对象的服务类节目为主的家庭生活频道。无线和有线节目实行全台统一管理，有线的三套自办节目均由沈阳电视台节目部门统一生产制作，有线台的三个频道资源仍由沈阳有线负责管理。本着"网台分离"的精神，有线台的采、编、播及其节目制作人员随工作性质并入沈阳电视台相关业务部门。沈阳有线不在涉及节目采、编，只负责频道资源管理和节目播出任务。

1999年，根据沈阳电视台频道包装的要求，本着对观众负责、对沈阳荧屏负责的精神，沈阳有线参与了沈阳电视台的频道包装工作，于同年5月1日正式使用沈阳电视台统一征集的新台标。在全台统一安排下，重新包装后的沈阳有线三个频道的节目制作，仍然由并入台里的原有线采、编、播人员负责，在欢度建国50周年、喜迎澳门回归之年和喜迎21世纪这三件大事中，共推出成就类报道和歌颂祖国、歌颂党、歌颂社会主义的文艺专辑230多部集，时间总量2100多分钟，其中纯采制节目210部集1700多分钟，创下了历史最高水平。展示了沈阳的过去、现在和未来，充满了沈阳的地域特色和时代气息，体现了沈阳有线电视人宣传报道的时空追求和一个地域传媒的节目内涵及肩负的神圣使命。

2000年，随着沈阳电视台节目改版，沈阳有线的三个频道节目，按照改版要求，以新的理念、新的结构、新的包装，在影视频道推出了2000年新版节目，以每天三集电视剧、一部电影的编排方式，使影视剧爱好者每天过把瘾。使收视率得到了进一步的提高，收到了很好的社会效果。

2000年秋季，沈阳电视台本着无线台集中力量办节目，有线台聚精会神办好网的精神，深化"网台分离"。同年11月30日，国家广播电影电视总局依据《关于沈阳电视台变更播出频道名称的请示》（辽广发科字［2000］59号），下发了《关于同意沈阳市电视台与沈阳市有线广播电视台合并、调整节目频道设置的批复》（广发社字［2000］869号），同意沈阳电视台和沈阳有线电视台合并，合并后的台名为沈阳电视台，播出时称沈阳电视台；同意原无线台的综合频道变更为第一套节目时政频道，原无线台的经济频道变更为第二套节目综合频道，原有线台的影视节目变更为第三套节目影视频道，原有线台的综合节目变更为第四套节目体育频道，原有线台的图文电视变更为第五套节目生活频道，以上各频道的传输方式和技术参数不变；同意合并后的沈阳电视台使用原沈阳市电视台的台标，台标编号变更为TB53062111原沈阳市有线电视台台标及编号废止。

按照沈阳电视台整体工作职责划分，沈阳有线只负责节目播出任务和设备维护管理。至此，沈阳有线电视台成立以来自办节目的历史宣告结束。

第十二章　维护系统建立

随着沈阳有线电视网络建设的不断扩大和有线电视终端用户的不断增加，沈阳有线的网络维护和用户终端维修工作日渐繁重。

1994年11月，沈阳有线应势产生维护站。首批建立了和平区维护站、皇姑区维护站和铁西区维护站。次年5月，沈河区维护站建立。1996年5月，网络建设拓展到沈阳市行政区域的最后一个区——大东区，随之增设了大东区维护站，从而完成了对市内五区网络维护和用户终端维修的布局。

1996年，建立了维护站的信息反馈程序，有效提高了故障排除率，实现了全网一般故障可在24小时排除的国家广播电影电视部规定时限。

1998年，沈阳有线在加强职业道德建设方面向社会公开了7项对沈阳有线电视用户承诺的相关维护维修方面内容。为了加强监督机制，公布了举报电话，有力地促进了沈阳有线维护维修质量的提高，对用户的报修事项基本上得到了有效处理。

自维护站建立以来，每年都能及时完成网络维护任务，基本按时限完成了用户报修故障的排除。

从维护站的建立，到维护信息反馈程序的启用，以及监督举报电话的公布，形成了沈阳有线的维护系统，为沈阳有线后续运维体系的建立，积累了良多经验。

第十三章 收费系统建设

沈阳有线起初的收费工作，是委托建设银行进行的。进入建设时期，随着有线电视用户的不断增加，开始在各区设立有线电视收费站。1995年6月，和平区、沈河区、皇姑区和铁西区首先建立收费站，1996年6月，大东区收费站随后建立。

收费站刚建立时，收费工作还停留在手写收据，人工核对的原始阶段。然而，这样原始的收费方式已经不能满足快速蓬勃发展的有线电视事业，并且暴露出越来越明显的弊端和漏洞，因此亟须建设一个符合有线电视网络事业发展，高效、安全的收费管理系统。

沈阳有线第一个收费管理系统始于1995年，基于foxpro数据库设计，当时的各区收费站各自收费，数据保存在各区收费服务器中，然后由微机室定期拷贝各站数据汇总，新增用户由微机室工作人员统一录入系统，两方面数据综合后再定期拷贝回各区收费服务器。

1997年，沈阳有线实现了收费员微机操作，用户持有线电视用户信息磁卡交费。

1999年，沈阳有线开始使用基于电话网线传输数据的有线收费管理系统。每天各收费站下班后由微机室将各区收费数据上传至微机室总服务器，汇总后再逐次下发各区收费服务器，这种方式较之以往的拷贝方式，数据更新更及时一些。

2002年，沈阳有线对收费管理系统进行改造，提高了上传下发数据的速度和准确性，各区的收费人员第一次可以使用电脑收费管理系统进行收费账目核对。

2002年12月，沈阳有线历史上第一个"综合业务收费信息管理系统"开始研发设计。

2003年，研发中的新一代沈阳有线综合业务收费信息管理系统，完成了盛京银行（原沈阳市商业银行）有线电视代收费项目的建设。沈阳有线为此专门成立项目组。此项目由盛京银行投资，软件公司开发，沈阳有线使用。同年2月12日，盛京银行正式开始办理代收沈阳有线用户收视费业务。从此开始，盛京银行90余个收费网点都可以代收有线电视收视费，当年银行的收费用户总数达到了有线用户总数的三分之一，极大地缓解了各区收费站的收费压力。这是沈阳有线历史上第一个收费系统自主管控的银行代收费项目，也是沈阳有线收缴工作的一个创举。

2004年，沈阳有线完成了综合业务收费信息管理系统开发调试，开始正式在全市收费网点使用。标志着系统技术含量又上了一个新的台阶，提高了系统的安全性，也方便了广大有线用户交费，用户不再受终端地址管理区域限制，可以跨区域就近交费，使各站的工作效率有了明显的提高。新的收费系统采用了新的计算机操作系统及程序设计语言，加入了组合查询、催缴员批量修改、集团初装和支票初装等新功能，改写了集团用户支票业务不能在收费站办理的历史，收费站收费业务能力发生了质的飞跃，大大提高了收付双方的办事效率。

以新的综合业务收费信息管理系统的使用为标志，沈阳有线的收费系统建设基本完成。

第十四章　运营管理基础建设

沈阳有线在建设时期网络发展迅速，事业摊子越铺越大，亟须各项管理工作跟进，网络运营管理问题尤为突出，已成为这一时期与网络配套发展的重要任务。

夯实基础工作。建立收费站公约，明晰站长、财务监管员、会计员、出纳员、收费催缴员等每一位员工的岗位职责范围；搞好用户资源调查，企业台（站）越权向行政区域扩网情况、宾馆（酒店）有线电视开发情况、新建住宅小区有线电视入网情况、进入建设时期以来住宅小区用户情况等，变被动工作为主动出击，及时调整营销战略与策略；理顺物价部门关系，规范和增设收费标准及规费项目，整顿内部收费标准不统一不规范行为；建立用户资源信息库，健全用户资源档案，把微机室建设成用户资源信息资料数据处理中心；增设收费站收费日记账，加强基层财务监管的力度，促进收费员工作的自觉性和计划性，把工作量化直接到人头；建立收费进度分项统计周报制度，透过图表数据，分析各站情况，及时现场办公；在新一代沈阳有线综合业务信息管理系统研发的过程中，先后召开不同层面的论证会，充分听取和吸纳基层工作者的意见，实现收费站、银行代收费系统与信息中心等数据时实传输，彻底根除收费站与信息中心之间数据传输差异及丢失信息的现象，弥补了当时的微机管理缺陷。

抓实财务运作。解决了自沈阳有线电视台成立以来，一直没有解决的有线电视初装费、收视费营业税、所得税等减免问题。沈阳有线在有线电视初装费、收视费营业税、所得税等是否减免问题上与税务部门始终存在一些分歧。为了能够享受到按国家税务政策应得的免税待遇，沈阳有线积极与其他城市有线电视机构进行沟通，了解他们纳税及享受税收优惠的情况，并查阅有关税收文件，通过各种途径寻找免税的依据。经过不懈努力，仅1998年、1999年就争取到房产土地税、新开河工程维护费、企业所得税等税费的减免，节省资金1600多万元。

强化收费监管。以人力资源管理为抓手：对管理人员进行交流，通过对收费站站长进行民主评议，工作定性考核和业绩定量考核，在民主测评的基础上，经动态考核，对站长进行了交流；收费站会计员、出纳员站际之间调整及交流，注重提高基层财务和统计工作的整体管理水平；引进财务专业人员，结束了收视费账务管理无财务监管环节的真空历史；实施站长目标考核制，自2002年1月7日开始，沈阳有线各收费站实施新的内部记账方式，加强了财务监管，明晰了个人工作量。在此基础上，对站长下达了"收费金额、收视费收缴率、与去年同期比收视费收缴增长率、新增用户数、业务工作量、人均业务工作量、服务质量、内部管理、其他活动及任务和自身表率作用"等十项考核指标，与之配套下发了年终奖兑现核算办法，变人治管理为数字管理、法治管理。实践证明，这一管理模式有奇效，对确保指标及任务的完成起到了极大作用，对于推动生产力发展而言，可以称其为不增加投入换回更大产出的无形资产。实行全员管理民主监督：坚持部门周例会制，部门事务由基层工作骨干参加的周例会民主决定，变领导单一管理为全员参与的民主管理。随着一系列管理制度的出台，靠制度管理每一个环节，随着责任明晰到人，全员参与管理，员工的民主监督意识也不断提升，效果显著。大东收费站通过民主监督挖出了一个收费员隐蔽贪污规费款项的蛀虫，检察机关侦破该人几年来共贪污58万元。沈阳有线抓住这一典型案例，召开警示大会，举一反三，警钟长鸣，乘势加大监督管理力度。

转变服务作风。沈阳有线从转变收费窗口员工"脸难看""事难办"和"店大压客"的问题抓起，先后几次拉出去素质培训，以"更新观念，强化服务，学习业务，转变作风"为主题，扭转员工长期形成的没有服务的观念。2002年开始，从标准化服务做起：收费站工作人员统一着工装，设立员工服务榜、建立并公示《服务指南》，当班者胸前佩戴服务卡，柜银台前摆放监督牌，每个监督牌有自己承诺的一句话，体现了标准化服务；客服员工走上街头向市民发放沈阳有线服务宣传单，展示了沈阳有线的服务风采；创办台长公开电话《每周一报》，让用户的声音及投诉情况适时反馈到相关部门和有关领导，以起到自我督办作用，扭转那种"电话有人接，用户事难办"的消极状态；设立服务监察人员，不定期到各站抽查，对违反服务标准的，严肃处理，对被用户投诉的，从重处理，使沈阳有线的服务作风发生了极大转变。2003 年 10 月，沈阳有线服务升级，在沈阳有线电视开播十周年之际，首次向全社会推出"沈阳有线，服务无限"的客服理念。内部跟进了实行绩效工资制等行之有效的制度，极大地提高了用户服务质量和服务水平。

根据《关于为盲人、聋人安装和使用有线电视实行减免费用的通知》（辽残联［2001］31 号），2001 年，沈阳有线制定了《关于盲人、聋人安装和使用有线电视实行减免费用的通知》。具体规定：对盲人、聋人须持市、县（市、区）残联开具的证明，并持有残疾人证；市内最低生活保障线待遇的盲人和聋人。符合上述条件的盲人、聋人在安装有线电视时可享受免交初装费和优惠 50% 收视费的待遇，从 2001 年度开始执行。相关部门对符合减免费用的盲人、聋人建立了特殊用户微机档案，以便进行服务管理。

增强运营意识。组织策划"真情一线牵"——做有线电视自觉交费用户活动。整个活动通过《生活大放送》栏目宣传、广发宣传品、设立幸运用户和荣誉用户两个摇奖等级、设立活动咨询电话、装饰送奖宣传车等形式，全力造势宣传，甚至精心策划送奖宣传车路线，当宣传车路经九路家具城、五爱市场、中街步行街口和小东小商品批发市场等人群熙攘的地方时，十分醒目，反响极大，收到良好的效果；抓住建党八十周年的契机，借助市委、市政府"为市民办实事"的号召，适时推出"有线电视初装优惠月"活动，仅此一个月内发展了3万多零散初装用户；建立有线电视社区代办处，在市民政局的支持下把代办处推向全市约780个社区，将开发沈阳有线用户的触角延伸到居民身边。利用社区优势，清查黑用户、核准欠费户、搞清自然户、纠正错名错址户，为促进增收起到了很好的作用；用法律维护沈阳有线的经济利益，以和平区一恶意欠费用户为典型，向和平区法院起诉，通过法律并利用沈阳电视台媒体的宣传，达到了让所有欠费用户都知道看有线电视必须依法交费，起到了很好的效果；2002年10月，主动与沈阳市公安局联合行动，发布《沈阳市公安局 沈阳电视台关于集中打击破坏、盗接有线电视设施诈骗违法犯罪和清理拖欠收视费的通告》，集中打击黑户。通过摸底调查，一举查处了盗用有线电视信号的旅馆、饭店、卖店、洗浴场所以及住户，挽回了500多万元的经济损失。

第十五章　与中信国安公司合作终结

1993年，沈阳电视台与中信国安公司签订了《合作建设沈阳有线电视合同》，主要内容是：工程建设分为建设期和发展期，建设期内双方投资各50%。沈阳有线完成50万户后，中信国安收回全部投资的第二年起进入发展期，再合作12年。建设期内，除初装费外的一切收入要首先返还中信国安的投资，中信国安投资全部收回后，所余利润中信国安按55%分成。

1996年5月，双方签署《沈阳有线电视财务管理委员会1996年度会议纪要》，主要内容是：中信国安由原投资计划减少2500万，双方合作年限从完成50万户的第二年起由原定12年变更为11年，前6年中信国安按55%分成，后5年双方各按50%分成，与会计核算的财务成果无关。

1996年末，中信国安已全部收回了已投资部分，并不再按计划投资。

1997年5月，沈阳电视台领导班子调整。从1998年起，沈阳电视台对无线和有线编播节目实施了统管，对节目经营实施了统一归口管理。在实施过程中，中信国安公司依据上述《合同》和《纪要》进行干预，表示反对，并致信沈阳市委要求沈阳有线电视台独立。

1998年初，中信国安按《合同》和《纪要》继续分成。

1999年1月25日，应沈阳电视台要求，市长办公会专门听取了沈阳电视台的工作汇报，明确提出从此以后，双方不再进行分成，有关事宜由市政府办公厅协调。

2000年，沈阳电视台提出对沈阳有线电视网络进行升级改造，沈阳市政府同意并组建了沈阳市有线电视网络升级改造领导小组。同年5月22日，中信国安公司来函，要求双方统一思想，否则"会影响到项目的正常运作和发展"。为此，沈阳电视台请示了市政府并进行了法律论证。

2000年7月3日，国家广播电影电视总局（广发办字〔2000〕450号）文件认定，沈阳电视台与中信国安公司签订的《合作建设沈阳有线电视合同》，属于合作办台性质，违反国家的法规规章，必须予以纠正。

2000年8月8日和8月28日，辽宁省广电局和沈阳市政府分别提出了妥善处理意见。2001年2月19日，时任沈阳市副市长吕亿环就此还专门作出批示：请占春秘书长商市电视台及政府有关部门负责，并征求省广电局同意做好善后工作。建议市法制办与市台（沈阳电视台）共同合作，协调运作，处理好此事。

2001年3月9日，辽宁省广播电视局下发《关于对沈阳电视台与中信国安公司签订合作建设沈阳有线电视合同问题的意见》（辽广发〔2001〕5号），认定：1. 沈阳电视台与中信国安公司签订的《合作建设沈阳有线电视合同》以及《沈阳有线电视财务管理委员会1996年度会议纪要》属合作办台性质，违反了现行的有关规定和政策。2. 要求沈阳电视台根据有关法规、规章的规定，尽快纠正错误，妥善处理好有关问题，将处理情况做书面报告。

2001年3月9日，沈阳电视台向市政府上报了《关于如何贯彻辽广发〔2001〕5号文件精神的请示》（沈视发〔2001〕5号）。

2001年3月12日，沈阳市政府下发《关于认真贯彻国家广电总局广发办字〔2000〕450号和省广电局辽广发〔2001〕5号文件精神的批复》（沈政〔2001〕31号），要求根据国家广播电影电视总局广发办字［2000］450号和省广播电视局辽广发［2001］5号文件精神及有关法规、规章的规定，对与中信国安公司合作办台问题尽快予以纠正，并将具体意见报市政府。

在此期间，中信国安曾致信沈阳电视台，建议组建网络股份公司，没有得到沈阳电视台的响应。由于合作双方分歧较大，合作建设事宜名存实亡。2005年9月29日，沈阳电视台台长兼沈阳有线电视台台长、法人代表白明路，授权沈阳电视台副台长兼沈阳传媒网络有限公司总经理孔军同志，代表沈阳电视台在《终止执行沈阳电视台与北京国安电气公司"合作建设沈阳有线电视合同"协议书》上签字。至此，沈阳电视台与中信国安公司经过11年的合作投资办台项目宣告终止。

第三篇　沈阳有线发展时期

2004年至2014年，这十年为沈阳有线发展时期。

沈阳有线发展时期的主要特征是，形成集团公司规模，实行现代企业管理制度。

这一时期，沈阳有线按照国家关于文化体制改革的方针政策，在沈阳市文化体制改革领导小组主导下，完成了由文化事业单位向文化企业单位的过渡。2004年8月12日，沈阳有线工商注册为"沈阳传媒网络有限公司"，自2005年3月，沈阳有线开始进入实质性的企业管理运行期，标志着沈阳有线正式从事业单位转制为企业单位。从这时起，沈阳有线的冠名由沈阳传媒网络有限公司取代了沈阳有线电视台，从此，沈阳有线电视台的呼号不复存在。沈阳有线转身为企业以来，也正是沈阳有线蓬勃发展时期。

沈阳有线按照现代化企业管理制度的要求，以上海远卓顾问（跨国）公司管理理念，初步建立起了现代企业管理体制。根据《公司法》和国家的有关规定，报请沈阳市人民政府批准，以沈阳电视台、沈阳新视觉广告有限责任公司共同出资成立有限责任公司——沈阳传媒网络有限公司。设立股东会、董事会、监事会，实行总经理负责制。

这一时期，沈阳有线上下联动，转变观念，迅速适应新体制，产业化的步伐明显加快。积极面对竞争惨烈的网络市场，刻不容缓地加快郊区网络整合，通过艰辛运作，成功整合了东陵区、于洪区、苏家屯区和沈北新区有线电视行政区域网，迅速抢占沈阳地区有线电视网络市场，市场份额不断扩大，网络规模在全国副省级市有线电视网络中屈指可数。

这一时期，沈阳有线大力开展数字电视和网络增值业务。包括全面推进有线电视数字化整体转换工程；进一步提高网络传输资源的市场化程度，进一步突出卫视节目收转"沈阳模式"的市场价值；积极开发宽带互联网、政务网、资料网、加密网等增值业务；成功地完成国家数字移动电视播出实验任务；快速建设数字化双向网，推动交互式数字电视的研发与应用等业务。

沈阳有线坚持把为用户服务放在首位，破除传统的有线维护站、收费站，建立区级客服公司，对沈阳九区营业场所进行开放式商业经营服务性装饰，进一步与市场对接，提高服务水准。组建了一个集呼叫中心为核心的用户服务系统和投诉中心为核心的服务监督系统为一体的设施完备、功能完善和制度健全的沈阳有线"一站式"用户服务监督体系。设立开通96195用户服务专线，改版创办《服务质量报》，其用户服务水平走在区位各类网络运营商前列。

沈阳有线面对网络市场竞争压力，坚持以市场为依托，本着强化员工市场意识，开展全员营销活动，通过走进市场转变观念，通过走近客户发现商机，为进一步把员工带入市场提供了有益的实践经验。采取以有线媒体增值服务巩固老用户，以媒体全案服务开发新用户，以媒体组合服务实现经营资源最佳配置，为提高经济效益创造了有利条件。

沈阳有线自2013年起，开始思索"后沈阳有线时代"的发展。传统有线电视业务在萎缩，广电增值业务的精准优势不明显，跳出"广电思维"，利用有线资源，寻求转型发展。时下，沈阳有线抓住"智慧城市"建设的机遇，借势实现转型升级。在与中国联通、中国电信和中国移动等三大网络运营商激烈竞争的背景下，求得市里认可和支持，将"沈阳市智慧城市网络管理中心"设立在了沈阳有线。

沈阳有线，乘势而上，提出跨行业跨地区合作，专设了"智慧城市"建设工作推进办公室，从建设"智慧社区"入手，在全市布局44个网格，将有线电视业务及服务融入"社区公共服务业务规划"中开展起来，优先发展政府回购的惠民服务项目。通过网格化开发、服务与管理，带动网络资源再生的上下游产业链联动。由沈阳有线为主体建设"智慧社区"的创举，为"后沈阳有线时代"创造了无限发展空间，为沈阳市建设"智慧城市"提供了服务管理平台。

到发展时期末，沈阳有线成鼎盛之势，有线电视用户资源已跃升为215万户；经营创收突破6亿元；资产总额达到16.7亿多元；各类用工形式的员工总数1106人。

第一章　公司建立

为认真贯彻全国文化体制改革试点工作会议精神，落实沈阳市文化体制改革试点工作方案，本着不断提升沈阳有线活力、实力和竞争力的初衷，2004年7月29日，沈阳电视台体制改革试点工作领导小组办公室确定了《组建沈阳传媒网络有限公司的实施办法》。内容包括：

总公司名称：沈阳传媒网络有限公司。

总公司性质：有限责任公司。

总公司组建方式：沈阳传媒网络有限公司是根据《公司法》和国家的有关规定，报请沈阳市人民政府批准，以沈阳电视台、沈阳新视觉广告有限责任公司共同出资成立有限责任公司。沈阳电视台以沈阳有线网络的净资产出资，沈阳新视觉广告有限责任公司以货币出资。网络公司具有独立的企业法人资格，其合法权益和经营活动受国家法律保护。

总公司注册资本和股权设置：沈阳传媒网络有限公司注册资本为68008万元人民币。其中沈阳电视台出资有形资产39805万元人民币，无形资产27203万元人民币，共计67008万元人民币；新视觉广告有限责任公司出资1000万人民币。（注：由于历史原因沈阳电视台应付中信国安公司8000万元人民币，列入公司的负债）。

总公司经营范围：主要任务是传输广播电视节目和提供信息服务；承担实施广播电视工程的设计、施工、安装和维护；完成沈阳市有线广播电视传输覆盖网的建设（租赁）、经营、维护以及网络的升级改造，形成完整的全市电视传输专用网，与省及国家干线网联通，按照国家关于"一市一网"的规定，整合全市有线电视网络；利用广播电视传输网络开展基本业务、扩展业务、增值业务，包括有线电视增户、会议电视、视频点播以及广播电视、信息传输相关的其他业务；信息网络设备、产品的生产经营；卫星直播传输及以上业务的相关业务；国（境）内外广播电视传输技术项目的科研、开发、设计、制作、技术转让、技术咨询、信息服务、代理和监理；国（境）内外广播电视传输技术交流与合作，技术人才培训与交流；网站经营、网络服务和电子信息业务；根据国家有关规定，从事国内外投资融资业务和经营国家允许或委托的其他业务等共计十一项。

总公司的发展目标是：根据业务发展的需要，经国家有关部门批准可以通过控股、兼并、收购等方式实行产业化、专业化经营；可以实行股份制改造，上市进行融资。网络公司在国家宏观调控、有关部门领导和行业监管下，依法经营，照章纳税，维护国家利益，自主进行各项经营活动。

总公司的法定场所：沈阳市沈河区小西路71号。

总公司职责是：执行国家法律、法规和产业政策，安全优质的完成国家交给的转播传输任务。对经营性国有资产履行出资人职责，并承担保值增值责任。根据国民经济中长期发展规划、国家产业政策和市场需求，制订网络公司的发展战略、中长期计划、年度经营计划和重大生产决策。依据国家法律法规和有关政策，组织实施重大投资活动，对投入产出效果负责。加快技术创新和科技进步，增强市场竞争力，促进有线网络业的健康发展。依照法律程序和相关规定对网络公司各部门负责人进行任免、考核，并根据考核结果对其进行奖惩。公司按照"产权清晰、责权明确、政企分开、科学管理"的现代企业管理要求进一步明确管理责任，按照《公司法》和公司章程运营，使网络公司成为适应市场的运营实体和竞争实体。强化内部管理，妥善做好减员增效和富余人员分流与再就业工作，维护网络公司整体稳定。指导和加强网络公司员工的思想政治工作和精神文明建设，以党和国家的方针政策为导向，搞好网络公司内部的企业文化建设。

2004年8月12日，沈阳传媒网络有限公司完成工商登记注册。8月13日，时任中共沈阳市委副书记、沈阳市文化体制改革领导小组副组长刘迎初，在沈阳有线网管中心，为沈阳传媒网络有限公司揭牌。

沈阳有线的公司化，是根据中共中央办公厅、国务院办公厅，转发中央宣传部、国家广播电影电视总局和新闻出版署《关于深化新闻广播影视业改革的若干意见的通知》（中办发〔2001〕17号）精神，按照《国务院办公厅关于印发文化体制改革试点中支持文化发展和经营性文化事业单位转制为企业的两个规定的通知》（国办发〔2003〕105号）和国务院办公厅转发国家信息产业部、广播电影电视总局《关于加强广播电视有线网络建设管理意见的通知》（国办发〔1999〕82号）的要求，以创新体制、转换机制、面向市场、提高竞争力为原则进行的。将有线电视台转制为有限责任公司，可以促进国有资产的优化配置，保障国有资产的安全、保值和增值，有利于依靠科技进步，深化企业改革，积极开拓市场，发挥有限公司的体制优势，提高国有资产的运营效率。这是按照社会主义市场经济规律和繁荣社会主义文化的要求促进沈阳市广播电视事业及广播电视信息产业更快更好地发展而进行的。

至2005年3月，沈阳有线完成了"事转企"的过渡。

第二章　组织机构

沈阳有线由沈阳有线电视台改制成沈阳传媒网络有限公司后，按照《公司法》建立现代企业法人治理结构。设立了公司股东会、董事会和监事会，设立了经营领导班子及下设机构。

董事长：白明路（兼），时任沈阳电视台台长。

董事：张茂民，时任沈阳电视台副台长；李依群，时任沈阳电视台副台长；孔军，时任沈阳电视台副台长。

2005年2月，经市委宣传部推荐，董事会批准，沈阳有线经营领导班子建立，主要成员为：总经理孔军（兼），常务副总经理何宏刚，副总经理汪溪、苏焕伟。2008年5月，经董事会同意，增补张晓钧同志为副总经理。

2005年2月，经总经理常务会研究决定，董事会批准，沈阳有线内设机构调整为：市场运营公司、技术开发公司、工程服务公司、客服中心和办公室。各内设机构负责人（按机构排列顺序）为：何宏刚（兼）、裴远真、汪溪（兼）、陈坚、张岩、苏焕伟（兼）、王湘农、李英杰、张晓钧、于启洋。

市场运营公司组成部门：网络拓展部、外联策划部、信息管理部。辖管部门：经营管理部。

技术开发公司组成部门：数字电视业务部、宽带业务部、规划设计部、器材管理部、管网部、播控部、传输部。

工程服务公司组成部门：工程监理部、网络巡检部、工程协调部、结算部。下设和平区客服分公司、沈河区客服分公司、皇姑区客服分公司、铁西区客服分公司、大东区客服分公司、航联客服分公司。

客服中心组成部门：监管部、受理部。

办公室组成部门：综合部、人力资源部、计划财务部、行政管理部、保卫部、变电所、车队。

2009年，沈阳有线调整部分内设机构。经总经理常务会议研究，报董事会批准，对公司内设机构做如下调整：保留市场运营公司和办公室的设置；设立技术开发中心、传输播控中心、客户服务公司和工程管理公司；撤销技术开发公司、工程服务公司、客服中心。下设机构不变。

这一阶段，沈阳有线直属公司有：沈阳市东陵区传媒网络有限责任公司、沈阳市于洪区传媒网络有限责任公司、沈阳市苏家屯区传媒网络有限责任公司和沈阳市沈北新区传媒网络有限责任公司。各公司负责人（按区域顺序排列）先后为：刘守德、李先富、何冬梅、张士忱、张广辉、杨绍臣、赵守利、乔恩福、邱学武、董国祥、张剑、张立国、孙祥维、周晓庆、刘海、可成杰等。

这一阶段，沈阳有线的机构设置是三级管理层次，即公司经营领导班子、二级管理机构和三级管理部门。

2012年7月，时任沈阳广播电视台台长张东毅出任沈阳有线董事长，9月，沈阳有线调整经营领导班子，经市委宣传部考核推荐，公司董事会聘任，何宏刚同志为沈阳有线新一届总经理。

这一阶段，过渡期的经营领导班子主要成员为：总经理何宏刚，副总经理汪溪、苏焕伟和张晓钧。聘任陈坚为总工程师，裴远真和王湘农为总经理助理。随后，经董事会批准，经营领导班子主要成员调整为：总经理何宏刚，副总经理苏焕伟、裴远真、王湘农和李成雨（兼总工程师）。同时，聘任王梅为财务总监，陈坚为总经理助理。

这一阶段，沈阳有线按照市场开发需求和内控管理需要设计组织机构，实施"扁平化"管理，简化管理层级，由三级管理简化为两级管理。

撤销原二级管理机构：市场运营公司、技术开发中心、传输播控中心、客户服务公司、工程管理公司和办公室等6个机构；同时，撤销原三级管理部门和三级管理公司：网络拓展部、外联策划部、信息业务部、用户管理部、经营管理部、数字电视业务部、宽带业务部、宽带大客户部、规划设计部、器材管理部、综合营业部、播控部、传输部、结算部、监管部、受理部、接访部、管网部、工程监理部、网络巡检部、工程协调部、综合部、人力资源部、计划财务部、行政管理部、保卫部、变电所和车队等28个三级管理部门及和平区客服分公司、沈河区客服分公司、皇姑区客服分公司、铁西区客服分公司和大东区客服分公司等5个三级管理公司。

调整后，沈阳有线经营领导班子为管理层。内设18个职能部门和4个客服公司：总经理办公室、市场部、集团业务部、社区业务部、资讯部、客服部、网络建设部、技术部、传播部、运维部、服务质量监督部、工程监理部、资产管理部、经营管理部、人力资源部、计划财务部、行政部和保卫部，东陵客服公司、于洪客服公司、苏家屯客服公司和沈北客服公司。

各客服公司（原区传媒网络有限责任公司）的证照及印鉴暂不变更，由总经理办公室统一管理。

各区域营业场所为：和平区有太原南街营业厅、浦江苑营业厅；沈河区有五爱街营业厅、市府路营业厅；铁西区有云峰街营业厅、北一路营业厅；皇姑区有北陵大街营业厅、沈飞地区营业厅；大东区有草仓路营业厅、黎明地区营业厅；东陵区有白塔营业厅、东陵营业厅、丰乐营业厅、桃仙营业厅、香格蔚蓝营业厅、浑南营业厅、长白营业厅；于洪区有北陵营业厅、大潘营业厅、黄海营业厅、沙岭营业厅、新城营业厅；苏家屯区有雪松路营业厅、浑河新城营业厅；沈北新区有道义营业厅、虎石台营业厅、辉山营业厅、新城子营业厅、新城综合服务中心营业厅。

市场部对市内五个中心城区营业厅行使管理职能。

这一阶段，沈阳有线内设机构各部门负责人（按机构设置和到岗顺序排列）先后为：于启洋、张艳、王刚、倪红、陈洋、董涛、冯志勇、王克岩、王东明、邢大勇、李大明、曲刚、杨宇、马哲、刘芳、刘世颖、张广辉、李秉仁、杨轩、何冬梅、张立国和刘家彬等；客服公司负责人（按区域和到岗顺序排列）先后为：孙金洲、张艺凡、孙航、张士忱、杨林、程亮、赵新民、张剑、沈国柱、刘海、可成杰和魏绍利等。

第三章　网络技术改造

　　沈阳有线进入发展时期，正值有线电视数字化普及和宽带业务大力推广的战略机遇期。然而，沈阳有线这一战略方针的落实，关键在于以"光网改造"和"双向网改造"为核心的网络升级。有线电视网络升级，对于加快网络更新换代的步伐，完善网络支撑系统，实现网络质量的全面提高等意义重大。一个以光网为基础的双向网络，则是沈阳有线业务发展的生命线。

　　光网改造。2005年，沈阳有线安装光站423个，使公司拥有光站累计达到1440个。光缆接续13926处、敷设光缆233皮长公里（11914.355芯公里）、光缆熔接点13926个、宽带安装388处、工程线路监理233公里、管道工程监理4处（计45孔公里）、处理因各种原因引起的光缆拆、改、挪21处，应急故障抢修100余处；2006年，沈阳有线安装光站311个，使公司拥有光站累计近1800个。光缆接续17369处、敷设光缆184皮公里（13751芯公里）。在管道建设方面，采取多方合作的方式，首开沈阳有线与沈阳联通、沈阳网通公司合作发展建设管道挖掘的先河，实现了互赢互利，为公司节约了大量资金。全年公司购进管道100孔公里，联建管道25孔公里，自建管道20孔公里；2007年，沈阳有线安装光站240个，使公司拥有光站数量累计达2200个。光缆接续10329处、敷设光缆150皮公里（8520芯公里）。宽带安装100余处、工程线路监理100公里、管道工程监理20处（计10孔公里）、处理因各种原因引起的光缆拆改挪50处、应急故障抢修200余处、更换光站210个、光站调试480多个、购进管道200余孔公里、自建管道20孔公里。让我们不能忘记的是，2007年那场沈阳百年不遇的暴风雪，让沈阳有线经历了一场大考。当时，突降的暴风疾雪便是警报，全体工程维护人员第一时间不约而同地赶往单位，迅速投入各个抢修现场和故障点，共抢修故障15处、更换光站2个，经过全体人员的协力艰苦奋战，保障了暴风雪灾中的网络安全和信号畅通，交出了令全市几百万有线电视用户满意的答卷；2008年，沈阳有线光缆网络改造工程接近尾声，完成了长兴街、民主路、总站路、小什字街和云峰街等5个基站的光缆覆盖工程，使公司光缆基站达到13个，完成了全市范围内的光缆覆盖的改造工程，为有线电视数字电化整体转换的全面启动和宽带业务的全面展开打下了坚实的基础。

双向网改造。沈阳有线从2009年开始，伴随着光网改造的即将结束，同步开始有线电视系统双向网络改造，建立有线电视用户终端和沈阳有线前端互传信息的双通道，从而打破了只有播控前端播什么用户才能看什么的传统播出方式，满足用户想看什么播控前端就播什么的个性化需求，这种互动方式使沈阳有线开展新增值业务成为现实。2009年，完成双向前端平台设备的安装调试；2010年，沈阳有线抽调精干力量，完成了766处光分路器、3685个光网络终端的设计施工和调试任务，圆满完成了双向网络覆盖30万户的工作计划。在双向网设计施工中敢于大胆创新，经过设计人员多次试验和改进，自行设计了光分路器箱和光网络单元箱，这一创新，减少了工程施工中的辅材量和施工量，同时为公司节省了大量的工程建设费用；2011年，在工程技术人员的不懈努力下，全年设计出图814套，设计光缆477.82皮长公里，MAU/EOC设备3914套。完成了双向覆盖792个光站、3800余栋楼，完成340公里光缆、78个光节点、70.5孔公里管道的设计施工任务。新增双向网络覆盖31万户，累计完成双向数字网络覆盖62万户；2012年，沈阳有线双向网络改造工程稳步推进。敷设光缆2438866米，架设双向设备216套，覆盖用户153402户。沈阳有线累计双向网络已覆盖用户总量达到78万多户。同时，选择500多户使用者试点，进行双向传输测试，为沈阳有线新业务的开展以及双向网络的改造积累了成功经验。

这一时期，沈阳有线抓住网络技术改造的时机，在建立细化和不断完善数字电视及宽带业务流程，健全沈阳有线新业务收费、授权及管理流程体系，网络工程规划设计，数字化网络改造升级，模拟电视与数字电视播出前端安全播控，数字电视点播节目与文化共享工程，交互式数字电视技术开发以及与中国电信、中国联通合作推广互联网宽带业务等方面，积极推进技术进步，使沈阳有线网络系统科技状态发生了质的飞跃。

第四章　网络工程管理

这一时期，随着沈阳有线网络的技术升级，工程建设进入了繁忙期。对不符合沈阳有线电视数字化转换的老旧网络按照技术升级标准进行改造，对新建有线电视网络按照数字化标准实施工程监理和并网验收。沈阳地区有线电视网络工程施工基本是由庞杂的社会相关网络施工队伍承担的，沈阳有线网络工程管理的任务十分繁重。

2005年，沈阳有线加强工程监理力量，制定、实施新的验收标准和流程，强化工程技术资料的规范管理，进一步严格并网、改造工程验收审核工作，建立调控工程领用材料宏观管理的预算与审核制度。组织验收并网工程83项，计475栋楼，验收合格率达到100%；按照程序确认外改内工程974栋楼，审定批准施工797栋楼；抽检各区清查后的用户楼81栋，发现并核实存在私接等现象的用户终端42处；完成对沈飞和黎明地区有线电视网络整合后的有线电视器材、设备的统一管理；实现各施工单位均能够按照统一规格上报技术资料，并实行电子版存档。为保证网络技术资料的完整、准确，沈阳有线进行全市有线电视网络工程图纸的收集、核查、整理、补充、修订和存档工作。

2006年，沈阳有线电视数字化整体转换工作迫在眉睫，对新建项目和并网工程要求按照数字化标准加强工程设计、施工、验收和资料的规范管理。沈阳有线依照国家广播电影电视总局相关法规政策和数字化整体转换工作的需要，先后制定下发10余个管理制度，内容涉及工程监理、业务受理、故障维修、设备保养与管理、信号开通工作程序和信息咨询等具体工作。严格执行图纸资料的管理制度，对66个项目涉及361栋楼的并网工程进行验收，工程合格率达到100%；审核确认批准外改内工程375个；认真审核材料的领用情况，及时对工程中发现的问题进行调控。为确保数字转换工作的全面铺开，沈阳有线选取样板小区开展数字电视整体转换试点工作，针对各区网络状况着手对各区有线电视网络进行改造，按照传送数字电视节目的要求进行网络设计和信号调试，为数字转换工作做好前期工程。共设计启用431处光站，覆盖用户楼2239栋，计12.373万户。其中完成170处光站所带网络的改造工程，使5.223万户具备了数字转换条件。同时，处理网络投诉信访案件8起，件件事实调查清楚，政策落实到位；配合市有关执法部门查处各类案件315起，其中查处私接、盗接有线电视信号案件203起，处理拆迁补偿、人为损坏线路案件4起，查处单位、居民用户违规安装终端108处，直接或间接为沈阳有线挽回一定经济损失，切实保障了网络的安全运行，维护了沈阳有线的合法权益。

2007年，沈阳有线数字电视整体转换试点工作破题，全面启动有线电视分配网改造工程。完成分配网改造设计1162处，涉及6088栋楼，36.6670万户。其中，工程竣工验收合格684处，涉及3680栋楼，用户21.1775万户，做好了数字电视整体转换的网络准备。

2008年，有线电视数字化整体转换工程正式启动，沈阳有线各部门密切配合，全面铺开组织落实分配网改造工程任务，做好规划、设计，严格规范施工技术标准，保证分配网改造工程质量。加强对各处分配网改造工程项目的日常监理，对发现的问题及时采取措施进行整改，确保分配网改造工程的速度满足数字电视整体转换的需要，确保网络工程的技术指标满足数字电视信号传输的要求。全年完成分配网改造设计1865个光站，覆盖用户65.48万户；完成网络改造施工1447个光站，覆盖用户50.12万户，保障了数字电视整体转换工作的顺利进行。

2009年，沈阳有线加强对施工单位和施工项目的日常管理，提高对施工人员的工作要求，不断完善各项施工管理制度，全力保证工程建设质量。全年验收并网园区66个，用户楼391栋；完成3558栋楼的分配网改造施工项目。

2010年，沈阳有线为确保中心城区有线电视数字化整体转换收尾工作顺利完成，完成分配网络设计426处，覆盖用户15.8604万户；完成分配网络改造工程553处，覆盖用户20.9611户。累计完成分配网络设计2670处，覆盖用户96.5601万户；累计完成分配网络改造工程2424处，覆盖用户89.5706万户。验收新建园区并网项目54个，含用户楼237栋，实现验收合格率100%；对1430栋用户楼实行了有线电视线路外改内施工，大大降低了故障报修率。

2011年，按照年度有线电视网络数字化改造工程计划，共完成分配网络设计施工178处，覆盖用户5.4982万户；验收合格新建园区并网项目46个，含用户楼325栋。

2012年，共有31处新建园区整合于沈阳有线电视网络，新增用户楼187栋，覆盖用户4.23万户。沈阳有线对这些园区的有线电视网络进行了严格的验收，对发现的问题要求施工单位进行了认真整改，从入网环节确保网络工程质量。为配合新建园区并网工程，完成16条管道的工程建设、1572芯公里光缆的敷设任务。

2013年，检验、接收新施工双向网工程，成功验收了包括滨河社区在内的新双向网工程，为沈阳有线"智慧城市"建设试点社区，推进"智慧社区"具体建设项目做好了充分的网络准备。

第五章　网络拓展

沈阳有线，转制为文化企业后，积极探索有线电视网络市场运营体系，以谋求在激烈的有线电视网络市场竞争中拓展网络。

沈阳有线结合自身的企业性质及沈阳地区有线电视网络市场的实际情况，制订了切合实际的有线电视网络并网流程。这个流程将有线电视联并网的责任主体加以明确，并对各个职能部门的分工配合予以确定，使有线电视联并网工作有了可操作性的工作规范。该流程为沈阳有线企业管理和有线电视网络联并网工作的高效、顺利、规范铺平了道路；基于沈阳地区有线电视网络市场纷繁庞杂的情况，为了做到底数清晰，掌握有线电视网络市场的主动权，最大限度地争取发展用户，建立了有线电视市场用户资源管理系统。该系统涵盖了整个沈阳地区有线电视市场的用户资源情况，包括：（1）正在建设住宅小区的数据。建设开发单位、建设规模、资源用户数、建设时间、竣工时间、分期竣工情况、施工进度、有线电视并网连接路由、有线电视工程施工单位、有线电视联并网意向等。（2）圈地待建住宅小区数据。待建原因、预计建设时间、预计资源用户数、预计建设规模、预计分期建设情况、有线电视并网连接路由等。（3）完善市场信息数据库。指定专人，及时跟踪已建、待建工程建设项目，通过项目跟踪，及时修正、完善市场数据。

有线电视网络并网流程和有线电视市场用户资源管理系统的建立并应用，初步形成了沈阳有线的网络市场运营体系，极大地提高了沈阳有线在网络市场竞争中的成功率。在政府危旧房改造工作中，沈阳有线及时掌握信息，积极与各区政府沟通，大力宣传沈阳有线电视网络的节目优势、技术优势、品牌优势、服务优势和未来发展。最后，分别与各区政府达成共识，成功地将皇姑区危旧房屋改造办公室所开发的3万余户项目、铁西区城建危旧房屋开发公司开发的4万余户项目和大东区危旧房屋改造办公室开发的1万余户项目中的有线电视网络纳入沈阳有线。

在房地产开发市场，由于及时掌控信息，有效地把握了开发商的动向，迅速派专人负责，分兵把口，成功将沈阳有线电视网络拓展到"万科""华锐""市城建""新湖""格林""保利""新世界""世贸"等房地产开发公司建设开发的项目中。

这一时期，沈阳有线的网络市场营销从业人员业务素质逐日提高，工作趋于得心应手；网络市场运营体系运转协调，在实践中不断丰富和完善，沈阳有线作为市场主体已经进入成熟期。

这一时期，发展新用户76万户，占市内五区83.1%，占浑南地区份额41.4%。累计用户资源达到215万户（含技术整合辽中区用户资源7万户），在全国副省级城市有线电视网络中名列前茅。

第六章　郊区网络整合

有线电视网络是随着城市建设发展而推进的。随着城市"空心化"的建设，郊区成为城区扩展的重心，有线电视网络的竞争市场也聚焦于此。自2003年以来，沈阳有线继整合企事业单位网络之后，就动议整合郊区有线电视网络。

郊区有线电视网络是当地政府行为建立起来的行政区域性有线电视传输覆盖网络，各区依托网络都建立了区级有线电视台（站），管理部门是区广电局。沈阳有线要进行这种行政区域性网络整合，不仅涉及各区的利益，更直触到各区委区政府的工作内核，整合的难度和复杂性远超于企事业单位的网络整合。

郊区网络整合形式。沈阳有线在认真分析郊区"网台分离"的可行性后，采取网络"吸收合并，资产划拨，设立公司"的形式。

　　郊区网络整合步骤。郊区网络整合是分两步操作的。第一步，无偿向郊区网传送有线电视信号，使沈阳有线电视信号全覆盖整个郊区；第二步，沈阳有线电视网络吸收合并各区有线电视网络，但不涉及各区广电系统管理体制和机构改革。除各区有线电视网络纳入沈阳传媒网络有限公司统一管理、统一运营和统一开发外，原广播电视站和区有线电视台的职能不变，管理渠道不变，继续在各区的领导下开展各项工作。整合后的各区有线电视网络划入沈阳有线后注册成立具有独立法人资格的区网络公司。在沈阳有线的管理下，实行自主经营、独立核算、自负盈亏、依法纳税的经营管理体制。各区有线电视网络发展，纳入沈阳有线统一发展规划，网络改造升级和数字化整体转换由沈阳有线统一部署，区公司具体实施。

　　沈阳有线郊区有线电视网络整合的目标确定，方式明确，办法可行，工作到位，得到各区委区政府的理解和支持。2004年12月率先完成了苏家屯区网络整合；又经过艰苦、细致、韧性、灵活以及人性化的工作，于2009年先后完成了东陵区、沈北新区的网络整合，至2011年初，随着于洪区网络整合的彻底完成，沈阳郊区全网整合工作落下惟幕，沈阳城乡网络一体化成为现实。2013年，沈阳有线以网络技术支持的方式整合了辽中县（现为辽中区）有线电视网络。

　　郊区网络管理方式。郊区网络全部实现整合后，采取了循序渐进地"四步走"的管理方式：第一步，"放水养鱼"。区网络实体设立为子公司后，母公司当"环保局"，不干预管理，为区公司发展创造良好外部环境。第二步，"池水养鱼"。区公司自我发展到一定阶段，不可避免地遇到发展瓶颈，母公司当"物资局"，投入技术、投入资源、投放业务，注入活力。第三步，"鸟在笼子里飞"。有活力后的区公司，不能无序发展，资源浪费，母公司当"管理局"，出台管理制度，选派管理人员，既给自主政策，又实施管理。第四步，"放风筝"。实现统一管理之后，母公司当"发展局"，按照市场供求变化，调整区公司经营发展方向，遵循有利于区域网络发展的原则，根据各区实际，不搞一刀切，不行政命令，灵活把握，收放自如。

从信号覆盖到用户直管，沈阳有线对郊区网的设想已从版图规划到最终实现。郊区网的整合，改变了沈阳地区有线电视"条块分割、以块为主、分级管理"的管理体制，极大地提升了沈阳有线的实力和竞争力，沈阳有线的规模效应得到充分体现，从而标志着沈阳有线已步入"一城一网"的"属地化管理"，集团化运营的现代企业经营模式。

第七章　数字化转换

沈阳有线电视数字化整体转换，是这一时期沈阳有线的重点工作。

按照国家广播电影电视总局（广发技字［2003］469号）文件的统一部署，沈阳市被列为有线电视数字化整体转换试点城市之一。主要任务有：1. 由沈阳市广播电视部门建立符合广播电视标准和有关技术规范、管理规定的有线数字电视服务平台，开展有线数字电视接入服务；2. 按照《我国有线电视向数字化过渡时间表》（广发技字［2003］440号），积极推动示范网的数字化改造，大力发展数字机顶盒用户，确保完成全国模拟用户数字化整体转换；3. 探索建立有线数字电视技术新体系、管理新机制和运营新模式。

　　沈阳有线在技术升级和前期网络改造基础上，加大了有线数字电视平台的研发和试点工作。为尽快落实有线数字电视平台的研发，沈阳有线对与有线电视数字平台配套的节目设计、机顶盒及遥控器、智能卡等环节的研发逐一进行落实。设计完成了向整体转换用户提供不少于65套数字电视节目和20套广播节目的播出平台；制定了数字电视机顶盒的设计标准；策划完成了《沈阳有线数字电视用户界面设计方案》；经过与制造厂家合作，统一了不同品牌机顶盒的操作界面，给机顶盒的使用和维护提供了极大方便。

　　2006年，沈阳有线完成了鑫丰家园和新佳源两个小区的有线数字电视整体转换的试点，成功实施整体平移1000多户。

　　2007年，沈阳有线数字电视整体转换工作在试点成功的基层上，完成了10.5万户的整体转换，合计完成262个光点的整体转换试点，建立了一套系统的数字电视整体转换现场宣传、机顶盒发放、资料录入管理的工作流程，为数字电视整体转换工作的全面展开做好了准备。同时为了保证整体转换的后期服务，完成了数字电视综合业务营业厅的搬迁工作，新增了15个数字电视业务营业窗口，累计拥有数字电视业务营业窗口20个。

2008年，沈阳有线电视数字化整体转换工作全面开始，在中心城区各个居民小区推进有线电视数字化整体转换，实现新增数字电视用户50余万户。

2009和2011年间，沈阳有线电视数字化整体转换工作进入攻坚阶段，沈阳有线持续推进，力度不减，基本完成了沈阳市内五个中心城区和苏家屯区的有线电视数字化整体转换任务。与此同时，沈阳有线启动了东陵、于洪、沈北等三个区的数字电视整体转换工作。派出专人对各区整体转换工作给予具体指导和培训，区公司组织施工人员和技术力量，对辖区内的网络进行改造，经过一系列努力，三个区公司2010年完成数字转换7.8万户。沈阳有线累计完成数字转换122万户，全面实现数字转换工作阶段性目标。

2012年以来，沈阳有线的有线电视数字化整体转换工作进入尾声。剩余尚未转换的零散部分，有低端用户居多的回迁小区，有政府机关大院，有高档宾馆酒店等，情况各异，各类待处理的问题和各种亟待解决的矛盾集中表现出来。尽管都存在一定工作难度，但通过艰苦的工作，解决了这28个尚未转换工程，调试开通245处光站，覆盖用户8.7348万户。至此，沈阳九区城区部分有线电视网络居民用户数字化整体转换工作基本结束，全年实际完成27.8775万户的数字化转换。沈阳市数字电视用户拥有数量累计达到142.7897万户，占城区用户拥有量的78.7%，其中：和平区占10.37%；沈河区占9.98%；皇姑区占17.56%；铁西区占12.20%；大东区占 11.28%；东陵区占 6.15%；于洪区占 2.13%；苏家屯区占 5.26%；沈北新区占 3.77%。

进入 2013 年以来，随着沈阳市城镇有线电视数字化整体转换工作的完成，沈阳有线的数字电视转换工作的重心转向乡村。

第八章 宽带发展

沈阳有线宽带，有了上一时期开发运营尝试的经验，这一时期通过技术改造，网络升级，为宽带发展提供了广阔的空间。

2005 年，完成了云峰街、小南街、草仓路、昆山东路、塔湾、小什字街等基站及网管中心的机房设备调整，使设备布局和布线规范科学。新增宽带接入服务器 MA5200F 八台，新增核心路由器 NE40 一台，对 CAMS 认证系统硬件升级和软件系统扩容，使 CAMS 的用户容量达到 2.5 万户。发展有线宽带用户 1.1148 万户。同时对以后网络升级扩容以及多业务的融合做了大量的调研和咨询工作，为有线宽带网络发展奠定了一定的基础。

2006 年，新开通通辽街和民主路 2 个基站，新增交换机点数 2081 个，完成了 31 个小区的综合布线，比上年同期增长了 50%。新增骨干路由器 NE80E 两台、NE40 六台、宽带接入服务器 MA5200G 六台、路由交换机 8016 一台，骨干带宽扩容到 2G，并对用户管理系统进行了扩容和升级，使用户容量达到 5 万户以上。发展有线宽带用户 8300 多户。

2007 年，由于中国电信和中国网通签署了企业竞争合作协议，中国电信沈阳公司不再对沈阳有线提供的出口进行扩容，造成用户带宽利用率紧张，直接影响了沈阳有线的宽带业务发展。下半年，沈阳有线采取措施，加强了与中国联通合作，针对沈阳有线现在带宽情况从联通公司增加一条 1G 出口带宽，暂时缓解带宽出口问题。同时，为了进一步拓展宽带用户区域，沈阳有线不断采用新的技术手段，与多个厂家联合测试 EOC 技术，通过有线电视线实现了宽带上网。发展有线宽带用户 1.3739 万户。完成用户维修 5.5091 万户次。

2008 年开始，沈阳有线宽带业务稳中求升。当年发展有线宽带用户 7925 户，完成用户维修 6 万余户次。2009 年，发展有线宽带用户 1.3517 万户。2010 年，发展有线宽带用户 1.7575 万户，新安装用户比照 2008 年增长近 1 万户。特别是 2011 年，形势严峻，沈阳有线迎难而上，在困境中，发展有线宽带用户 9703 户，当年在网宽带用户达 4.3 万户。自 2012 年以后，沈阳地区宽带网络市场竞争愈演愈烈，掌控宽带出口的电信行业对广电行业发展宽带所需的带宽更加缩紧，合作的条件更加苛刻，沈阳有线没有因此而放弃，反而坚忍不拔，坚持巩固发展，到 2014 年，沈阳有线宽带累计用户资源超过 8.6 万户。

第九章　卫视收转

在沈阳有线建设时期，"沈阳模式"带来的卫视落地费收入在全国同行业创造了神话。时间进入沈阳有线发展时期，经营管理体制的改革，让"沈阳模式"再次插上了腾飞的翅膀。

2005 到 2006 年，沈阳有线积极依靠科学的策划和人性化的执行，不断刷新卫视节目落地创收纪录。两年中，卫视节目落地创收以平均每年 1000 多万元的速度高速增长，到 2006 年，年度创收已达 5000 余万元。

2007 年，在全国各地网络卫视节目落地费价格于 2006 年呈高价位后开始小幅回落的情况下，通过分类洽谈会等形式，采取各种公关手段，到 11 月底，卫视节目落地费入账 5300 万元。

2008 年，全球经济危机和全国范围的自然灾害使各卫视台经营收入下滑，对沈阳有线又是一次更为严峻的考验。沈阳有线通过深入挖掘自身潜能，积极采取措施应对各种困难。经不懈努力，当年卫视节目落地创收 5747.5 万元，再次实现大幅增长，在全国有线网络中一枝独秀！

2009 年以来，沈阳市的数字化整体转换进入高潮，数字转换用户达到全体用户的 70%。伴随着数字化的进程，沈阳有线继续加大对全国卫视节目落地的开发与管理，使得卫视节目落地费收入逐年提高。2009 年，卫视节目落地创收

6000万元；2010年，卫视节目落地费达到8410万元；2011年，卫视节目落地费收入突破1亿元大关；2012年，卫视节目落地费收入为1.0331亿元。

2013年，沈阳有线的卫视节目落地创收遭遇瓶颈。由于2012年年底，全国省级卫视都已在沈阳有线网落地，2013年的落地创收不可避免地出现了后劲儿不足的问题。为打破困境，沈阳有线另辟蹊径，利用CCBN等全国性展会运营商云集，易形成连锁效应的机会，主动开展频道产品营销，成功地与四家购物频道达成合作。这四家购物频道在沈阳有线网的落地，直接收入1650万元。使卫视节目落地创收突破1.2亿元，落地费收入再冲新高。2014年，沈阳有线的卫视节目落地创收工作势头不减，在稳步发展的基础上，保持全国同业高位前行。

第十章　市场开发

随着沈阳有线网络拓展和网络整合的进程，沈阳有线电视网络不断壮大，为沈阳有线市场开发创造了有利条件。

沈阳有线不失时机，充实加强市场营销方面的力量，通过发展巩固数字电视基础业务；加快推进高清电视业务；广泛推广宽带业务；深度开发卫视节目收转的"沈阳模式"；逐渐展开智能机顶盒支持的全业务；快速上线移动互联与广电网络结合的新产品；重视开发围绕"智慧社区"建设形成的上下游产业链衍生产品等一系列业务开发与推广，不断抢抓稍纵即逝的市场机遇。

宽带业务发展。先后同中国电信公司和联通公司合作在沈阳有线网络开展互联网宽带接入业务,应时投放了市场。2005年,实现营业收入1017万元;2006年,实现营业收入2260万元;2007年,实现营业收入2556万元;2008年,实现营业收入近2100万元;2009年,实现营业收入2525万元;2010年,实现营业收入3222万元;2011年,实现营业收入3066万元;2012年,实现营业收入2483万元;2013年,实现营业收入2740万元;2014年,实现营业收入2701万元,成为沈阳有线经济效益新的增长极。

高清电视推广。2013年,以全员大营销的方式推广高清电视业务。初始尝试,按预期达到了全员通过走市场转变观念,通过走近客户发现商机的历练目标,为进一步开发高清电视市场提供了有益的实践经验。同时,为推广双向融合业务和开展高清电视业务,进行系统功能规划,同厂家一起完成系统调试升级;调整测试SMS业务及优惠策略;设计特定业务充值卡。

"智慧社区"建设。自2013年起,沈阳有线开始思索"后沈阳有线时代"的发展。传统有线电视业务在萎缩,增值业务的竞争优势不明显,在新媒体蓬勃发展的冲击下,跳出"广电思维",抓住"智慧城市"建设的机遇,借势实现转型升级。在与中国联通、中国电信和中国移动等三大网络运营商激烈竞争的背景下,经过不懈努力,求得市里认可和支持,将"沈阳市智慧城市网络管理中心"设在了沈阳有线。沈阳有线,乘势而上,提出跨行业跨地区合作发展,专设了"智慧城市建设工作推进办公室",从建设"智慧社区"入手,推进沈阳有线市场开发,在全市布局44个网格,优先发展政府回购的惠民服务项目,将有线电视业务及服务融入其中的"社区公共服务业务"规划中。通过网格化市场开发、服务和管理,带动网络资源再生的上下游产业链联动,为沈阳有线转型升级提供了广阔的发展空间。

市场动因下的收费。沈阳有线采取奖励预交费、鼓励滚动交费、短信电话联系、登门访问欠费、收费业务宣传以及开放收费渠道等多种措施,有效提高了用户消费有线电视的热情和交费的自觉性,对培育沈阳有线的市场基因起到了无形的作用。

2008年,随着沈阳有线电视数字化整体转换工作的开始,收费业务面临着有线电视模拟信号收视费与有线数字电视收视费双线同时收缴。沈阳有线从规范收费操作标准入手,统一印制数字电视收费操作手册,统一制定收视费结算办法,对营业厅收费员高清套餐的操作和使用进行培训;在营业厅内设业务咨询席位,为用户答疑解惑数字电视整体转换的相关政策,说明办事程序,介绍业务内容,提醒注意事项,受理投诉来访,实现"零距离"服务,方便用户,增进彼此间的理解和信任,为有线电视数字化整体转换后的沈阳有线的市场开发创造了条件。

2009年以来,沈阳有线广开代收费渠道。继盛京银行(原沈阳市商业银行)一家代收费尝试之后,又先后与邮政储蓄银行、中国银行、招商银行和农业银行陆续签署了代收费合作协议,由于其特有的网点分布均匀的优势,大大方便了用户交费，提高了沈阳有线在网络市场中的用户认同率。

市场开发回报。市场的打开，加之把政策落实到最基层，把"责、权、利"分解到每个班组，指标直接到人，切实做到"千斤重担大家挑，人人身上有指标"，进一步开发一线员工市场开发与经营创收的潜能。2012年以来，经营创收每年以增长4000万元的速度递升，到2014年，沈阳有线总收入已达6.00307亿元。

第十一章　资讯管理

随着沈阳有线业务的不断开发与频道资源利用所承载的信息量激增，引进节目审查、自办信息编制、门户网站管理，等等，使得资讯管理的负荷量越来越大。

丰富资讯内容。2006年以来，为满足市场需求，沈阳有线渐进式丰富沈阳有线节目内容，增加数字电视节目引进，并对节目编排形式进行改版探索，逐渐完善了数字电视节目的包装制作系统；制作播出了准视频点播节目（NVOD），用户可点播近期的中央新闻联播、辽宁新闻和沈阳新闻，每天提供4部新的电影供观众选择收看，深受观众喜爱；在模拟电视中增加了一套数字电视指南节目，用以帮助用户了解数字电视；沈阳有线宽带，在宽带影院中组织的影片逐年增加。同时，通过与辽宁直播网的合作，把辽宁直播网的内容免费提供给用户，给用户多了一种选择。此外，完成了VIP客户服务、EPG及电视报纸、数字电视专版的制作编辑工作。

文化信息共享工程。文化信息资源共享工程，是国家"三农"工作的重点项目之一，是利用广电网络向农村传输文化信息的宏大工程，在辽宁省进行试点工作。沈阳有线作为重点推介单位，责无旁贷地承担起向全国示范文化信息进村入户的重任。2009年3月，沈阳有线接到任务后，集中技术骨干，组成专业团队，与合作公司一起研发了基于数据广播与NVOD为基础平台的网页与视频同步播发系统，充分利用现有网络资源传送共享信息。该系统于2009年6月10日，在沈阳召开的"全国文化信息资源共享工程进村入户工作现场会"上成功演示，受到了国家及省有关领导的高度评价。

进入2007年后，文化信息资源共享工程已进入常态化，成为沈阳有线资讯管理系统的一部分。沈阳有线通过建设文化信息资源共享工程，优化了技术平台，提升了社会效益，被称其为管理科学的公共数字文化信息品牌工程。

图文信息节目。图文信息节目，是沈阳有线自办的"沈阳图文信息频道节目"的简称，是2009年6月经辽宁省广电局批准试验开办的一套图文信息节目。为快速抓住占有频道资源机遇，预占市场先机，在未来网络发展及"三网融合"的竞争中不断显现优势，沈阳有线在借鉴其他城市图文频道运营经验的基础上，采取资金零投入对外合作办节目的方式创办图文频道。即：在沈阳有线掌控频道所有权、节目终审权、节目播控权的前提下，把节目生产和节目经营委托给专业公司，借助专业公司的资源优势，打造频道品牌，规避投

资风险，最终实现冲击市场拓展沈阳有线后续发展空间的
目的。

沈阳图文信息节目，自2000年9月试播以来，通过理顺
频道工作流程，引入绩效考核机制，完善节目审查制度，保
证了图文频道的安全播出。随着节目内容的逐渐丰富，图文
信息节目开始引起观众的关注。

在节目制作方面，沈阳有线负责《政务信息》《"3·
15"质量前沿》两个栏目的制作。在两个栏目自主独立制作
中，对图片及文字信息的来源、编辑均按照《栏目审核标
准》严格把关，达到了图文并茂的播出标准；在节目审核方
面，沈阳图文信息频道下设《快乐宝贝》《我是大明星》等9
个外委栏目，根据《栏目审核标准》，沈阳有线严格把控政
治导向，时刻保持防范意识，安全审核率达100%；在严格
控制节目上传方面，图文频道每期节目总量平均约为
12.6G，每期节目下载后，均经过杀毒和最后审核，方可上
传服务器，并作日志，实现了零差错。为提高突发问题应变
能力，沈阳有线严格按照程序，确保主播、备播服务器均可
调用当期播出表，实现了全年编播无差错；在回传信号监播
方面，实行轮流值班制，值班编辑分六个时段对回传信号进
行监播；在节目备份方面，以时效播出节目为准，以"期"
为单位，专人负责刻录到DVD光盘中进行备份存档。

2013年，图文频道进行了改版升级。改版后，日常更新
及时，更新步骤简捷，信息覆盖面广，信息量适中，流程规
范，从根本上杜绝制作漏洞，以达到常看常新效果。

辽宁文化信息资源共享工程和沈阳图文信息频道节目，

虽然仅为沈阳有线资讯管理"万绿丛中一点红",但透过这一缩影反映出资讯管理工作的面貌。

第十二章　播控管理

进入企业管理以来,前端电视播出节目以逐年递增的形势发展。前端播控系统已由单一模拟信号播控平台发展为两大播控平台,即模拟电视信号播控平台与数字电视信号播控平台,同时向外播发电视信号的新前端播控系统,以原有网络为基础覆盖整个沈阳地区网络。

播控前端改造。沈阳有线为解决数字电视监控墙与播出设备混放,环境噪声、辐射的污染以及增加墙体监控节目数量等问题,建设了数字电视监控机房;为达到有线电视双向传输业务的要求,沈阳有线通过内部挖潜和优化配置,完成了分前端的二次电力增容和机房扩容工作,为网络功能的拓展提供了强有力的保障。完成了信号源及前端系统的监控、异地地面站的建设、IP前端及VOD系统启用等前端改造工作。在具备条件的基站中,安装调试了全部的双向设备,具备了开通45万户双向传输能力,不仅使播出模拟电视节目、数字电视转换节目、数字电视付费节目和高清数字电视节目信号稳定可靠,而且使NVOD准视频点播节目和VOD视频点播节目业务的开展成为现实;2011年5月,数字电视播出前端开始升级改造。新数字电视前端以IP方式信号作为核心,代表着一种新的电视信号播发形式。在这个新平台上,可以实现SDV、IPTV、VOD、三屏播发等。到2013年，完成了播控系统的全面升级改造和分前端扩容改造工作。新启用的播控系统，不仅使沈阳有线实现了监播功能自动化，还大大提高了监播人员的工作效率，改善了播控工作环境，降低了播控劳动强度。新的播控系统在全国同行业中名列前茅。

网络传输管理。完成了基站空调系统、应急发电车辆、UPS蓄电池组、远程监控系统以及基站等基础设施的日常检修维护工作；为满足双向设备的电力需求，在相关的基站中添加更换了专用的电力设施，淘汰了部分没有维修价值的设备，保证了传输设备运行环境的稳定，年均发电几十次，总发电时间400余小时，其中超过5小时以上连续发电27次；割接塔湾站，燕山站部分光缆迁移到北陵站，腾出空间提供给双向设备，保证了双向业务的开通能力。

基站建设。完成了724机房的接收工作，改善了通往该地区的电视信号质量，制订了724机房2014年改造扩容计划和实施方案，为该地区的双向网改做好了准备。向东陵、于洪、苏家屯和沈北提供了分前端机房建设标准的指导性建议，并完成了东陵区公司汪家地区基站选址工作，为沈阳有线基站的统一管理做好了铺垫。

数字电视节目播出储备工作。通过录制压缩节目，增加了节目总量，使公司的节目储备量位居全国同类系统平台前列。为丰富网络播出内容，增加了10台电影服务器和7台FTP服务器。

模拟与数字电视前端的安全播控。为了安全播出、防范突发事件，完善与改造播控前端成为工作的重点。在模拟电视前端和数字电视前端安装了卫星安全播出监控系统。该系统起到在卫星信号受到干扰或攻击时前端依然有备用节目播出而不出现黑场，实现了国家广播电影电视总局安全播出的要求。自动安播设备，在技术上就卫星信号转播有了更高的安全级别，在播出上以技防代替人防有了突破性进展，实现了"保障安全播出，信号传输无重大安全责任事故"的目标。

第十三章　运行维护

运行维护，是沈阳有线的保障线。运维工作一头牵系着用户终端有线电视信号维护维修，保障收视质量；另一头联系着沈阳有线服务终端能力水平，保障收费业务。

用户终端服务。以往"报修"与"维修"一直是用户与沈阳有线之间矛盾的焦点，有线电视投诉中的问题多为维修问题。沈阳有线进入企业管理初期，运行维护仍然执行的原国家广播电视部规定的"24小时响应时间"，即用户报修后，24小时内到达维修地。用户意见极大，认为沈阳有线已变成网络运营商，这种"服务"接受不了，投诉率居高不下。

随着企业管理的推进，"以用户为中心服务流程"开始实施，大大提高了运维效率，改24小时响应时间为8小时响应时间，缩短16小时，用户投诉率得到控制。但是，由于这一时期沈阳有线蓬勃壮大，业务不断扩展，随之而来的是运行维护压力加大，用户投诉率徘徊在5‰~8‰之间。

2007年，启动数字电视整体转换工作试点以来，试点地区有线电视用户报修量大幅攀升，最高周报修量已超过平均周报修量58.82%，给各区日常运维工作带来很大的影响，对运维人员的技术要求和服务要求不断提高。为了及早使运维人员能够掌握数字电视的维护技术，沈阳有线组织运维人员分4批进行数字电视技术培训。运维人员全体取消轮休，全力排除故障，保证为数字电视用户提供及时服务。针对用户报修量大多是不会使用和调试数字电视设备的实际，积极掌握电话指导用户解决常见问题的能力，及时调配人力保证运维服务。面对用户报修量激增，运维人员经受住了考验，并在实际工作中积累了大量经验。

2008年，有线电视数字化整体转换工作全面铺开，对运维工作提出了新的挑战，在政策上、技术上、工作内容上、服务流程上都需要学习掌握新的知识。考虑到有线电视用户对数字电视业务的接受程度，针对使用数字电视需要注意的问题，印制了《数字电视简易故障处理办法》，告知用户如何自行处理一些常见的由于操作不当而造成的收视故障。由于用户报修量的增加（主要是安装、调试、使用方面的问题），自5月份开始运维人员取消节假日的休假，值班运维人员原则上按规定处理完当天用户报修故障，以《客服维护值班有线电视故障处理情况交接表》考核运维报修故障处理情况。调整值班计划，尽最大可能保证夜班用户报修故障当班处理好，缓解白班运维压力，全年运维夜班处理故障约占处理故障总量的11%。

2009年至2012年，运维工作压力依然很大，故障报修率仍然较高，平均每年受理各类故障报修达到60万件以上，绝大部分都已经在规定时限内得到妥善处理，保证了用户收看好有线电视节目。

2013年以来，沈阳有线深化改革，建立全市统一的运维管理系统。将有线电视运维和宽带运维整合到一起，取消市内区级运维管理，减少运维管理层级，提高运维效率，降低运维成本，加强对运维人员双向网技术培训，提高处理双向网故障的能力，使其成为多业务复合型的维护维修专员。借助"智慧社区"建设，构建网格化运维管理体系，倒逼运维服务大提速。先期在市内五区建立了44个运维服务网格，缩小个体服务半径，提高快速反应力。将陆续把网格化服务的触角延伸到每个街道办事处，在五城区全部74个街道便民服务大厅设立运维服务站。运维服务网格的建立，迅速提高了运维服务质量和服务速度，响应时间由8小时提速到1小时，到户服务时间提速到3小时，用户投诉率直线降至0.35‰，同比下降84.7%，正向着用户零投诉率的方向进发。

网络线路抢修。近些年沈阳市政建设发展很快，道路交通变化很大，而对于沈阳有线来说，网络线路运维的压力更大。2010年以来，平均每年抢修光站680处以上、配合市政拆迁工程20处以上、维修与更换主干线和支线光缆200芯公里以上；并完成了沈阳有线直管网络的"飞地"——位于铁西新区的"三隆世纪城"等园区的光缆线路改造任务。

2011年，根据市建委关于开展清理建筑物外挂废弃线缆工作的要求，对各区有线电视网络实行网格化梳理，完成13658栋建筑物外挂废弃线路、器件的清理；按照市数字化城市管理指挥中心的要求，对影响市政管理或存在安全隐患的涉及沈阳有线的立杆、管井、线缆和设施等案件，进行了认真、及时、彻底的处理，全年结案564起。

2012年，按照沈阳市迎接全运会、创建全国文明城市的工作部署，沈阳有线共处理市数字化城市管理办公室转来影响市容市貌的案件360起，所有案件均在规定时限内处理并回复完毕，光网络及设备拆改、架设、挪移共150处，整改架空线缆4.2281万米，受到市数字化城市管理办公室的表扬。

2013年，沈阳有线运维管理体制改革以后，设定了光缆光站维护抢修时间表，即确保光缆故障1小时到现场，3小时内结束对普通光站故障的处理，一公里内光缆故障的维修6小时内处理完毕。2013年的雨季，雷暴天气不断，造成网络大面积故障，一位运维人员顾不上在清源县的父母家遭洪水袭击，舍小家顾大家，坚持抢修线路。这一年整个运维完成抢修光站822处，抢修光缆故障点115处，敷设光缆3.3084万公里，均是按新设定的时间表高质量实现的，为今后网络线路抢修工作量出了标准。

应对突发事件。运维工作除了做好日常服务外，还必须及时有效地应对一切突发事件。

2007年3月4日，正值正月十五元宵节，从凌晨开始强风夹带着暴雪呼啸在沈城上空，在暴风雪的打击下，有线电视网络设备故障频发，报修电话此起彼伏。沈阳有线紧急动员，启动应急预案，确保有线电视信号的正常传输，确保党和政府的决策通过电视传遍千家万户，确保全市人民能够及时了解暴风雪中各方面的信息。积极调动人员，组成抢修小组，投入到暴风雪中的抢修，以对沈阳有线电视网络和广大有线电视用户高度负责的工作态度，打响了抗灾抢修的攻坚战。许多本来休息的员工也纷纷从家中自觉地徒步奔到单位，加入到抢修工作中来。由于积雪过厚，大街小巷交通阻塞，大小车辆熄火于路上，抢修人员不得不改为肩扛手抬设备，踏着厚厚的积雪艰难地向故障点挺进，一处一处地排除故障。暴风雪让沈城交通陷入了瘫痪状态，但是，沈阳有线各项业务却一直没有间断。历时两天三夜的奋力抢修，共修复了3669栋楼的故障，确保15.26多万故障点用户正常收看到有线电视节目，有力地保障了沈阳有线电视网络的畅通。

2008年8月，奥运会召开，对有线电视网络安全保障的要求超出了以往任何一个时期。特殊保障期，层层签订安全责任状，责任到人，一旦出现问题，逐级追究具体责任人。在奥运会开幕式等重要活动、赛事期间，运维机构所有人员通讯设备24小时开机，增加值班人员，随时待命处理突发事件，全力做好奥运保障工作。整个奥运会期间，沈阳有线出色地完成了网络安全保障任务。

第十四章　用户服务

沈阳有线作为网络服务商，用户服务是沈阳有线软实力的外在体现。沈阳有线的"最终产品"就是"服务"，一个优质的用户服务体系是沈阳有线的"品牌"，它可以使沈阳有线商誉提升，无形资产在无形中升值，在创造经济效益的过程中起到不可或缺的作用。

沈阳有线转企后，用户对客服质量的要求更高了，像挑选其他商品一样购买服务。沈阳有线的用户服务监督体系也应运而生。

用户服务系统。起初的用户服务工作是基于用户管理，是从沈阳有线电视台事业单位性质延续下来的，没有统一的服务电话，用户报修很不方便，后来在部门内部设有少量客服受理人员，具体工作散在各区处理。2005年，进入企业管理后，沈阳有线设立了客服中心，建立了用户服务管理制度，明确了受理岗位设置，设立开通了96195客户服务专线电话系统（简称"客服专线"），并设有24个客服电话受理座席，标志着沈阳有线"一站式"客服体系的开始建立，一个响应中心的雏形初见端倪。

2012年初，为满足日益增加的有线电视用户服务需求量，沈阳有线新建的500多平方米的96195客户服务专线呼叫中心投入使用。该中心具有95个座席的，并设有技术座席，一个全功能的用户服务体系强势而起，发挥着咨询、报修、投诉等服务和监督作用，基本满足了不断增长的用户服务，已成为沈阳有线的名片，为广大用户所熟知。

为了适应呼叫中心需要，2009年10月份开始，沈阳有线陆续补充一些受理人员。针对新入职的话务人员，沈阳有线制定并开展了一系列的培训工作，包括规章制度，客服系统的操作及应用，宽带、模拟与数字电视业务的办理流程，规范标准用语、规范用语的使用，讲解标清、高清机顶盒的操作及简易故障的在线处理，等等。

2009年至2012年，呼叫中心受理咨询、报修、投诉等业务以年180余万次浮动，其中有线电视、宽带等故障报修在70万次浮动，业务咨询110万次浮动，投诉在3千件浮动，用户建议以千件次左右浮动。随着沈阳有线技术水平的提高和服务作风的逐年改善以及客服专线受理人员业务能力不断进步，使有线电视、宽带等故障报修、业务咨询和投诉量呈下降趋势。

2013年，沈阳有线深化企业改革，调整客服管理机构，把"服务"上升到"品牌产品"的高度，提高精准服务水准。为了达到服务标准和推动网格化运维管理的实施，沈阳有线组织客服一线人员编写收费系统以及呼叫中心系统业务工作手册；为所有一线工作人员配备广电终端响应系统手机，并组织专项使用培训；组成课题组对全体话务受理人员进行新业务受理综合培训；为了配合公司高清业务推广，组织呼叫中心全体人员参加高清数字机顶盒常见问题及故障处理的培训；组织客服人员进行《营业厅管理规定》《维护员管理规定》《柜员岗位礼仪规范》及新装修营业厅开业前的岗前培训等。针对精准服务设计的精准培训，在实际工作中派上了用场，全年呼叫中心受理用户各类电话，话务总量141.0906万件，其中技术座席受理3977件；派发工单43.3836万件，工单派发率30.71%，高于去年同期61% 在线处理率；累计对全市15万收视费即将到期的用户进行60万次的费用到期信息提醒；收到用户投诉31件，低于去年同期92件投诉，投诉率约为0.21‰，低于沈阳有线规定的1‰以下投诉率指标；受理市民投诉中心诉求558件，数字化城市管理平台案件182件，件件得到认真处理，件件有回音。为进一步方便用户，积极协调各相关职能部门，为各营业厅添置了便民设备，如新增叫号机、配备老花镜、提供饮用水等，同时，设立窗口服务建议簿、意见箱。沈阳有线整体用户服务水平上了一个新台阶。

服务监督系统。早期的客服监督工作仅设一部台长公开电话，大多用户不知道。后来，在内设机构内部设立了服务监督部门，解决用户与各区维护之间的矛盾。2005年，客服中心成立，增加了回访职能，用户回访流程初步建立。在原有《每周一报》的基础上，开办了《客服周报》，加大监管力度。随着沈阳有线的业务量逐年加大，用户投诉压力突出，2008年10月，客服中心增加了接访职能，投诉中心的轮廓初有显现。

2009年初，客服中心的接访、回访、行风建设以及投诉处理等功能已相对齐备，对外呼号的投诉中心开始运行，初步建立起服务监督机制。

2009年至2012年间，共处理政风行风热线来函和用户来信反映的投诉问题3000余件；处理市民服务热线等来函1356件；多次办理人大代表和政协委员提案。通过向用户耐心细致的解释，积极协调有关部门妥善处理问题，认真整改服务作风，进一步完善各项规章制度和服务规范等，所有问题均得到了较为圆满的解决。

2013年，沈阳有线在深化企业改革中，整合服务监督资源，把用户接访、用户回访、行风建设和《客服周报》有机地结合起来，形成了功能完善的服务监督系统。

行风建设。2013年，建立了行风社会监督员工作制度。先后从沈阳市各界人士选取了33位用户，聘为行风监督员；起草并推行了《行风监督员工作制度》；除要求监督员不定期暗访，定期交流外，还组织了四次大型的窗口检查活动。为了把行风建设成为员工的自觉行动，沈阳有线总经理亲自到"沈阳有线宽带"用户家中访问，对因雷雨季节造成一用户网络经常故障，当面鞠躬致歉，并诚邀聘其为沈阳有线行风社会监督员。此事对员工震动很大。这位来自平民的社会监督员对沈阳有线行风建设起到很好的作用。社会监督员工作制度，有力地促进了沈阳有线行风建设。

回访工作。建立了《回访工作制度》，对回访员的操作规范及工作质量做出严格规定；对各区的报修及投诉工单进行了按比例抽样回访，并召开各区公司的协调会议，讨论回访中所涉及的考核项目分类。新规定出台后，共回访数字电视报修用户3.5445万户，占报修总量的10%；回访宽带报修用户5306户，占报修总量的25%；回访投诉工单共173件，完结率为100%；回访高清用户8330户，回访率100%，回访接通率达92%。同时，面向全市开展了用户满意度调查活动，其间，共向市民发放调查问卷2050份，回收问卷1827份，回收率为88%，对检验沈阳有线用户服务质量监督效果，起到了不可替代的作用。

接访工作。2013年，投诉中心接待用户来访共计148件次，其中：咨询21件，求助111件，投诉16件。受理网上报修共计876件次，其中：模拟信号51件，数字信号745件，宽带80件。接、转及回复96123市民热线来信274件次，其中：咨询14件，求助：69件，投诉：191件，信件办理量同比下降44.3%。接转、回复民心网投诉共100件次，信件办理量较同比下降43%。办理市人大代表建议3件，协助市教育局办理省政协委员建议1件。办理12315投诉件4件。办理沈阳广播电视台《连心桥》曝光投诉事件1件。协助办理沈河区发改委、市物价局价格举报中心投诉事件1件。用户投诉率直线下降。同时，在网上建立开通了有线电视、有线宽带报修系统，直接了解用户的问题和投诉，为用户提供了更多的服务途径。

《服务质量报》。2013年，为突出服务监督分量，沈阳有线将《客服周报》改版升级，重新命名为《服务质量报》。全新改版后的《服务质量报》，在原来的内容基础上，新增了回访统计、每月超时累计和投诉累计，让数据更为直观；新增了"故障信息"专栏，对于故障类型、故障时长等给予报道，为后序的数据分析提供参考。同步推出《服务质量报》电子版。电子报刊的制作，普及面全覆盖，更方便阅读。使数据更便捷，更直观地展现，使《服务质量报》能更加全面地对公司各项服务信息进行介绍。全新的《服务质量报》，各方都十分重视，通过它来了解各部门的客服质量，公开透明，便于监督，已成为沈阳有线用户服务质量的晴雨表。

经过多年努力建设，几经机构改革调整，一个功能完善的以呼叫中心和投诉中心为两翼的沈阳有线用户服务监督体系，在全国副省级城市有线电视行业中首屈一指。

第十五章　用户资源管理

沈阳有线的用户资源管理，是通过"沈阳有线综合业务信息资源管理平台"实现的。沈阳有线综合业务信息资源管理平台，是从沈阳有线建设时期后一阶段开发建设并投入使用的"综合业务收费信息管理系统"演化过来的。

统一多业务信息资源管理。2005 年，沈阳有线完成了继 2004 年开始的核查沈阳有线建台以来 12 年的用户资源工作，共清查用户楼 1.4092 万栋，用户总数 79.0258 万户，其中对 1.1628 万户重址用户进行了更正，对 4.9087 万户地址信息不准确的用户进行了重新登录，对 1.6456 万户私装有线电视用户进行了处理，对 4.6134 万户长期欠费用户实行了催缴措施，对沈阳有线用户资源情况进行了较为细致的盘点。

2005 年至 2006 年期间，沈阳有线根据事业发展和企业管理需要，对"综合业务收费信息管理系统"改造升级，进一步完善多业务信息管理功能，增加强化资源管理成分，形成了"沈阳有线综合业务信息资源管理平台"。于 2006 年 4 月设立收费信息系统查询服务器，通过沈阳有线宽带网进行数据连接，实现网管中心综合业务信息资源管理平台与各区客服公司及下设经营场所的实时网络连接，各部门相关人员可通过信息系统随时了解用户信息和收费情况，为沈阳有线的市场运营决策提供了科学可靠的用户资源数据资料保障，使现有的收费信息系统有了安全的备份基础。沈阳有线为精准用户资源管理，更新收费信息系统程序，增添可更改卡号的模块，设计了"沈阳传媒网络有限公司版"用户卡，通过发放新版用户卡，有效地控制了用户管理上的"跑、冒、滴、漏"。

2007年，沈阳有线开始了数字电视整体转换工作。数字电视用户信息管理采用的是SMS系统。为了解决SMS系统与综合业务信息资源管理平台的用户资源信息不对称的问题，满足有线电视数字化整体转换的需要，沈阳有线对综合业务信息资源管理平台进行了更新改造。根据数字转换工作的进展及部分收费政策的变化，改动系统结构。按照实际工作需要，一方面在综合业务信息资源管理平台中新增了数字电视用户的用户状态，确保转换工作不对模拟电视用户收费业务产生影响；另一方面为了提高数字转换工作的效率，设计了数字电视用户信息子系统与模拟电视用户信息子系统数据导入接口，提供拟数字化转换地区的用户电子文档，转换现场的工作人员根据综合业务信息资源管理平台提供的用户数据进行转换工作和SMS系统用户录入，彻底解决了数字电视用户信息管理SMS系统与综合业务信息资源管理平台信息不对称的问题。

为了进一步拓宽客服中心的服务领域，完善客服中心的功能，把"沈阳有线，服务无限"的理念落到实处，在综合业务信息资源管理平台中增设了用户资料查询子系统，为客服中心座席开通了用户信息数据查询功能。

2008年开始，由于税务部门的要求和沈阳有线发票管理的实际需要，沈阳有线开始设计研发地税"金税"三期征控管理系统接口程序，即沈阳有线发票管理系统的开发和需求分析等。该系统于2010年7月在沈阳有线所有收费网点（银行代收费除外）投入使用。

2009年，继盛京银行（原沈阳市商业银行）代收费项目之后，沈阳有线第二个代收费项目——邮储银行代收费项目进入开发，完成收费系统服务器对接及代收费对账系统的设计并启用。

2010年，沈阳有线对自2002年开始测试使用的服务器系统进行更新改造，经过反复调试，建立起新的双机热备系统，投入到用户数据迁移和二次数据迁移的使用中。

2011年以来，沈阳有线综合业务信息资源管理平台不断完善，功能越加强大，为此，沈阳有线加强对平台管理人员培训，严格系统操作，细化用户资源管理，确保了沈阳有线电视综合业务信息资源管理平台的数据安全。

2013年后，沈阳有线完成各营业场所升级改造后的收费网络连通调试；陆续完成SMS系统开展VOD业务的系统升级与测试；规划营业厅补打发票功能并测试升级；完成发票模板在SMS系统中的细化和分类；完成网络整合的东机营业厅系统联网和用户信息导入工作。

统一网络整合的用户资源管理。沈阳有线在网络整合中，收购、吸收、合并的有线电视网络，由于原来各个自成体系的网络系统，在用户资源管理方面，技术不统一、设备不一致、数据内容不健全、管理人员素质参差不齐，给沈阳有线用户资源管理工作提出了新课题。2005年，沈阳有线对新整合的黎明地区、沈飞地区、苏家屯地区开展光纤联网改造，用户数据库信息完善导入等项工作，所有用户资源信息按照沈阳有线综合业务信息资源管理平台管理标准纳入管理。同时，原黎明公司有线、沈飞公司有线和苏家屯区有线的收费人员到网管中心接受培训，同年3月起陆续开始使用沈阳有线综合业务信息资源管理平台，实现了网管中心、市内五区营业场所与之实时互联互通，实时数据更新的安全联网。

2005年7月，沈阳有线对601地区、航院地区和华山地区的整合联网用户信息进行了录入，并派专人在601地区和航院地区进行现场协助收费，对用户资料在现场复核与修改信息，达到沈阳有线综合业务信息资源管理平台管理标准。

2008年，沈阳有线对原沈北新区有线和东陵区有线收费信息系统进行改造。沈阳有线（集团）公司负责完成沈北新区有线收费系统框架设计及设备预算，完成东陵区有线收费系统整体设计，区公司负责完成具体改造任务。

2009年，沈阳有线完成了对原东陵有线下属收费场所的光纤联网，调试并安装东陵公司收费系统二级服务器，导入用户信息，安装收费工作站，确保东陵区用户资源信息实时纳入网管中心综合业务信息资源管理平台管理。

2010年，沈阳有线完成对原沈北新区有线下属收费场所的光纤联网，调试并安装收费系统二级服务器，进行了收费系统数据迁移，导入用户信息，确保沈北新区用户信息与市内五区用户信息同步同标准进行用户资源管理。

与此同时，于洪区有线电视用户资源信息在2009年网络整合后，经过认真梳理，正式纳入沈阳有线综合业务信息资源管理平台管理，标志着沈阳市实现了有线电视用户资源"一城一网"的统一管理。

第十六章　资产管理

资产是企业的命脉，家底清不清关键在于资产管理。起初，沈阳有线在资产管理上也做了不少功课，比如2009年，针对数字电视整体转换机顶盒领用问题，制定了一套既有利于数字电视转换工作进行，又符合财务管理和资产管理要求的机顶盒出入库程序及管理办法。然而，沈阳有线的资产是由事业单位性质管理过渡到企业单位性质管理的。不同经历的资产管理，迫切要求改变资产管理方式。

2013年，沈阳有线按照现代企业管理要求，强化资产管理。在机构调整时，专门设立了资产管理部门，把强化资产管理作为重点来抓。

固定资产清查。先后3次对办公设备、专用设备和一般设备进行了盘点，初步掌握了沈阳有线的资产构架，理清变动资产，进行清产核资。对固定资产及账目进行清查整理，会同审计机构进行现场核查，针对清查的资产数据进行整理分析，杜绝跑、冒、滴、漏现象，为后续资产管理工作奠定了基础。

新增资产管理。监督管理沈阳有线新增资产的请购、验收和工程转固资产核对登记工作。处理请购70项，并对到货的资产进行全部验收、登记及相应的转为固定资产；对资源整合到沈阳有线的企事业网络和郊区网络资产全面统一梳理；对新整合的沈阳市广播电视技术开发中心网络资产进行接收；做好北陵办公区北陵大街12号房产证件办理的资料准备工作以及沈飞基站拆迁资产变化处理工作；等等。所有新增资产全部按照现代企业资产管理模式归类及处理。

物资采购管理。严格履行招标程序，认真执行中标合同。采购物资，分期进货，降低库存。物资选择，货比三家。能适用的决不高配，避免资源浪费。能一个月一买的，决不买"半年闲"，加快资金周转。让一块钱发挥两块钱甚至几块钱的作用，想方设法提高资金利用率。

积压与报废物资处置。仅清理压库设备器材，修旧利废，能用尽用，就为沈阳有线节省资金230多万元；组织完成了市公司38台车辆报废前期准备工作，实施了东陵区公司部分资产报废工作。对报废的固定资产进行了审核登记，申报并通过市国资部门的批准。

资产信息化管理。设计资产管理模块，对沈阳有线与资产相关资料进行梳理工作。对房产、车辆、各项设备、办公软硬件以及无形资产等资料进行了初步收集、统计、整理、分类及归档。建立资产电子档案，做到账、卡、物一致。资产管理到位了，二十几年的家底见清有数。

第十七章　经营管理

　　沈阳有线的经营管理工作起步于2005年，当时主要是沈阳有线经营目标管理方面的各项工作。沈阳有线改制初年，完成了经营管理报表的设计工作，实行月上报制度。通过对经营报表，跟踪各部门经营情况，为高管层的决策提供科学依据；完成了沈阳传媒网络有限公司出资人变更工作；完成了子公司资产清查、审计、评估工作，为沈阳有线进入市场经营奠定了主体地位；按照沈阳有线总体经营目标，根据各经营部门的实际情况和对市场的初步预测，将经营目标进行科学分解后下达给各经营部门，实行目标管理考核。经营目标管理的实施，标志着沈阳有线由事业向企业转型，开始迈向现代企业管理的道路。

　　发票管理。沈阳有线没有转制前是事业体制，经营活动只能开具经财政审批、发放的有线电视专用收据。转制后，原有的专用收据已不适用于公司的各项经营活动，而税务局要求改制后的公司领用的"辽宁省有线电视服务收费统一发票"，既无法展示沈阳有线转企形象，又无法体现沈阳有线转企的优势，混同于一般行业管理行列中。在借鉴移动、联通等企业的发票设计经验的基础上，沈阳有线对发票的样式和要求进行深入讨论，结合公司今后的业务发展，自行设计出了带有沈阳有线"公司标志"的专用发票。通过各种途径，与税务部门沟通，充分地向他们说明企业以及行业的特殊性，在经历了十几次格式及版面设计调整之后，带有公司标志、反映公司业务，宣传公司形象的专用发票终于出炉了。它的诞生，标志着沈阳有线正式进入企业化运行的轨道；它的启用，规避了一些同类网络公司在发票使用上的鱼目混珠，呈现出沈阳有线电视网络运营商的主体地位，彰显了沈阳有线在行业中的领军优势，起到了行业标杆的作用。

2006年，印有沈阳传媒网络有限公司标志的地税专用发票启用后，制定下发了发票管理具体细则，强化发票使用环节的管理，通过定期和不定期的账目、凭证、票据检查，严格监督发票的使用情况，保证资金安全运转；设立《老户收视费完成情况统计表》等六种报表，按周、按月对各客服分公司收费情况进行跟踪考核。

确定数字电视收视维护费标准。沈阳有线为顺利开展有线电视数字化整体转换工作，数字电视收视维护费价格的确定成为各项工作的重中之重。2006年5月起，沈阳有线开始了长达6个月的听证准备。围绕数字电视成本测算和成本监审等问题，与物价部门反复多次协调，成本测算蓝本十易其稿，最终达成共识。之后，正式向市物价部门递交《关于确定沈阳有线数字电视收视维护费标准的申请》，同时形成了《关于沈阳数字电视收视维护费标准拟订方案的报告》听证送审稿。2007年4月，经过细致、缜密的听证会筹备，沈阳有线《关于确定沈阳有线数字电视收视维护费标准的申请》成功通过了沈阳有线数字电视收视维护费标准方案听证会。向省物价局正式申报了沈阳有线数字电视收视维护费标准定价方案，并得到批准，自2008年1月1日起执行。数字电视收视维护费标准的确定，让数字电视收费有据可依，为沈阳市有线电视数字化整体转换铺平了道路。以此为起点，沈阳有线加速了有线电视数字化整体转换的进程。

集团化管理。为落实中央提出的广播电视实行"一城一网"的管理体制，沈阳有线按照现代企业管理要求，对整合后的东陵区、于洪区、苏家屯区、沈北新区网络资产进行了验收。依照《公司法》规定，分别注册了沈阳市东陵区传媒网络有限责任公司、沈阳市于洪区传媒网络有限责任公司、沈阳市苏家屯区传媒网络有限责任公司和沈阳市沈北新区传媒网络有限责任公司等四个子公司。至此，沈阳有线的集团化经营管理模式正式确立。同时，对新民、辽中、康平、法库等县（市）有线传输网络资产也进行了资产清查、审计、评估，并对其做出审计报告及评估报告，为下一步县（市）网络整合做好了前期准备工作。

随着经营管理工作的逐步推进，沈阳有线制定了子公司管理办法。从通过制定并试行《沈阳传媒网络有限公司（全资）子公司管理暂行办法》开始，公司理顺了对各子公司的归口管理工作。包括：对子公司工作人员培训、用户信息管理系统的联网及管理、发票、用户卡使用管理以及其他相关业务的管理。按照集团化管理方式，结合子公司的实际情况，与各子公司签订年度《经营管理目标考核责任状》，完善考核管理的基础性工作，制定完整的业务统计报表，对子公司的经营收入情况、用户数量变化情况等进行跟踪考核，并对其经营情况进行年末考核，客观地反映其经营状况和经营质量。

　　苏家屯区传媒网络有限责任公司,是沈阳有线设立的第一个区级全资子公司。作为子公司的缩影,2005年,沈阳有线签订了第一份母子公司《经营管理目标考核责任状》。根据"责任状"的要求,区公司需定期上报统计报表,(集团)公司通过综合考评的形式,年末对《经营管理目标考核责任状》中下达的各项经营指标进行实地考核,并做出考核结论。在工作实践中,不断摸索总结经验,做到有问题及时发现及时解决,促进了苏家屯区公司的经营业绩逐年攀升,为沈阳有线的子公司经营管理积累了成功经验。

　　在对子公司的管理中,沈阳有线注重加强业务协调和业务指导工作,树立积极主动为子公司服务的意识,了解和发现存在的困难和问题,及时协助解决,确保了子公司经营活动合理有序地进行。通过集团化管理,子公司的经营创收积极性得到充分发挥,沈阳有线整体创收能力不断提高。

　　2013年,沈阳有线深化企业改革,进一步调整内部组织结构,经营管理部门的业务职能进一步延伸,增加了合同管理、法务管理以及审计管理,形成了经营管理体系。

　　合同管理。从制度建设入手,建立、规范和完善了合同管理流程。使工程并网施工、设备采购维保、日常运维管理等几大类合同形成标准化文本。在合同流程上,运用OA审批系统,全面实现了公司合同管理的无纸化办公。2013年,沈阳有线对外签订的435份合同,从审核、修订到编号、用印、归档都严格按制度和流程管理。

　　法务管理。在处理民事诉讼及调解赔偿案件的过程中,始终把树立沈阳有线良好形象作为首要考虑。通过聘请常年法律顾问，妥善处理了多起民事诉讼案件及投诉、赔偿事件，并对沈阳有线所有涉法文书进行法务审理，努力维护沈阳有线权益。

审计管理。邀请专业审计机构，从加强廉政建设及落实财务法规的角度，对公司及下属子公司内控制度和执行情况进行全面审计。根据《审计报告》，梳理出相关责任部门存在的问题及建议，汇总完成整改督办文件。2013年，审计公司各类合同360份、工程项目159项，出具审计报告10份。

目标管理。2013年，沈阳有线与各内设机构确定目标责任状的各项考核指标，并以阶段性调研的方式，及时了解各部门任务指标完成进度；将收费任务按九区下达指标，以行政区划分为基础，对交界划分不明的用户进行大量拆分工作，将结账方式调整为按自然月结算，各区按新改版的《经营收入报表》上报，全面跟踪九区收视费及宽带任务完成进度，为高管层掌握经营状况提供翔实数据。

业务管理。为配合市场营销，以各类报表数据为基础，每月统计20种资费标准的收入月报，同时形成经营情况分析报告；审核营销活动业务受理单及宣传单，对营销活动发票缴费项目存在的问题做出风险提示，并实施整改；组织召开营销薪酬工作协调会，确保各部门销售额度与人力资源核算额度准确无误。为配合税务发票营改增，对沈阳有线模拟系统和SMS系统的发票打印格式进行更新调整，重新调试升级发票管理系统。同时，规范了9区客服公司多栏明细账记录方式；加强了沈阳有线各层级公司证照原件及合同专用章的归口管理工作。认真做好企业证照及收费许可的年检年审工作。

第十八章　计划财务

沈阳有线的财务管理体制经历了从事业单位财务管理体制到企业单位财务管理体制的过程。

自沈阳有线电视台转制为沈阳传媒网络有限公司后的2005年起，为适应现代企业管理，沈阳有线按计划完成了有线电视台会计账目过渡到传媒网络公司的任务，开始按照企业会计制度进行核算。

建立企业财务制度。2006年，沈阳有线根据《中华人民共和国会计法》《企业会计准则》《企业财务通则》和《企业会计制度》，结合本行业特点和自身实际工作需要，制定了诸如资金管理制度（包括资金使用计划制度、现金管理制度、银行存款管理制度、备用金管理制度、借款管理制度、费用报销管理制度和筹资管理制度）、会计管理制度（包括会计核算管理制度）、财务管理制度（包括债权管理制度、固定资产管理制度、资产减值管理制度、债务管理制度）等一系列公司内部财务管理制度。并于2008年，利用变更新财务软件的契机，做出了自2009年起，执行国家财政部"新会计准则"的决定，顺利实现新旧会计准则的转换，为沈阳有线实施现代企业财务管理提供了相应的依据和标准。

注重税政导向。沈阳有线实施企业财务管理以来，坚持以税收政策为导向，端正处理公司经营、投资和理财活动的理念，用现代企业财务观来解决工作中出现的各种新情况。2009年以来，随着新《企业所得税法》和《营业税暂行条例》的实施，沈阳有线认真领会，积极应对，做到每当国家、省、市税务部门出台与本公司有关的税收政策时，快速反应，及时对公司经营工作中出现的涉税问题，提供可行性建议及相应策划。

根据国家《关于文化体制改革中经营性文化事业单位转制后企业的若干税收政策问题的通知》[财税（2005）1号]以及《关于文化体制改革中经营性文化事业单位转制为企业的若干税收政策问题的通知》[财税（2009）34号]的规定，沈阳有线电视台作为文化体制改革试点单位转制为沈阳传媒网络有限公司以后，应享受免征企业所得税的优惠，优惠期至2013年12月31日。由于改革试点带来的体制上的特殊性，在执行企业所得税税收优惠时税务机关不予认同。沈阳有线多次与各级税务部门沟通协调，最终在双方相互理解的基础上达成了共识，沈阳有线免征企业所得税的问题圆满得到解决。

"营改增"工作。按照国家"营改增"税政方针，沈阳有线接到税务部门通知，要求公司主营业务由原来缴纳的营业税改为缴纳增值税。为确保在公司经营活动正常进行的情况下使营改增工作平稳过渡，沈阳有线就营改增给公司带来的税负变化等问题进行分析，并主动与国地税相关部门争取，延缓原地税发票注销，推迟新国税发票使用；在具体办理营改增的过程中，从税务登记到一般纳税人的认证审批，增值税冠名发票的印制，以及新发票启用前的准备、发票管理等事项，多次与各级税务部门协商。实现了新旧发票使用的平稳对接，确保新发票无障碍启用。营改增后，财务核算进行调整，减少了增值税缴纳数额，降低了涉税风险。

集团化财务管理。沈阳有线转制以来，对四个郊区的有线电视网络进行了整合，吸收合并的资产，如何按照国有资产管理要求接收，如何用接收的资产注资成立区网络公司，纳税方面如何策划，会计核算如何处理，等等，都是沈阳有线面临的新情况。经过反复研究探讨，确定了资产划拨处置方法，实现了资产顺利规范交接，破解了集团化财务管理遇到的新问题。2013年，沈阳有线深化企业改革，集团公司设立财务核算中心，统一财务记账模式，对郊区子公司财务实行统一管理。开源节流增效，强化集团财务管理，成效显著。

财务分析。2013年2月，沈阳有线内部机构调整后，财务工作的职能，由"记死账，死记账"的单一财务核算功能向实现全面财经管理转变。把计划预算、成本核算和内控管理的功能凸显出来，并在实践过程中建立和不断完善公司制定部门年度预算指标所需提供的财务数据，分析计划经营指标可能完成的预测情况；依据公司的年度利润指标，合理测算各子公司的财务指标；在公司制订营销方案时，对方案的盈利能力和回收期进行分析测算；对公司经营活动中的涉税问题进行事前筹划，减少涉税风险。

预算与内控管理。2013年，沈阳有线开始实行全面预算管理，这是公司实行现代化企业管理中的深化财务改革。为建立规范有序的现代企业财务运行机制，沈阳有线编制了一套4万多字的"物资供应、物料使用、销售与收款、工程项目、资金使用、会计核算、债权债务、固定资产、投资管理、成本费用、财务分析、内部审计以及会计信息化管控"等，基于全面预算的公司《内部控制制度》，并建立了各职能部门齐抓共管责任细化的公司内控制度管理体系，把全面预算与内控管理落到实处。

在预算目标的确立中，预算的执行和分析是关键。要求财务工作改变过去单纯重视收入增长，而忽视对成本费用控制的状况，着手从预算监管方面下功夫，通过有效组织、合理安排、明确分工，部门预算审核人员、财务总监对公司每一笔资金的流出进行监控，从项目的确立、合同的执行、费用的支出、额度的调整等方面进行全面审核，层层把关，基本做到了准确审核，监管到位。在加强计划预算的同时，内控管理及时跟进。严格按照公司"内控制度"管理各部门预算资金使用情况，发现问题及时纠正，促进预算科学精准，增强了公司上下各层面"当家理财"的意识，使有限的资金发挥最大化效用。

资金保障。随着有线电视事业的蓬勃发展，沈阳有线针对网络升级、数字电视整体转换、文化共享工程、双向网改造等大量的资金需求，累计取得银行贷款6.2亿元，在资金上有力地保障了中心工作的开展。

基础工作。随着沈阳有线对区域公司管理模式的改变，制订过渡期财务管理方式、资金审批核算流程；为OA办公系统设计借款、报销的审核流程，包括借款单、报销单、差旅费、资金使用计划和预算外资金审批表等一系列职能；围绕清产核资，投入有效的人力物力，认真完成了固定资产清产核资和流动资产核资工作；针对有线电视数字化整体转换工作中专项物资管理等问题，制定专项业务管理办法；针对公司领导的经济责任延伸审计，从财务、法律和企业规章制度等多个角度向有关审计部门作出合理解释，使得审计人员对有线电视行业经济活动规律进一步了解和理解，积极促进了领导经济责任延伸审计工作的顺利完成；按照市物价部门的要求，在价格成本监控期内，积极完成了每一年度的企业成本监控报表填制工作；配合省统计部门，以每次两个月的精力耗费，搞好每一年度上报省统计局的国民经济统计报表所需的沈阳有线部分编报工作。

资产评估。沈阳有线共进行过两次资产评估，一次是2004年2月的资产评估；另一次是2009年12月的资产评估。2004年2月，沈阳有线台账面资产总额62767.71万元，净资产41396.54万元，评估后资产总额106033.35万元，净资产81841.38万元；2009年12月，沈阳传媒网络有限公司账面资产总额145332.63万元，净资产90115万元，评估后资产总额201091.36万元，净资产145873.73万元。

第十九章　人力资源管理

人力资源管理，是个系统工程，它不同于以往的人事部、调配处、劳资科，它是从人力的商品价值考评和生产力资源开发层面考虑问题，把人力成本与生产力资源利用结合起来，讲求投入产出比，研究由此衍生的各种管理制度，建立人力资源管理长效机制。

沈阳有线进入发展时期之后，特别是2013年以来，十分重视人力资源管理工作，被列为深化企业改革的重点。

组织资源管理。沈阳有线的人力资源管理工作是围绕组织资源管理展开的。按照深化企业改革后的管理体制和工作机制的要求，完成了组织结构设计；进行了机构职能调整；设计了职位说明；明确了岗位设置；划分了员工职类；确定了薪酬标准。并运用信息化管理手段，将这一环扣一环的组织资源管理工作纳入流程管理，统一设计制作规范的工作流程图，形成了沈阳有线的组织资源流程化管理体系框架。

绩效管理。沈阳有线建立了运营流程管理，经营责任管理，工作量化管理，质量数据管理，工效挂钩管理和薪酬浮动管理，联动的激励约束机制，最终以绩效考评收官。先期进行的是绩效管理试点工作，先后在三个不同性质部门搞试点。通过与试点部门反复沟通，不断调整绩效指标评分细则，逐步实现员工月度绩效考核结果与薪酬激励挂钩，做好员工"双考双评"工作，并一直坚持跟踪和信息反馈，经过两年的试点运行，不断进行阶段性总结，为绩效管理的全面铺开积累了宝贵经验。

在绩效管理试点的基础上，沈阳有线出台了《绩效管理试行办法》和《员工晋级办法》，把"绩效挂钩"和"双考双评"员工晋级的激励机制向一线倾斜，加大对一线工作的考核量，向精细化考评升级，让"文武双全"的员工名利双收；按照与各职能部门各区公司分别签订的"目标责任状"，通过量化或物化的分类测算考评，按"办法"重奖或奖励超额完成工作量及达标的各类团队和个人，罚扣未达标团队和个人的薪酬。绩效考评动真的，触动了员工心灵，改变了过去一些人"出工不出力""出力不出活""保量不保质"的工作状态。

薪酬管理。通过调研，在对沈阳有线各类员工薪酬成本总量进行分析的基础上，按照现代企业薪酬管理理论，本着建立薪酬激励机制，完成了沈阳有线《薪酬设计方案》。在薪酬设计和调整上，通过大量测算工作，六易其稿，建立起沈阳有线薪酬激励机制。在实践中又进行了两次深化改革，重点向基层倾斜，向一线倾斜，新增设销售工资项目等，完善后的《薪酬设计方案》，充分体现劳有所得、多劳多得，不当官也能多得，形成了对内公正公平公开，对外具有竞争力的薪酬体系，极大地激活提高了生产力经营创收的能力，换来沈阳有线经济效益不断攀升，员工收入同比增长，2012年员工收入与上年同比增长21.6%，2013年员工收入与上年同比增长20%。

用工管理。认真研究论证国家与地方用工相关法律法规细节，严肃对待用工管理工作，按照新《劳动合同法》，依法用工。根据沈阳有线现状与新《劳动合同法》的要求，拟定了沈阳有线"聘用合同""服务期协议""保密协议"等相关法律文本和沈阳有线"劳动关系规章制度"等相关文件，提出沈阳有线各类用工形式员工劳动合同续签办法。为使沈阳有线劳动关系适应新的劳动合同法，沈阳有线对全体员工状况进行了分析，对涉及员工切身利益和企业用工风险的劳动合同续签年限、劳动合同附则、劳动合同变更条款、"三期"女员工合同续订等问题，做到提出问题，预判风险，合理建议，妥善落实，分步骤完成了聘用员工新《劳动合同》的签订。同时，严格按照沈阳市总工会、沈阳市劳动与社会保障局等相关部门要求，认真准备企业职代会、民主协商会议、合同条款商议等相关材料，规范续订了企业《集体合同》。合同中对员工各类权益保障，劳资关系争议处理等问题进行了细致详尽的阐述和规定，顺利通过了市工会组织和劳动部门的审查备案，进一步保障了劳资双方权益，使沈阳有线劳资关系更加和谐。

员工聘用。根据沈阳有线组织资源管理体系的要求，按照组织机构设置和核编情况，通过岗位分析，采用现代企业人力资源管理方式，通过对内公开竞聘和对外公开招聘，组织完成了沈阳有线各职能部门和区公司经理、副经理以及各岗位工作人员的全员聘用工作。对内公开竞聘：每次竞聘不断完善"竞聘方案"。选聘管理者，通用组织推荐和个人自荐、组织审核（审核应聘者职业经历、学历年限、年龄界限和年度考核结果等条件）、召开竞聘大会、民主测评（三级投票：员工代表投票、中层管理者投票和高层管理者投票）和总经理常务会议评议等遴选流程；聘用普通工作人员，采取公布聘用条件，职能部门和区公司自行组织聘用，基本坚持专业对口、爱岗敬业、适应工作等原则。对外公开招聘：

沈阳有线慎重对待新员工入职，严把"入口"关。每次招聘新员工时，本着公正、公平与公开的原则，通过参加各类社会大型人才招聘会及校园专项招聘会，经过接收报名简历和现场面试、初选、结构化笔试、小组评价面试、定选、体检和岗位试用等甄选流程，最终入职，且全程影像记录存档。

员工信息管理。员工信息管理集中体现在对员工纸质档案信息向电子信息建设升级。通过对全员 17000 余项自然情况的统计，特别是企业服务年限、学位、职称等关键信息的核实，形成电子《职工名册》，并初步实现了简单信息检索。在员工信息、岗位职责及审批权限、流程表单确定等OA 系统环节上，做了艰苦细致的工作。完成了沈阳有线人力资源状况调查与各类身份员工基本情况等信息归档工作。

第二十章　政务管理

沈阳有线的"政务管理"，是通过建立现代化流程管理体系，理顺各个职能部门工作关系，落实督办决策事项，规章制度向着理念先进、简便易记、操作性强的方向改进，提高现代企业科学管理水平等办公系统职能来实现的。政务管理，是沈阳有线扁平化高效运行的管理体制和工作机制运转的神经中枢，在日常工作中起到承上启下、联系内外、沟通左右的纽带作用，是落实公司决策的关键环节。

完善管理体系。用制度管人：沈阳有线在扬弃历年相关制度的基础上，按照深化企业改革后的沈阳有线现行管理体制和工作机制，先后起草制定了《总经理常务会议制度》《总经理办公会议制度》《督办工作管理制度》和《OA办公系统管理规定》等一系列现代企业管理制度，以制度规范管理者工作行为，防止了随意性的"人治"；用流程管事：设计工作流程，通过建立OA办公管理系统，实现"工作流程化，流程表单化，表单信息化，信息公开化，管理透明化"，以流程规范工作秩序，规避纸制报告传来递去，提高工作效率，防止了工作上的诸多弊端。同时，大幅降低了整体办公与管理成本，仅日常经营活动票据报销的审批，就突显办公时间成本的节省，促进管理工作高效低耗；加强集团化管理：对东陵、于洪、苏家屯和沈北等区公司的法人治理结构进行了调整。为理顺各区公司管理体制，使其突出客服管理功能，更好地适应集团化发展需要，对东陵、于洪、苏家屯和沈北等区公司的相关印鉴进行了集中管理，建立了郊区公司《印章使用及管理制度》，针对相关工作流程，进行了统一调整，做到贴合实际、有章可循，进一步规范了郊区公司的印章使用及管理，健全完善了沈阳有线的管理体系。

枢纽与督办。为推动工作落实，切实发挥政务管理的重点工作督办及协调处理作用，沈阳有线采取：一是督促主办部门对有关事项的处理；二是协调相关部门对有关事项的处理；三是领导指示、批示的传达及传阅，了解落实情况，及时反馈信息；四是第一时间报告有关督办及协调事务的处理结果和进度。对各项工作的开展与落实，及时与承办部门联系，结合实际、重点督办。在督办过程中实行提醒制度，即由专人负责，每天定时上OA系统，查看督办事项的办理进度，并按照办结期限提前进行催办，对需要部门间协作办理的事项主动协调处理，一要保证每项"督办任务"的按期办复，二要做好"督办情况"的反馈工作。

调查研究。调查研究可以说是沈阳有线深化企业改革的前奏，自2012年10月10日开始调研，至12月8日"调研报告"的形成，历时两个月，沈阳有线大兴调研之风。这是一次的全员动员，各部门广泛参与，共谋公司发展大计的调研活动；是沈阳有线二十余年发展过程中前所未有的触及每个成员心灵的调研活动。这项调研活动，直接参与者达215人，分8个课题组围绕33个课题展开调研，共召开了9个不同层面、不同层次、不同代表性的座谈会，搜集了424条意见或建议。经过梳理，把各种散碎的信息上升至理性的思考，无不与部门之间职责不清、部门之间职能交叉、部门设置不合理、机构重叠、管理层级过多等相关联。透过这些"相关联"的表象，清楚地看到其本质问题是：沈阳有线的生产关系有相当一部分已不适应生产力的发展，甚至已成为事业发展的桎梏。认识问题的目的在于解决问题。调研催生了沈阳有线新的工作思路：即通过调整生产关系，释放生产力的能量，以促进以用户为中心的不盲目跟从市场的重视投入与产出比的新业务的展开。

民主管理。一面深入调查研究，一面推进民主管理，把二者在工作中有机地结合起来。以民主管理为抓手，让基层劳动者参与到沈阳有线干部管理工作中。通过对区公司和职能部门的调研，梳理员工反映的问题，及时纠正了一些部门及个别干部的不实作风和狭隘做法；通过在网上与员工沟通，及时掌握了个别权力使用者以权谋私的信息，迅速制订制度红线，避免了问题的发生，践行了把权力关在制度的笼子里。让干部置于员工的监督之下，把民主评议的结果应用到干部聘用中，有效防治用人问题上的"一把手工程"。用民主评议的尺子，尝试了干部能上能下，薪酬能升能降，把民主管理的价值体现在干部管理工作中。

服务型秘书团队。沈阳有线深化企业改革以来，要求综合管理部门转变工作作风，牢固树立"服务意识、质量意识、效率意识"，积极参与政务、办好事务、搞好服务，切实提升综合服务能力。打造成以"运转有序、协调有力、督办有效、服务到位"为目标，努力建设成为学习型、创新型和效率型的，让"高层满意、中层满意和基层满意"的，一切服从大局和服务大局的，确保沈阳有线各项工作高效运转的服务型秘书团队。沈阳有线按照这一要求，规范文秘管理：建立规范的文件收、发、办制度及归档管理制度，完善印鉴管理及日常的打印、复印工作，加强会务管理。精细公文管理：办公系统阅批、决策层面批示以及对责任部门的阅办、督办、催办等环节，为各项决策的落实，各项工作的安排和开展，提供准确的依据和畅通的发布渠道。创新档案管理：以"理清存量"为工作主线，做好存量档案的收集与交接和梳理工作。实现档案管理信息化和制度化，更新档案管理软件，对档案进行信息录入和向OA系统的上传，实现资源共享，让历史档案为现实服务。制定《档案管理办法》，实现档案管理科学化规范化。到沈阳有线发展时期末，一支"高效扎实运转"的服务型秘书团队基本建立。仅以2013年的工作数据为例，秘书团队就接收并处理省、市级公文105件；发布公司各类公文117件；整理领导讲话、工作文档、会议记录等文字材料212份，共计230余万字；接收基建档案1635件、会计档案86卷，对全部4000余件档案进行了梳理分类；完成28次总经理办公会议、18次中层干部会议、7次郊区网络工作会议、15次临时工作会议的会务服务、会议记录整理、"会议决议督办"等工作；安排会议室使用200多场（次）；完成"政务接待"等事项162次；全年累计用印4357次，携带外出用印11次；开具介绍信109份；提供各类证照复印件461份。

第二十一章　行政保障

　　沈阳有线进入发展时期以来，各项事业发展很快，行政后勤保障工作压力很大，但沈阳有线的动力、车辆、食堂、总务、物业等诸多方面，管理得井井有条。

　　动力保障。常年如一日，注重对电力系统、照明系统、上下水管线、电梯及中央空调等公司硬件设施的日常维护，解决设备缺陷，使各类设备完好率保持在95%以上；加强用电管理和供电设备的检修工作，对变电所高压受配电设备进行定期耐压试验，保障设备安全可靠运行；坚持自己动手对空调直燃机组进行季节性切换维修与清洗，进行各类设备调试、检修及改造，为公司节省大量资金；坚持对办公场所用电设备的日常维保。在重点部位用电安全排查工作上，坚持经常性全面检查播控前端及分前端的安全用电情况。对突发事件处置，制订了5类事故的应急预案。以"8·16"突发事件为例：2013年8月16日，因暴雨引发的地下泵房漏水和燃气调压井雨水倒灌，事件突发，第一时间启动了应急预案，迎险而上，最短时间恢复了设备正常运行，避免了重大安全事故的发生，有效保障了网管中心用电安全乃至播控安全。

车辆保障。车辆购置上，每逢更新车辆和新购置车辆，坚持招标，择优采购。新购置车辆基本为工程维护车类专业用车，须车辆改色，喷涂标志，增添设备。在程序上历经了招标、采购、手续经办、车辆改色、喷涂标志、统一编号、车贴制作安装、专用梯架安装及车内改装等诸多工作环节，每个环节严把质量关；车辆分配上，以"车辆调整"为工作主线，在统计分析的基础上，确定各内设机构的车辆分配额度和方式，以"一线"优先为原则，新车和车况较好的车辆，优先调整分配给工程、技术、维护等一线使用。剩余存量车按分配额度、工作性质、车型及车况等进行再分配。车辆分配流程信息公开，确保车辆交接合理使用；车辆管理上，注重流程管理和制度建设。建立了车辆管理工作流程，严格按流程办事，实现车辆有序化管理。制定了《车辆管理制度》，并逐年修改完善，用制度规范管理车辆管理人员和驾驶人员。办公用车一律实行GPS信息化监管，不断完善

GPS车辆定位系统。每台车辆建立"一车一档"的车辆信息电子档案，为实现科学精准管理车辆奠定了坚实基础；用油管理上，做到车辆按月报公里数及用油量，并通过公务用车量临时调配用油数量；车辆维修上，一律填报《车辆维修审批表》，填好明细后，经主管领导签字，报车队审核。临时肇事车辆，修前电话沟通，事后补办手续，严格按程序细致办理；车辆常态化管理上，包括车辆养路费、保险费、年检、过户、费用核报、拟报废车辆统一归集停放等相关工作，随时办理，确保车辆保险及事故理赔做到迅速准确；驾驶人员管理上，采取 "请进来"的办法，邀请交通管理部门定期上门进行交通安全培训教育。

就餐保障。随着沈阳有线的发展，食堂就餐人数逐年增多，在食堂就餐面积有限和食堂工作人员没有增加的情况下，确保了员工高质量用餐。采取分部错时就餐；严把食品卫生质量关，适时更新食堂的老旧设备，强化卫生防疫安全管理；为满足员工的要求，根据季节适时调整菜谱。从食品卫生安全、伙食品种及服务水平等三管齐下，出色地保障了员工就餐。

总务保障。以"提升服务"为工作主线，为员工创造良好舒适的工作环境。完成原沈阳有线皇姑区昆山东路40号办公区迁往北陵大街新办公区的搬迁工作；完成网管中心办公区的改造、维保和装修工作；完成北陵办公区的全面改造和整修；完成对数字电视收费大厅、网管中心地下室、各区分公司基础设施的维修与改造工作；完成和平、沈河、皇姑区域及沈飞地区，工程服务分公司、技术开发分公司，西塔办公区、公司北院等维护站、收费站或办公区的装修改造工程；完成网管中心庭院美化、大厅翻新、外墙清洗等和办公区域调整配套工作，包括办公区的腾迁工作，办公家具、办公用品、日用品及绿植等相关配套工作；对办公用品配发、节假日值班、环境卫生管理、汛期防汛、采暖费报销等各项工作，做到事事有头绪，件件不拖拉；为保证员工的身体健康，每年组织全员体检。确立了新入职员工的体检制度，为公司杜绝了用工风险。每年多次组织对食堂、变电所及各区分公司进行消杀工作，杜绝了潜在疾病传播危险；在劳动保护方面，对各岗位所需的日用、劳保用品准时配发。

物业管理。采用外委物业公司管理方式，所有办公、营业场所均统一物业管理，认真履行物业合同。行政密切配合，实施有效监督，确保了门岗接待、场所保洁、日常杂修等物业服务的高质量地完成。不断加强服务意识，完善物业管理，保证了公共部位设施设备的正常使用。

为了做到行政后勤保障有力，沈阳有线注重行政后勤人员的专业培训，根据岗位职能，组织岗位培训，岗位练兵，采用"传帮带"并结合考核等方式，以提高团队尤其是新到岗人员的业务能力和服务意识；建立健全办事流程和各类规章制度。由于岗位责任分工具体化、细致化、有序化、灵活化，有力保障了沈阳有线各项事业发展。

第二十二章　安全生产

我们的工作，千重要万重要，安全最重要。沈阳有线作为安保重点单位，安全责任重于泰山。安全问题一票否决，在沈阳有线体现得尤为突出。某种意义上讲，安全传输即为沈阳有线生产的产品，这种产品的生产安全是以秒来计算的，所以，沈阳有线的安全生产具有特殊意义。

沈阳有线安保工作实施的是人防、技防、联防一体化的安保体系。对播出安全、消防安全、防范安全、防盗安全等"四个安全"，常抓不懈，全天候死守。重点部位、重点部门、重要时期、重大活动等专人负责，把广电设施安全纳入社会治安综合治理范围，与相关部门齐抓共管。

沈阳有线在深化企业改革中，十分重视安保工作，专门设立了独立的安保部门。安保部门与各业务部门各区公司安保联动，采取制定严格的《安全生产制度》；精选保安公司委派的保安人员；调整播控部门管理人员，加强播控值班力量；强化电力值班管理和定期开展消防演练等具有强制性的安保措施。沈阳有线把安全生产上升到全员管理的高度，建立安全生产委员会，总经理为第一责任人，依次层层责任到位。每年安全生产委员会与各业务部门各区公司签订《安全生产责任书》，每个区域每个部位都设有专兼职安全员，强化整体安全意识，全面提升安全级别，加强全员安保教育，从总经理到普通员工定期以不同形式进行安全培训，确保了沈阳有线的安全生产。

第二十三章　企业文化

　　企业文化是公司的灵魂，它可以潜移默化地引领员工自觉规范行为，塑造企业精神，增强员工的向心力，辐射社会的影响力。一个有成熟文化的企业是立于不败之地的。

　　沈阳有线公司建立之后，像抓经营工作一样注重企业文化建设，通过"战略规划、形象设计、制度建设、核心品牌、践行文化、文化传播以及灌输文化"等企业文化系统工程建设，公司文化渐形成熟，渗透到各项事业的发展中，树立起了沈阳有线的整体形象，到沈阳有线发展时期末，"沈阳有线"已成为沈城极具社会影响力的家喻户晓的文化产业商誉品牌。

　　公司战略规划。沈阳有线为谋划公司大计，聘请上海远卓管理顾问（跨国）公司，共商设计沈阳有线发展战略规划及其现代企业管理制度。历时半年，对沈阳有线的各个运行环节进行了深入调研剖析，针对沈阳有线的现状及未来发展方向，借鉴国内外有线网络发展的实际情况，编制了包括沈阳有线发展规划和管理平台设计等方面内容的项目报告，即《远卓报告》。为沈阳有线公司化后的发展制定了行动路线，也为沈阳有线公司化后建立现代企业管理制度，实行现代企业管理做了十分充分的准备。沈阳有线按照《远卓报告》的思路，完成了由事业到企业的转换。

标志文化理念。沈阳有线转企之后，着手设计公司形象标志。2005年9月，沈阳传媒网络有限公司标志设计完成，正式启用。随着标志进入公众视野，沈阳有线的视觉冲击力让社会各界敏锐感知，迅速得到公众的广泛认知。

标志采用沈阳传媒网络有限公司的英文缩写"M""N""S"为设计元素。标志中间自由挥洒的一笔既是"M""N""S"的连写，又非常写意地呈现出一只振翅高飞的途鹰。"途鹰"代表公司的形象，机智、灵活、迅速、敏感，具有积极向上的拼搏精神和进取精神，象征着沈阳传媒网络有限公司展翅飞翔于天际，永远在途中，站在一定的高度，为广大用户提供更全面的服务。大鹏展翅高飞，象征着沈阳传媒网络有限公司的事业将蓬勃发展。鹰的左翼采用了圆形图点渐变的表现手法，有很强的网络信息传递感，体现了沈阳传媒网络有限公司的时代科技感和从事的信息传输服务。

标志中间自由挥洒的一笔也象征沈阳的母亲河——"浑河"，它奔流不息永远向前，贯穿整个城市，象征着沈阳传媒网络有限公司的网络覆盖整个沈阳地区。

标志采用国际橙色和科技蓝色作为主色调，表示公司的性质。国际橙色代表现代的朝阳产业，科技蓝色是国际通用的代表科技的标识色调，两种色彩搭配，具有强烈的科技感、现代感及国际化色彩，体现了沈阳传媒网络有限公司的产业特征。

标志外形采用中国的方型印章，象征着沈阳传媒网络有限公司用心诚信服务于每一位客户的责任感，同时也体现出沈阳传媒网络有限公司的雄厚实力。标志内挥洒的一笔采用中国书法的表现形式，与标志外形的中国印章浑然一体，体现了沈阳传媒网络有限公司的华夏文化品位。

标志的启用，不仅为沈阳有线塑造了一个全新形象，更向公众昭示了以公共服务为主的文化事业单位——沈阳有线电视台向提供广播电视及信息服务的现代文化企业——沈阳传媒网络有限公司的身份转变。

2012年，与公司标志"途鹰"呼应，"沈阳有线，服务无限"的吉祥物——鹰宝，应运而生。"鹰宝"由鹰的概念演化而来，是一个具有锐意进取，具有服务精神，活泼可爱的小鹰宝宝形象，富有朝气、机灵、敏捷、勤奋、亲切、快乐的服务小精灵。"鹰宝"的诞生，代表了沈阳有线朝气蓬勃的客服形象，给人们留下了十分亲和的印象，用户看到了它就想起沈阳有线的服务。

2013年，沈阳有线作为"沈阳市智慧城市网络管理中心"，在推进智慧城市建设的进程中，首先赋予它文化内涵，设计完成了沈阳市"智慧城市"识别系统——慧鹰。"慧鹰"与"途鹰""鹰宝"一脉相称，带着振翅高飞的"途鹰"形象，赋予"鹰宝"色调的服务内涵，以母亲河——浑河现代科技智能信息化姿态服务于沈城。

企业制度建设。建立健全完善沈阳有线各项规章制度，赋予它现代企业管理内涵，通过各种形式灌输给员工，并与个人利益联系在一起，让员工像掌握技能一样了解和遵守制度。

2007年，沈阳有线以《远卓报告》为蓝本，经过两年企业化的运营实践，推出公司"以客户为中心工作业务流程"，科学规范高效的流程管理制度，提高了沈阳有线的劳动生产率。

这一时期后一阶段，沈阳有线深化企业改革，在管理体制上，实行总经理领导下的副总经理负责制，副总经理分管下的部门责任制；在工作机制上，实行总经理召集下的班子成员分工协作制，班子成员召集下的委员会工作协调制；在机构设置上，变三级机构管理为二级机构管理，减少管理环节，简化工作程序，建立扁平化高效运行的现代企业管理制度。

管理体制、工作机制和机构设置的改革，催生了《总经理常务会议制度》《总经理办公会议制度》《督办工作管理制度》《薪酬设计方案》和《内控管理制度》等一系列全局性重大管理制度，全面提升了沈阳有线的企业管理能级。

塑造服务品牌。沈阳有线企业文化的核心就是"服务"。沈阳有线这种"服务"特质属性决定了其企业文化是"服务文化"。

早在沈阳有线电视开播十周年之际，沈阳有线便提出"沈阳有线，服务无限"的文化理念。十年后的2013年，沈阳有线再度升华"服务文化"，将服务上升到公司品牌的高度，首次提出"服务是公司的品牌"。沈阳有线最具有核心价值的产品是"服务"，沈阳有线产品唯一的品牌是"服务"，吉祥物"鹰宝"就是沈阳有线服务品牌的标志。如果说把"鹰宝"标志在我们所有营业场所、运维服务车辆以及宣传品上是沈阳有线服务品牌的形象物化，那么把"智慧城市"建设带来的上下游产业链衍生产品冠以"鹰宝"标志就是让沈阳有线服务品牌转化为商品的战略策划。我们把"服务品牌文化"的培育纳入考核范畴，体现在绩效上，把"服务是沈阳有线核心品牌"的文化理念刻在每个人的脑子里，让每个员工意识到自己的服务代表着沈阳有线的品牌。服务品牌文化，正在深入人心，逐渐成为沈阳有线人的自觉行为。

践行企业文化。把抽象的文化理念做实，彰显在每个员工身上。2012年以来，沈阳有线把"崇尚劳动"的口号，与薪酬分配挂钩，政策向基层向一线倾斜，真正让劳动艰苦、劳动量大、劳动质量高的员工获得高收入，一线员工月收入平均高于行政人员1260元；与年终表彰挂钩，2012和2013年，连续两个年度打破以往按员工总数4%比例平衡产生"先进"的做法，改为按技术传播、工程运维、市场运营、营业柜员、客户服务、综合管理和行政保障等七大系统各推荐一名"劳动标兵"，每年选拔一次具有说服力的典型，给予重奖，树立劳动光荣的风尚，引导员工"崇尚劳动"的文化理念；与岗位技能大赛挂钩，让员工技能大赛与公司内部考工晋级有机地结合起来，让考场考得好的与实践干得好的统一起来，以标秉公司文化品质。

传播企业文化。伴随公司形象设计，沈阳有线孪生企业文化传播，抓住不同时机，抓住各种机会，策划推广传播沈阳有线公司文化。

2006年，抓住启动推广数字电视时机，策划完成了《沈阳有线数字电视用户界面设计方案》，为沈阳有线数字电视机顶盒设计标准，统一了不同品牌机顶盒的操作界面；2007

年起，针对数字电视信息平台的运营，设计改进了多套平台设计方案，2009年《沈阳有线数字电视平台信息业务规划方案》出台；制作播出《数字电视机顶盒使用指南》电视宣传片；印制发放《有线电视用户手册》《传媒网络数字电视用户指南》等印刷品，以及通过报纸广告、电视字幕、户外展板等多种方式，传播了沈阳有线新业务的文化内涵。

通过参加多届"中国东北文化产业博览交易会""沈阳国际广播电视通信网络展览会"等大型展会和每年度的"沈阳模式"的全国卫视节目收转招标洽谈会等机会，推广传播沈阳有线企业文化；利用沈阳电视台的媒体优势，制作播出了涵盖公司"形象""业务""服务""政策"等领域的多部电视公益广告宣传片；把具有沈阳有线特色文化元素的设计渗透到开放式营业场所改造和工装制作中；对公司标志进行了国内商标注册，并在互联网上注册了"沈阳有线""沈阳广通""沈阳传媒网络""传媒网络"等四个互联网中文域名，全面提升了沈阳有线的文化品质，企业形象和公司美誉度推向全国。

灌输企业文化。加强员工培训是灌输企业文化的有效手段。员工培训对提高员工企业文化素养和推广企业文化具有重要意义。沈阳有线在员工培训上肯于投入，让每个员工都能接受到素质教育。2012年，沈阳有线通过培训需求调研，2013出台了沈阳有线《培训管理暂行办法》，按业务需求、按发展计划、按工作性质，实施相关项目培训，把企业文化植根于各个工作岗位。2013年，组织培训项目22个，培训课程39场，培训员工2162人次，员工培训覆盖率达到

87%，其中客服系统员工培训覆盖率达到96.46%；注重日常文化培育，办公家具配置及物品摆放、各类物资管理等统一规范；提倡员工服饰仪态职业化，生活情趣文雅个性化，以提高员工的文化品位；倡导自觉、和谐、向上、文明之风，摒弃拉帮结派、亲疏有别、"不酒肉不朋友"的陋习，重塑企业文化，呈现出了向着风清气正方向发展的人际关系新氛围。

企业文化的建设，让沈阳有线人精神面貌发生了巨大变化，到2014年时，广大员工"崇尚劳动""求知问技""服务品牌""创新务实"的自觉行动，处处可见，公司上下产生了空前的凝聚力，为沈阳有线的明天积累了强大的人气资源。

附　录

沈阳有线后记

自2010年2月8日，中共辽宁省委办公厅下发《中共辽宁省委办公厅、辽宁省人民政府办公厅关于印发〈辽宁省广播电视有线网络整合方案〉的通知》（辽委办发［2010］1号）之后，省广电部门开始全省有线电视网络整合。依托省里新组建的北方联合广播电视网络股份有限公司进行整合的实质性操作。到2010年9月30日，北方联合广播电视网络股份有限公司做出《关于北方联合广播电视网络股份有限公司在沈阳市设立分公司的决议》之时，经过反复协商，沈阳市最后同意将市内五区有线电视网络交由"北方广电"管理。时至2014年5月23日，在省市主管部门的主导下，沈阳有线以沈阳广播电视台投资为限，进行资产拆分，主体资产及市内五区用户资源被投放到北方联合广播电视网络股份有限公司。随后，开始进行人员交接等等一系列调整工作。2015年，北方联合广播电视网络股份有限公司沈阳分公司，按照"北方广电"的管理体制及工作计划开始运营。自此，沈阳有线在市区淡出。

沈阳有线党群工作附记

　　沈阳有线作为沈阳广播电视台的经营实体，经营活动独立运行。而沈阳有线的党群组织直属沈阳广播电视台党群部门管理，按其要求和安排，参加沈阳广播电视台的党群活动。沈阳有线24年的党群方面活动记事，记载在原沈阳电视台和现沈阳广播电视台党群工作史录中。

沈阳有线组织机构及管理人员年谱

沈阳电视台有线电视筹备处

设置时间：1992年6月15日

事业编制：37名（含1992年11月25日市编办批复增加
　　　　　7名）

处级干部职数：3名

经费来源：自收自支

隶属关系：沈阳电视台

办公地点：沈阳电视台原址（皇姑区昆山东路40号）

总负责人：韩永言（时任沈阳电视台台长）

技术负责人：刘凤城（时任沈阳电视台总工程师）

筹备处办公室

主　任：孔　军（时任沈阳电视台播出部主任）

副主任：苏焕伟（时任沈阳电视台播出部主任帮办）

　　　　潘新庆（1993年4月任职）

沈阳有线电视台

设置时间：1993 年 8 月 26 日

事业编制：180 名（含原沈阳电视台有线电视筹备 37 名
编制）

领导职数：1 名（沈阳电视台增设分管副台长）

处级干部职数：12 名（含原沈阳电视台有线电视筹备处
3 名处级干部职数）

单位性质：（自收自支）事业单位

经营体制：独立核算，独立承担民事责任

隶属关系：沈阳电视台（一套机构：机构同属沈阳电视
台；二个名义：对外名称分别为沈阳电视台
和沈阳有线电视台）

办公地点：沈阳电视台原址（皇姑区昆山东路 40 号）
和沈阳电视台网络管理中心（沈河区小西路
71 号）

1993 年 8 月至 1994 年 6 月

台　　长：韩永言（兼至 1994 年 1 月）
　　　　　高占文（1994 年 1 月兼任）

负责人：刘凤城（时任沈阳电视台副台长兼总工程师）

内设机构及管理人员

办公室

主　任：孔　军

副主任：苏焕伟　潘新庆

1994年6月至1995年3月

台　长：高占文（兼）

台长助理：孔　军（副总工程师，主持日常工作）

内设机构及管理人员

总编室

主　任：孔　军（兼）

副主任：潘新庆　白忠祥

工程部

副主任：苏焕伟

技术部

副主任：汪　溪

播出部

副主任：莫　克

市场信息部

副主任：姜复森

内设机构下设部门及管理人员

工程部下设

和平区维护站

站　长：张甫臣（1994年11月任职）

皇姑区维护站

站　长：伊秀中（1994年11月任职）

铁西区维护站

站　长：董明跃（1994年11月任职）

1995年3月至1998年4月

台　长：高占文（兼至1997年5月）

　　　　弋国良（1997年5月兼任）

副台长：孔　军（主持工作。1995年3月至1995年12

　　　　月任沈阳有线电视台总监，1995年8月任沈阳

　　　　电视台副台长）

内设机构及管理人员

总　监：崔国庆（1995年12月任职）

有线总编室

副主任：潘新庆　白忠祥

有线工程部

副主任：李向宽

有线维护部

副主任：苏焕伟

有线技术部

副主任：汪　溪

有线播出部

副主任：莫　克

有线市场部

主　任：陈秋雁（至1995年5月）

副主任：姜复森

有线广告部

主　任：陈秋雁（1995年6月任职）

有线办公室

负责人：胡由义（主持工作）

内设机构下设部门及管理人员

有线维护部下设

和平维护站

站　长：张甫臣

沈河维护站

站　长：赵新民（1995年5月任职）

皇姑维护站

站　长：伊秀中

铁西维护站

站　长：董明跃

大东维护站

站　长：张广辉（1996年5月任职）

有线市场部下设

和平收费站

站　长：王　贺（1995年6月任职）

沈河收费站

站　长：苏秀文（1995年6月任职）

皇姑收费站

站　　长：刘心纯　（1995年6月任职）

铁西收费站

负责人：陈　博（1995年6月至1996年6月）

站　　长：王克岩（1996年7月任职）

大东收费站

站　　长：邓志洁（1996年6月任职）

微机室

负责人：石知白

有线播出部下设

变电所负责：邱宝山

有线办公室下设

财务组

负责人：王　梅

行政组

负责人：马　暧

车队

负责人：陈　胜

保卫科

科　　长：章继承（1995年7月任职）

1998年4月至2001年2月

台　　长：弋国良（兼）

副台长：孔　军（主持工作）

内设机构及管理人员

副总工程师：肖　华（协管有线技术工作）

有线技术部

主　任：汪　溪

有线网络开发部

主　任：苏焕伟

副主任：李英杰　张甫臣

有线播出部

主　任：莫　克

副主任：陈　坚

有线管理处

处　长：商国忠

副处长：陈秋雁

内设机构下设部门及管理人员

有线技术部下设

制作组

负责人：陈林涛（2000年7月任职）

器材组

负责人：张　岩（2000年7月任职）

规划设计与验收组

负责人：孙金洲（2000年7月任职）

工程设计与设备组

负责人：张立国（2000年7月任职）

有线网络开发部下设

稽查组

负责人：曲　刚（2000年7月任职）

工程组

负责人：曹宝库（2000年7月任职）

微机室

负责人：石知白（2000年7月任职）

和平维护站

站　　长：张广辉

沈河维护站

站　　长：赵新民

皇姑维护站

站　　长：伊秀中

铁西维护站

站　　长：董明跃（任至1999年10月）

　　　　　王亚奎（1999年10月任职）

大东维护站

站　　长：王亚奎（任至1999年10月）

　　　　　邱宝山（1999年10月任职）

和平收费站

站　　长：王　贺

沈河收费站

站　　长：苏秀文

皇姑收费站

站　　长：刘心纯

铁西收费站

站　　长：王克岩

大东收费站

站　　长：邓志洁

有线播出部下设

变电所

负责人：白建国（2000年7月任职）

有线管理处下设

财务组

负责人：王　梅

行政组

负责人：马　暧

保卫科

科　长：章继承（任至1999年1月）

　　　　王怀安（1999年1月任职）

车队

负责人：陈　胜

2001年2月至2004年8月

台　长：弋国良（兼至2004年3月）

　　　　白明路（2004年3月兼任）

副台长：孔　军（主持工作）

内设机构及管理人员

网络运营部

主　任：何宏刚（兼）

副主任：李英杰

网络技术开发部

主　任：汪　溪

副主任：陈　坚　张　岩（2003年1月任职）

网络工程部

主　任：苏焕伟

副主任：张甫臣

网络管理部

主　任：商国忠

副主任：张晓钧（2003年1月任职）

内设机构下设部门及管理人员

网络运营部下设

技术支持：石知白（2001年4月任职）

微机室

负责人：倪　红（2001年4月至10月）

企划中心

负责人：倪　红（2001年10月任职）

营销中心

负责人：刘世颖（2001年10月至2004年2月）

　　　　　王东明（2004年2月任职）

信息中心

负责人：邢大勇（2001年10月任职）

结算中心

负责人：刘　海（2001年10月任职）

监管中心

负责人：胡由义

和平收费站

站　长：王　贺（任职至2001年4月）

邓志洁（自2001年4月任职）

沈河收费站

站　　长：苏秀文（任至2001年4月）

王　贺（2001年4月任职）

皇姑收费站

站　　长：刘心纯（任至2001年4月）

王克岩（2001年4月任职）

铁西收费站

站　　长：王克岩（任至2001年4月）

苏秀文（2001年4月任职）

大东收费站

站　　长：邓志洁（任至2001年4月）

刘心纯（2001年4月任职）

浑南收费站

站　　长：刘世颖（2004年2月任职）

网络技术开发部下设

数据中心

负责人：华　岩　李成雨

模拟中心

负责人：冯志勇

设备中心

负责人：张立国

规划设计中心

负责人：董明跃（1999年10月至2002年7月）

李秉仁（2002年7月任职）

网络工程中心

负责人：曲　刚

网络工程部下设

工程科

负责人：曹宝库（至2003年6月）

技术科

负责人：孙金洲

综合科

负责人：刘永刚

和平维护站

站　　长：张广辉

沈河维护站

站　　长：赵新民

皇姑维护站

站　　长：伊秀中

铁西维护站

站　　长：曹宝库（2003年6月任职）

大东维护站

站　　长：王亚奎（2003年6月任职）

网络管理部下设

文秘科

负责人：（空）

财务科

负责人：王　梅

行政科

负责人：（空）

保卫科

科　　长：王怀安

直属机构及管理人员

石水有线电视管理站

站　　长：史德新（2003年5月任职，主任级）

黎明地区有线电视管理处

主　　任：裘远真（2004年5月任职）

沈阳传媒网络有限公司

设置时间：2004年8月12日

单位性质：国有文化企业（由沈阳有线电视台转制为沈阳传媒网络有限公司）

经营体制：独立核算，自负盈亏，独立承担民事责任

隶属关系：沈阳电视台（沈阳电视台为出资人代表）

办公地点：沈阳电视台网络管理中心（沈河区小西路71号）

2004年8月至11月

董事长：白明路（兼）

董　事：张茂民（时任沈阳电视台副台长）

　　　　李依群（时任沈阳电视台副台长）

　　　　孔　军（时任沈阳电视台副台长）

总经理：孔　军（兼）

内设机构及管理人员

网络运营部

主　任：何宏刚（兼）

副主任：李英杰

网络技术开发部

主　任：汪　溪

副主任：陈　坚、张　岩

网络工程部

主　任：苏焕伟

副主任：张甫臣

网络管理部

主　任：商国忠

副主任：张晓钧

内设机构下设部门及管理人员

网络运营部下设

企划中心

负责人：倪　红

营销中心

负责人：王东明

信息中心

负责人：邢大勇

结算中心

负责人：刘　海

监管中心

负责人：胡由义

和平收费站

站　长：邓志洁

沈河收费站

站　长：王　贺

皇姑收费站

站　　长：王克岩

铁西收费站

站　　长：苏秀文

大东收费站

站　　长：刘心纯

浑南收费站

站　　长：刘世颖

网络技术开发部下设

数据中心

负责人：华　岩　李成雨

模拟中心

负责人：冯志勇

设备中心

负责人：张立国

规划设计中心

负责人：李秉仁

网络工程中心

负责人：曲　刚

网络工程部下设

技术科

负责人：孙金洲

稽查组

负责人：刘永刚

综合组

负责人：张　克

和平维护站

站　长：张广辉

沈河维护站

站　长：赵新民

皇姑维护站

站　长：伊秀中

铁西维护站

站　长：曹宝库

大东维护站

站　长：王亚奎

网络管理部下设

文秘科

负责人：（空）

财务科

负责人：王　梅

行政科

负责人：（空）

保卫科

科　长：王怀安

车队

队　长：陈　胜

变电所

所　长：白建国

直属机构及管理人员

黎明地区有线电视管理处

主　任：裘远真

2004 年 11 月至 2005 年 2 月

董事长：白明路（兼）

董　事：张茂民　李依群　孔　军

总经理：孔　军

内设机构及管理人员

市场运营公司

经　理：何宏刚

副经理：李英杰

技术开发公司

经　理：汪　溪

副经理：陈　坚　张　岩

工程服务公司

经　理：苏焕伟

副经理：王湘农

办公室

副主任：张晓钧

内设机构下设部门及管理人员

市场运营公司下设

企划中心

负责人：倪　红

营销中心

负责人：王东明

信息中心

负责人：邢大勇

结算中心

负责人：刘　海

监管中心

负责人：胡由义

和平收费站

站　长：张　克

沈河收费站

站　长：王　贺

皇姑收费站

站　长：王克岩

铁西收费站

站　长：苏秀文

大东收费站

站　长：刘心纯

技术开发公司下设

设备器材管理科

负责人：张立国

光缆工程科

负责人：曲　刚

数字电视科

负责人：华　岩

基站管理科

负责人：冯志勇

宽带业务科

负责人：李成雨

设计科

负责人：李秉仁

总前值班室负责：吴艳玲

工程服务公司下设

技术科

负责人：孙金洲

稽查组

负责人：刘永刚

综合组

负责人：邓志洁

和平维护站

站　长：张广辉

沈河维护站

站　长：赵新民

皇姑维护站

站　长：伊秀中

铁西维护站

站　长：曹宝库

大东维护站

站　长：王亚奎

公办室下设

文秘科

负责人：（空）

财务科

负责人：王　梅

行政科

负责人：（空）

保卫科

科　长：王怀安

车队

队　长：陈　胜

变电所

所　长：白建国

直属机构及管理人员

黎明地区有线电视管理处

主　任：裘远真

沈飞地区有线电视管理处

主　任：夏永兴（2004年11月任职）

直属公司及管理人员

苏家屯区传媒网络公司

经　理：乔恩福（2004年12月任职）

副经理：邱学武（2004年12月任职）

　　　　董国祥（2004年12月任职）

2005年2月至2008年8月

董事长：白明路（兼）

董　事：张茂民　李依群　孔　军

总经理：孔　军

常务副总经理：何宏刚

副总经理：汪　溪（兼总工程师）苏焕伟

　　　　　张晓钧（2008年5月任职）

内设机构及管理人员

市场运营公司

经　理：何宏刚（兼）

副经理：李英杰（主任级）　裘远真

客户服务中心

主　任：李英杰（自2005年3月兼）

技术开发公司

经　理：汪　溪（兼）

副经理：陈　坚　张　岩

工程服务公司

经　理：苏焕伟（兼）

副经理：王湘农

办公室

主　任：张晓钧

副主任：于启洋（2005年3月任职）

内设机构下设部门及管理人员

市场运营公司（辖管、代管）下设

网络拓展部

经　理：王东明

外联策划部

经　理：倪　红

信息管理部

经　理：邢大勇

经营管理部

经　理：裘远真（兼）

客服监管部

经　理：胡由义

客服受理部

经　理：宋明颖

副经理：刘　芳

技术开发公司下设

数字电视业务部

经　理：华　岩

宽带业务部

经　理：李成雨

规划设计部

经　理：李秉仁

器材管理部

经　理：张立国

管网部

经　理：曲　刚

播控部

经　理：车欣悦

传输部

经　理：冯志勇

工程服务公司下设

工程监理部

经　理：刘世颖

网络巡检部

副经理：董　涛

工程协调部

负责人：邓志洁

结算部

经　理：刘　海

和平区客服分公司

经　理：张广辉

副经埋：土　贺　吴竞鹏

沈河区客服分公司

经　理：赵新民

副经理：刘心纯

皇姑区客服分公司

经　理：伊秀中

副经理：张　克

铁西区客服分公司

经　理：孙金洲

副经理：苏秀文

大东区客服分公司

经　理：王克岩

副经理：王亚奎

航联客服分公司

经　理：夏永兴（主任级）

副经理：唐殿宝　于德水

办公室下设

综合部

经　理：（空）

人力资源部

经　理：（空）

计划财务部

经　理：王　梅

行政管理部

负责人：沈国柱

保卫部

副经理：刘家彬

直属公司及管理人员

苏家屯区传媒网络公司

经　理：乔恩福

副经理：邱学武　董国祥

2008年8月至2009年8月

董事长：白明路（兼）

董　事：张茂民　李依群　孔　军

总经理：孔　军

常务副总经理：何宏刚

副总经理：汪　溪（兼总工程师）苏焕伟　张晓钧

内设机构及管理人员

市场运营公司

经　　理：何宏刚（兼）

副经理：裘远真

技术开发公司

经　　理：汪　溪（兼）

副经理：陈　坚　张　岩

工程服务公司

经　　理：苏焕伟（兼）

副经理：王湘农

客户服务中心

主　　任：李英杰

办公室

主　　任：张晓钧

副主任：于启洋

内设机构下设部门

市场运营公司（辖管）下设

网络拓展部

经　　理：王东明

外联策划部

经　　理：倪　红

信息管理部

经　　理：邢大勇

经营管理部

副经理：何冬梅（2008年10月任职）

技术开发公司下设

数字电视业务部

经　理：华　岩

宽带业务部

经　理：李成雨

规划设计部

经　理：李秉仁

器材管理部

经　理：张立国

管网部

经　理：曲　刚

播控部

经　理：车欣悦

传输部

经　理：冯志勇

综合业务厅

副经理：王岩松（2008年10月任职）

工程服务公司下设

工程监理部

经　理：刘世颖

网络巡检部

经　理：董　涛

副经理：邓　军

工程协调部

负责人：邓志洁

结算部

经　理：刘　海

和平区客服分公司

经　理：张广辉

副经理：王　贺（经理级）　王亚奎（经理级）

沈河区客服分公司

经　理：赵新民

副经理：刘心纯（经理级）

皇姑区客服分公司

经　理：伊秀中

副经理：张　克（经理级）　唐殿宝（经理级）

铁西区客服分公司

经　理：孙金洲

副经理：苏秀文（经理级）

大东区客服分公司

经　理：王克岩

副经理：吴竞鹏（经理级）　于德水（经理级）

客户服务中心下设

监管部

经　理：胡由义

受理部

经　理：宋明颖

副经理：陈　洋（2008年10月任职）

接访部

副经理：陈　强（2008年10月任职）

办公室下设

综合部

经　理：刘　芳

人力资源部

副经理：杨　轩（主持工作）

计划财务部

经　理：王　梅

副经理：田　妍（2008年10月任职）

行政管理部

副经理：沈国柱（主持工作）

保卫部

经　理：刘家彬

车队

队　长：陈　胜

变电所

副所长：何建中（2008年10月任职）

直属公司及管理人员

苏家屯区传媒网络公司

经　理：乔恩福

副经理：邱学武　董国祥

2009年8月至2012年4月

董事长：白明路（兼）

董　事：张茂民　李依群　孔　军

总经理：孔　军

常务副总经理：何宏刚

副总经理：汪　溪（兼总工程师）　苏焕伟　张晓钧

内设机构及管理人员

市场运营公司

经　理：裘远真

副经理：王东明

技术开发中心

主　任：张　岩

副主任：华　岩

传输播控中心

主　任：陈　坚

副主任：李成雨

客户服务公司

经　理：王湘农

副经理：李英杰　伊秀中

工程管理公司

经　理：苏焕伟（兼）

副经理：张广辉

办公室

主　任：张晓钧（兼）

副主任：于启洋（自 2010 年 1 月主任级）

内设机构下设部门及管理人员

市场运营公司（辖管）下设：

网络拓展部

经　理：王东明（兼）

外联策划部

经　理：倪　红

信息管理部

经　理：邢大勇

经营管理部

副经理：何冬梅

技术开发中心下设

数字电视业务部

经　理：华　岩

宽带业务部

经　理：李成雨

规划设计部

经　理：李秉仁

器材管理部

经　理：张立国

管网部

经　理：曲　刚

综合业务厅

副经理：王岩松

传输播控中心下设

播控部

经　理：车欣悦

传输部

经　理：冯志勇

客户服务公司下设

结算部

经　理：刘　海

监管部

经　理：胡由义

受理部

经　理：宋明颖

副经理：陈　洋

接访部

副经理：陈　强

和平区客服分公司

经　理：张广辉

副经理：王　贺（经理级）　王亚奎（经理级）

沈河区客服分公司

经　理：赵新民

副经理：刘心纯（经理级）

皇姑区客服分公司

经　理：伊秀中

副经理：张　克（经理级）　唐殿宝（经理级）

铁西区客服分公司

经　理：孙金洲

副经理：苏秀文（经理级）

大东区客服分公司

经　理：王克岩

副经理：吴竞鹏（经理级）　于德水（经理级）

工程管理公司下设

工程监理部

经　理：刘世颖

网络巡检部

经　理：董　涛

副经理：邓　军

工程协调部

负责人：邓志洁

办公室下设

综合部

经　理：刘　芳

人力资源部

副经理：杨　轩（主持工作）

计划财务部

经　理：王　梅

副经理：田　妍

行政管理部

副经理：沈国柱（主持工作）

保卫部

经　理：刘家彬

车队

队　长：陈　胜

变电所

副所长：何建中

直属公司及管理人员

东陵区传媒网络公司

经　理：刘守德（2009年8月任职）

副经理：李先富（2010年6月任职）

于洪区传媒网络公司

经　理：张士忱（2011年5月任职）

常务副经理：张广辉（2011年12月任职）

副经理：杨绍臣 （2011年5月任职）

　　　　赵守利（2011年5月任职）

苏家屯区传媒网络公司

经　理：董国祥（2011年6月任职）

副经理：张　剑（2011年6月任职）

沈北新区传媒网络公司

经　理：孙祥维（2010年2月任职）

副经理：周晓庆（2010年2月任职）

2012年4月至2013年1月

董事长：白明路（兼至2012年7月）

　　　　张东毅（2012年7月兼任）

董　事：张茂民　李依群　孔　军

总经理：孔　军（任至2012年6月）

　　　　何宏刚（自2012年6月暂时代理行使总经理职

　　　　责，2012年9月任职）

副总经理：汪　溪　苏焕伟　张晓钧

内设机构及管理人员

市场运营公司

经　理：裘远真

副经理：王东明

技术开发中心

主　任：张　岩

副主任：华　岩

传输播控中心

主　任：陈　坚

副主任：李成雨　冯志勇（2012年12月任职）

客户服务公司

经　理：王湘农

副经理：李英杰　伊秀中

工程管理公司

经　理：苏焕伟（兼）

副经理：张广辉

办公室

主　任：张晓钧（兼）

副主任：于启洋

内设机构下设部门及管理人员

市场运营公司（辖管）下设

网络拓展部

副经理：牛　刚

外联策划部

经　理：倪　红

用户管理部

经　理：邢大勇

经营管理部

经　理：王岩松

信息业务部

副经理：魏绍利

技术开发中心下设

数字电视业务部

副经理：宋雨良　马明涛

宽带业务部

副经理：李大明　杨　宇　王一然

宽带大客户部

经　理：孟宪华

副经理：王　欣

规划设计部

经　理：李秉仁

器材管理部

副经理：曲　虹

综合营业厅

副经理：姜冬冬

传输播控中心下设

传输部

经　理：冯志勇

副经理：杨　林

播控部

经　理：车欣悦

副经理：杨　涛

客户服务公司下设

结算部

副经理：关　晖

监管部

经　理：胡由义

受理部

主班经理：于海丹

副班经理：刘　军

接访部

经　理：陈　强

和平区客服分公司

经　理：刘世颖

副经理：王亚奎　张艺凡

沈河区客服分公司

经　理：赵新民

副经理：刘心纯

皇姑区客服分公司

经　理：曲　刚

经理助理：高　敬

（皇姑区客服分公司下设）沈飞站

经　理：王　贺

铁西区客服分公司

经　理：孙金洲

副经理：苏秀文

大东区客服分公司

经　理：王克岩

副经理：马　哲

（大东区客服分公司下设）黎明站

经　理：吴竞鹏

工程管理公司下设

工程监理部

经　理：于德水

管网部

经　理：唐殿宝

副经理：邓　军　刘忠厚

网络巡检部

经　理：董　涛

工程协调部

负责人：邓志洁

办公室下设

综合部

经　理：陈　洋

人力资源部

经　理：刘　芳

计划财务部

经　理：王　梅

副经理：田　妍　（经理级）

主管会计：王　颖（副经理级）

行政管理部

经　理：沈国柱

保卫部

经　理：刘家彬

变电所

所　长：何建中

车队

副队长：何文光　葛长松

直属公司及管理人员

东陵区传媒网络公司

经　理：刘守德

副经理：李先富

财务总监：何冬梅

于洪区传媒网络公司

经　理：张士忱

常务副经理：张广辉

副经理：杨绍臣　赵守利

苏家屯区传媒网络公司

经　理：董国祥

副经理：张剑　张立国（兼财务总监）

沈北新区传媒网络公司

经　理：孙祥维

副经理：刘　海（兼财务总监）　可成杰

2013年1月至12月

董事长：张东毅（兼）

董　事：张茂民　李依群　孔　军

总经理：何宏刚

副总经理：汪　溪　苏焕伟　张晓钧

总工程师：陈　坚

总经理助理：裘远真　王湘农

职能部门及管理人员

副总工程师：李成雨

副总会计师：王　梅

总经理办公室

主　任：于启洋

主任助理：杨　宇（主持工作至2013年5月）

负责人：张　艳（自2013年6月主持工作）

市场开发部

副主任：倪　虹（主持工作）

主任助理：魏　新（2013年2月任职）

　　　　　许晓娇（2013年2月任职）

资讯管理部

主　任：华　岩

主任助理：王岩松　马明涛

网络发展部

主　任：王东明

主任助理：吴竞鹏　牛　刚　唐殿宝　于德水

事业规划与信息化管理部

主　任：伊秀中

主任助理：车欣悦　石知白（2013年2月任职）

传输与播控部

副主任：冯志勇（主持工作）

主任助理：李大明　杨　林

设备与器材部

主　任：张广辉

主任助理：王亚奎　孟宪华

　　　　　纪冰峰（2013年2月任职）

客户服务部

副主任：邢大勇（主持工作）

主任助理：于海丹　关　晖　邓　军　王一然

服务质量监督部

副主任：刘芳（主持工作）

主任助理：陈　强　董　涛

法务审计与经营管理部

主　任：于启洋（兼）

主任助理：陈　洋　王　颖

人力资源与运营管理部

副主任：杨　轩（主持工作）

主任助理：程　亮（2013年2任职）

计划财务部

主　任：王　梅（兼）

行政管理部

主　任：于启洋（兼）

主任助理：何建中　曲　虹　王　欣　沈国柱

　　　　　刘心纯　苏秀文　魏绍利

安全保卫部

副主任：刘家彬（主持工作）

直属公司及管理人员

和平区客服公司

经　　理：刘世颖

和平区客服公司下属太原南街营业厅

经　　理：张艺凡

和平区客服公司下属浦江苑营业厅

经　　理：刘忠厚

沈河区客服公司

经　　理：赵新民

沈河区客服公司下属五爱街营业厅

经　　理：何文光

沈河区客服公司下属小西路营业厅

经　　理：刘　军

铁西区客服公司

经　　理：孙金洲

铁西区客服公司下属云峰街营业厅

经　　理：葛长松

铁西区客服公司下属北一路营业厅

经　　理：杨　涛

皇姑区客服公司

经　　理：曲　刚

皇姑区客服公司下属北陵大街营业厅

经　　理：姜冬冬

皇姑区客服公司下属沈飞地区营业厅

经　　理：王　贺

大东区客服公司

经　理：王克岩

大东区客服公司下属草仓路营业厅

经　理：马　哲

大东区客服公司下属黎明地区营业厅

经　理：宋雨良

东陵区客服公司

经　理：刘守德

副经理：李先富　何冬梅（兼财务总监）

东陵区客服公司技术科

副科长：孙　航

东陵区客服公司下属丰乐营业厅

经　理：马明涛 （2013年4月任职）

东陵区客服公司下属东陵营业厅

副经理：高　媛 （2013年4月任职）

于洪区客服公司

经　理：张士忱

副经理：李秉仁

财务总监：田　研

苏家屯区客服公司

经　理：董国祥

副经理：张　剑　张立国（兼财务总监）

经理助理：杨　宇（2013年7月任职，副经理待遇）

沈北新区客服公司

经　理：孙祥维

副经理：刘　海（兼财务总监）　可成杰

2013 年 12 月——

董事长：张东毅（兼）

董　事：张茂民　李依群　孔　军

总经理：何宏刚

副总经理：苏焕伟　裘远真　王湘农

　　　　李成雨（兼总工程师）

财务总监：王　梅

总经理助理：陈　坚

职能部门及管理人员

总经理办公室

主　任：王　刚（2014 年 4 月前副职主持工作）

主任行政专员：张　艳

主任助理：宋明颖

市场部

主　任：倪　红

主任助理：魏　新　许晓娇

　　　　程　亮（2014 年 5 月任职）

集团业务部

副主任：陈　洋（任至 2014 年 5 月）

负责人：董　涛（自 2014 年 5 月试用）

社区业务部

主　任：于启洋（自 2014 年 5 月兼管集团业务部）

资讯部

主　任：冯志勇（2014年4月前副职主持工作）

主任助理：王岩松

客服部

主　任：王克岩

主任助理：于海丹　关　晖　邓　军　王一然

网络建设部

主　任：王东明

主任助理：吴竞鹏　牛　刚　唐殿宝　于德水

技术部

主　任：邢大勇

主任技术专员：车欣悦（2014年4月任职）

主任助理：石知白

传播部

副主任：李大明（主持工作）

运维部

主　任：曲　刚

副主任：杨　宇　马　哲

服务质量监督部

主　任：刘　芳

主任助理：陈　强　董　涛　高　媛

工程监理部

主　任：刘世颖

资产管理部

主　任：张广辉

主任助理：王亚奎　孟宪华　纪冰峰

经营管理部

主　任：李秉仁（2014年4月前副职主持工作）

人力资源部

主　任：杨　轩（2014年4月前副职主持工作）

财务部

主　任：何冬梅

主任经管专员：张秀艳（2014年4月任职）

行政部

主　任：张立国（2014年4月前副职主持工作）

主任助理：何建中　曲　虹　刘心纯　刘金良

保卫部

主　任：刘家彬（2014年4月前副职主持工作）

直属公司及管理人员

东陵区客服公司

经　理：孙金洲

副经理：张艺凡

经理助理：孙　航

于洪区客服公司

经　理：张士忱

副经理：陈　洋（2014年5月任职）

　　　　杨　林（2014年1月任职）

经理助理：程　亮

苏家屯区客服公司

经　理：赵新民

副经理：张　剑　沈国柱

顾　问：董国祥

沈北新区客服公司

经　理：刘　海

副经理：可成杰　魏绍利

区域营业场所

市场部太原南街营业厅

经　理：姜冬冬（2014年1月任职）

市场部浑南营业厅

经　理：刘忠厚（2014年1月任职）

市场部小南营业厅

经　理：何文光（2014年1月任职）

市场部市府路营业厅

经　理：刘　军（2014年1月任职）

市场部中街营业厅

副经理：祝宁宁（2014年1月至5月）

经　理：张　磊（2014年5月任职）

市场部云峰街营业厅

经　理：杨　涛（2014年1月任职）

市场部北一路营业厅

副经理：梁　爽（2014年1月任职）

市场部北陵大街营业厅

经　理：葛长松（2014年1月任职）

市场部沈飞营业厅

经　理：王　贺（2014年1月任职）

市场部草仓路营业厅

经　理：宋雨良（2014年1月任职）

市场部黎明营业厅

经　理：邓　军（2014年1月任职）

东陵区客服公司白塔营业厅

经　理：初明国

东陵区客服公司东陵营业厅

经　理：王　欣

东陵区客服公司丰乐营业厅

经　理：马明涛

东陵区客服公司桃仙营业厅

代理公司管理

东陵区客服公司香格蔚蓝营业厅

代理公司管理

东陵区客服公司浑南营业厅

经　理：刘明军

东陵区客服公司长白营业厅

经　理：李俊波

于洪区客服公司北陵营业厅

经　理：栾尚国

于洪区客服公司大潘营业厅

经　理：王　卓

于洪区客服公司黄海营业厅

经　理：张永峰

于洪区客服公司沙岭营业厅

经　理：王兴忠

于洪区客服公司于洪新城营业厅

经　理：冯士臣

苏家屯区客服公司雪松路营业厅

经　理：吴德强

苏家屯区客服公司浑河新城营业厅

（待营业）

沈北新区客服公司道义营业厅

经　理：梨京封

沈北新区客服公司虎石台营业厅

经　理：高志华

沈北新区客服公司辉山营业厅

经　理：齐　飞

沈北新区客服公司新城子营业厅

经　理：詹宝旭

沈北新区客服公司新城综合服务中心营业厅

经　理：高鹏（兼）

沈阳有线大事记

1989 年

6 月　沈阳市有线电视考察团赴南方考察。由沈阳市副市长张毓茂为团长，沈阳电视台韩永言（台长）、史长富、寇克忠及政府相关部门人员组成的沈阳市有线电视考察团，赴广东的佛山、湖北的沙市、浙江的常州及无锡等全国有线电视建设先进城市实地考察。并由史长富执笔形成《沈阳市建设有线电视系统可行性研究报告》。

1990 年

1 月　国家广播电影电视部相关信函，拟将沈阳市作为中国城市有线电视网试点城市。

11 月　沈阳电视台把建设沈阳市有线电视系统纳入议事日程。

1991 年

2 月　沈阳电视台向市委市政府提出建设沈阳市有线电视系统的建议。

4 月　沈阳电视台内部成立有线电视筹备工作小组。沈阳电视台台长韩永言主持专项工作会议，会议确定成立沈阳电视台有线电视筹备工作小组。其成员为：孔军、边延信、王大明和马睽。

8月　沈阳市委召开书记办公会议，确定沈阳发展有线电视事业，并决定沈阳有线电视系统建设由沈阳电视台负责进行筹建工作。

8月　沈阳市政府（沈政发［1991］56号）文件，批准在沈阳市建立有线电视台。

9月　沈阳市编制委员会（沈编发［1991］245号）文件，批准设立沈阳有线电视台，编制100人。

9月　沈阳市计划经济委员会（沈计发［1991］967号）文件，批准建设沈阳有线电视台项目。

1992年

3月　沈阳电视台向市委报告《沈阳有线电视的总体规划和第一期工程实施方案》。

3月　沈阳市政府成立沈阳有线电视工程领导小组。组长：任殿喜，副组长：张毓茂，成员：市委宣传部、市政府办公厅、市经济计划委员会、市财政局、市税务局、市公安局、市物价局、市土地规划局、市建委、市城建局、市城管办、市工会、市交通局、市交通大队、市房产局、市电业局、市电信局、沈阳电视台主要领导。

3月　沈阳电视台受市政府委托召开"沈阳有线电视系统总体方案论证会"。国家广播电影电视部、机电部、航天部、新华社等有关专家，市政府各部委办局领导参加论证会。

6月 沈阳电视台有线电视筹备处成立。沈阳市编制委员会下发《关于成立沈阳电视台有线电视筹备处的批复》（沈编发［1992］105号）。筹备处隶属沈阳电视台领导，暂定事业编制30名，处级干部职数3名，经费自收自支。

11月 沈阳电视台有线电视筹备处增加编制。沈阳市编制委员会办公室印发（沈编办发［1992］210号）《关于成立〈沈阳荧屏周报〉社和沈阳电视台有线电视筹备处增加编制的批复》。同意有线电视筹备处增加7名事业编制。

12月 沈阳市政府向国家广播电影电视部上报《关于沈阳电视台与泰国正大集团联建有线电视网的报告》，提出沈阳电视台与泰国正大集团合作共同建设沈阳市有线电视网络项目，总投资为11250万元人民币，注册资本为4500万元，合作期限为50年。

1993年

1月 国家广播电影电视部下发《关于有线电视不能与外商合资办台建网的批复》，沈阳市人民政府撤销沈阳电视台与泰国正大集团联建有线电视网的协议。

3月 沈阳电视台同中信国安电气公司签订《合作建设沈阳有线电视合同》。

3月 沈阳有线电视财务管理委员会第一次会议在沈阳召开。

4月 在沈阳电视台印发的《关于沈晓黎等六名同志任

职的决定》（沈视党组发〔1993〕1号）中，潘新庆同志任沈阳电视台有线电视筹备处办公室副主任。

　　4月　沈阳市有线电视工程领导小组举行第一次会议，调整领导小组成员：任殿喜、张毓茂任组长，龙致华、韩永言任副组长，有关部、委、办、局负责同志为成员。

　　4月　军地联合召开"军民共建沈阳有线电视誓师大会"。沈阳电视台有线电视筹备处、沈阳军区支援地方建设办公室和中国人民解放军沈阳军区电子对抗团等联合举行。

　　4月　沈阳有线电视台筹备处起草"沈阳有线电视工程领导小组会议"讨论材料。就沈阳市有线电视系统概述、工程实施落实、工程宣传等问题形成会议材料。

　　5月　沈阳市物价局下发《关于对沈阳电视台有线电视收费标准的批复》。批复规定：居民和非经营性单位初装费280元/户；闭路电视系统并网费150元/台；居民增机费50元/台；经营性单位初装费1000元等。居民和非经营性单位收视费，每台每月8元；经营性单位收视费为每台每月45元等。

　　5月　沈阳电视台和中信北京国安电气公司召开财务临时协调会议。参加会议的有中信总公司审计部主任韩俊才，国安电气公司有线电视部经理周军、财务部经理胡燕欣，有线部工程师曾炜；沈阳电视台副台长兼总工刘凤城，有线筹备处办公室主任孔军，计划财务处处长杨永春，有线筹备处办公室副主任苏焕伟、潘新庆等。会议就有线电视实行独立核算、建立会计核算程序、建立会计核算制度、委派财务监察员等问题达成了一致意见

　　5月　沈阳有线网络建设第一钻在皇姑区黄河大街新开

河桥附近开始，迈出了沈阳有线电视建设的第一步。

5月 国家副主席荣毅仁为沈阳有线电视信号开通试播亲笔题词："创办沈阳有线电视，促进两个文明建设"。

7月 沈阳市物价局收费管理处下发《关于对有线电视用户证工本费收取标准的批复》（沈价费字〔1993〕28号）。

8月 辽宁省政府召开1993年第3期省长办公会议。会议明确指出：沈阳市有线电视网由沈阳电视台建设，并形成"一市一网"格局。

8月 沈阳有线电视台正式成立。沈阳市编制委员会《关于成立沈阳有线电视台的批复》（沈编发〔1993〕39号）明确：沈阳有线电视台与沈阳电视台为一套机构两个名义。沈阳有线电视台事业编制180名。台领导职数1名。处级干部职数12名。单独经济核算的自收自支事业单位。

9月 沈阳有线电视开播庆典仪式，在沈阳市中山大厦隆重举行。

10月 沈阳有线电视正式试播，标志着沈阳有线电视的诞生。

10月 沈阳有线电视财务管理委员会第二次会议于25日至27日在北京召开。

12月 沈阳有线电视台向市政府提交《关于沈阳有线电视开通情况及存在问题的报告》。

1994年

1月 高占文同志出任沈阳电视台台长兼沈阳有线电视

台台长。

2月　沈阳有线电视台在沈阳液压机厂俱乐部举办了沈阳有线电视台首届春节联欢晚会《彩色的风筝》。

5月　沈阳电视台《关于孔军等同志任职的决定》［沈视党组发（1994）6号］任命：孔军同志为沈阳电视台副总工程师兼沈阳有线电视台总编室主任（主持有线台日常工作）；白忠祥同志为沈阳有线电视台总编室副主任；潘新庆同志为沈阳有线电视台总编室副主任；苏焕伟同志为沈阳有线电视台工程部副主任；汪溪同志为沈阳有线电视台技术部副主任；莫克同志为沈阳有线电视台播出部副主任；姜复森同志为沈阳有线电视台市场信息部副主任。

5月　市长办公会议研究沈阳有线电视建设管理等问题。沈阳市常务副市长任殿喜和副市长张毓茂共同主持召开市长办公会议，专题研究沈阳有线电视建设管理问题。沈阳电视台台长高占文，沈阳电信局局长邵文章、原副局长赵廷芳参加了会议，中信国安公司副总经理罗宁和中信国安证券公司副经理朱芳应邀列席了会议。

11月　沈阳有线电视台召开"加大工作力度、努力开创有线电视新局面动员大会"。

12月　沈阳有线电视台召开"有线电视大会战，开创工作新局面汇报会暨总结表彰大会"。市政府副市长张毓茂、市委宣传部副部长韩凤奎到会并讲话。会议由沈阳电视台党组副书记、副台长禹振侠主持，沈阳电视台党组书记、台长高占文做了总结动员报告。会上，副总工程师孔军同志向与会领导及沈阳有线电视台全体职工作了题为"加大工作力度、努力开创有线电视新局面"的汇报。

1995年

1月　沈阳有线开始设立节目编、采、播、录自制体系。

1月　沈阳有线电视台制定一系列安全管理制度。包括"安全防火、外请活动、出入门管理、要害部位管理、会客登记、安全处罚"等严格安全管理制度。

3月　沈阳电视台印发《关于调整台内机构设置的通知》(沈视党组发〔1995〕3号),撤销原沈阳有线工程部、市场部、技术部、播出部、节目部和小公室等机构设置,设立有线总编室、有线工程部、有线维护部、有线技术部、有线播出部、有线市场部。

3月　在沈阳电视台印发的《关于五大委员会成员任职的通知》(沈视党组发〔1995〕5号)中,聘任孔军同志为技术、事业管理委员会副主任(副总工程师)和编辑工作委员会委员;聘任陈秋雁同志为经营创收管理委员会委员。

3月　在沈阳电视台印发的《关于王雪峰等44名同志任免的通知》(沈视党组发〔1995〕6号)中,聘任孔军同志为沈阳有线电视台总监(正处级);潘新庆、白忠祥为有线总编室副主任;李向宽为有线工程部副主任;苏焕伟为有线维护部副主任;汪溪为有线技术部副主任;莫克为有线播出部副主任;姜复森为有线市场部副主任。

6月　沈阳有线电视台制定"临时用工办法"。

6月　沈阳电视台印发《关于将原有线台市场信息部改

为有线台广告部的通知》(沈视党组发〔1995〕11号)，将原有线台市场信息部改为有线台广告部。陈秋雁为有线广告部主任。

7月　沈阳电视台人事处印发《关于同意保卫处设置北院保卫科的意见》，对沈阳有线电视台实行安全保卫。

7月　沈阳电视台人事处印发《关于同意章继承同志任职的意见》，经主管台长审批，同意聘任章继承同志为沈阳电视台保卫处北院保卫科科长。

8月　经中共沈阳市委组织部考核，市委常委会讨论决定，孔军同志任沈阳电视台副台长，主持沈阳有线电视台日常工作。

10月　沈阳有线电视台新开发建设的北塔、塔湾、陵东、陵西四个片区有线电视网络竣工并交付使用。

11月　沈阳有线电视台安装自动播出系统并投入试运行。

11月　沈阳有线电视台制定一系列会计制度。包括"会计职责、借款审批、出纳职责、经费管理、物资统计、总账报表"等各种会计职责。

11月　沈阳有线电视台召开首届通联工作会议。沈阳电视台副台长白明路、孔军，沈阳有线电视台总编室副主任白忠祥、潘新庆等参加了会议。

12月　沈阳有线电视台邀请北京广播学院电视系叶凤英教授来台讲学。

12月　沈阳电视台印发《关于崔国庆同志任免的通知》〔沈视党组发(1995)14号〕，聘任崔国庆同志为有线台总监（正处级）。免去孔军同志沈阳有线电视台总监职务。

12月 在全国有线电视协作体第四届有线电视优秀新闻节目评比中：沈阳有线的《由劳模广告引发的思考》获新闻类的一等奖；《CATV空间》获栏目类二等奖；《温馨的家》获栏目类三等奖；《警惕，游医坐堂小医院》获专题类一等奖；《铁路，我们还你一个空间》获专题类二等奖；《葫芦上的七彩梦》获专题类二等奖；《养犬也应规范化》获专题类三等奖等节目；《茶》获专题类三等奖。

1996年

1月 沈阳有线首次制定内设机构《工作目标责任书》。沈阳有线电视台按照业务划分，制定了技术部、维护部、工程部、市场部等业务部门的《工作目标责任书》。

1月 沈阳有线电视台开办《影视频道》。

2月 沈阳有线电视台为庆祝沈阳有线电视开播二周年举行题为《情系万家》的文艺晚会。

4月 沈阳有线电视台与沈阳市科委联合开办《缤纷科技》栏目。

5月 沈阳有线召开第三次财务管理委员会会议。

5月 沈阳有线电视台向省物价局申报《关于调整收视费标准的请示》。建议将沈阳有线电视台收视费调整为每月12元。

8月 沈阳市工商行政管理局审查批准沈阳有线电视台广告经营许可证。

9 月 辽宁省物价局印发《关于沈阳市有线电视收视费标准的函》（辽价费字〔1996〕23 号），批准沈阳市有线电视收视费标准由原每月 8 元调整为每月 12 元。从 1997 年 1 月 1 日起执行。

10 月 沈阳有线电视台《图文频道》开播。

10 月 沈阳有线电视台筹办《新闻总汇》栏目。

10 月 东北有线电视网传播中心成立。由沈阳有线电视台组织筹备召开的，有哈尔滨有线电视台、长春有线电视台、吉林有线电视台、丹东有线电视台和锦州有线电视台参加的 "东北有线电视网传播中心成立会议"，在沈阳举行。

1997 年

3 月 经市物价局批准，从 1997 年 4 月 1 日起，沈阳有线电视台对有线电视用户发放用户磁卡，原 "有线电视用户证" 废止。

5 月 为落实沈阳市政府《关于城市建设工作会议纪要》（办综五字〔1997〕19 号）精神，配合政府工作，沈阳有线电视台确定自沈阳有线播控前端机房（皇姑区昆山东路 40 号）至沈阳电视台彩电中心（青年大街 296 号）约 7 公里的传输线路改造方案。

5 月 弋国良同志出任沈阳电视台台长兼沈阳有线电视台台长。

6 月 沈阳有线电视台屠志娟的《依法管水 依法节水》、郑丽萍的《人民卫士、罪犯克星》、郭健的《茶楼之上话"茶道"》等，分别获全国有线电视协作体优秀节目评比一等奖、二等奖、三等奖。

7月 沈阳有线电视台成功转播香港回归交接仪式。

8月 沈阳有线广播电视系统工程通过国家广播电影电视部科技司验收（许可证号：辽广发台设许字第004号）。

9月 在中国广播电视学会主办的节目评比中，沈阳有线电视台郑丽萍、刘珂、郭健等创作的《有线之旅》获社教类一等奖；郑丽萍、孟平江、刘庆祝等创作的《我来献血，就是尽一个公民的义务》获新闻类（消息）三等奖；屠志娟、王志良创作的《构筑生命的绿色通道——记中国医大一院》获新闻类三等奖。

11月 沈阳有线电视台节目频道职能调整。有线节目频道职能调整后分别为：有线1 影视频道；有线2 体育音乐频道；有线3 家庭生活频道。

11月 沈阳有线电视台业务部门职能调整。有线技术部：负责有线的设备管理和节目制作以及有线方面的技术设计、验收工作；有线播出部：负责三套有线节目的播出与自身设备的维护与管理；有线网络开发部：负责有线工程、维修、维护、收费和网络开发工作。

12月 沈阳有线电视台车辆集中统一管理。有线办公室车队为责任部门。

1998年

2月 沈阳有线电视台的建立得到国家广播电影电视部

批准。在国家广播电影电视部下发的《关于同意建立沈阳市有线广播电视台的批复》（广发社登有字［1998］107号）中，沈阳有线的台名为："沈阳市有线广播电视台"；许可证编号为：033061728；台标编号为：TB033061728。

4月　在沈阳电视台印发的《关于马永纯等同志聘（免）职务的通知》（沈视党组发［1998］4号）中，肖华同志任副总工程师（正处级），协管有线技术工作；汪溪任有线技术部主任；莫克任有线播出部主任；陈坚任有线播出部副主任；苏焕伟任有线网络开发部主任；李英杰任有线网络开发部副主任；张甫臣任有线网络开发部副主任；商国忠任有线管理处处长；陈秋雁任有线管理处副处长。

11月　沈阳有线电视台伊秀中同志荣获"1998年全国广播电视技术能手"称号。

12月　沈阳市财政局印发《关于表彰1997年市直预算财力征管工作先进单位的通报》（沈财发［1998］329号）。沈阳有线电视台获1997年沈阳市市直部门、单位预算外财力征管工作先进单位称号（一等奖）。

1999年

1月　沈阳有线电视台制定《关于沈阳有线电视台网络工程、设备购置、大件购物、房产维修招标管理的办法》。

1月　沈阳有线电视台调整部分卫视节目转播频道。由于无线寻呼及调频广播FM88.8的干扰，沈阳有线电视台对广东、山东、浙江电视转播频道设置进行调整。

3月 沈阳有线电视台计划建立"沈阳有线电视台咨询服务中心"。

3月 沈阳有线电视台表彰擒获犯罪动机人的值班人员。沈阳有线电视台值班人员张兴、王继生、杜春利等同志，擒获一名越墙入院的犯罪动机人，防止了可能发生的犯罪行为。

4月 在沈阳电视台印发的《关于张甫臣等同志职务聘任的通知》（沈视党组发〔1999〕2号）中，聘任张甫臣同志为有线网络开发部副主任，陈坚同志为有线播出部副主任。

5月 沈阳有线电视台向市计划委员会申报《沈阳有线电视网络改造立项报告》。

8月 沈河收费维护站喜迁新址。新址为南乐郊路20号。定于9月1日正式营业。

10月 沈阳有线电视台成立沈阳有线电视网络升级改造办公室。有线技术部主任汪溪以及有线网络开发部副主任张甫臣等人，负责"网改办"具体工作。

10月 沈阳有线电视台与沈阳卓立网络科技开发有限公司共同签署技术合作合同。开发沈阳有线用户综合管理系统和电话报故障系统。

2000年

1月 沈阳有线电视台呈报沈阳电视台党组《关于陈林涛等八位同志工作岗位及职责情况的汇报》。建议：陈林涛为有线技术部制作负责人，张岩为有线技术部器材负责人，孙金洲为有线技术部验收与设计负责人，张立国为有线技术部设备负责人，曲刚为有线网络开发部稽查负责人，曹宝库为有线网络开发部工程负责人，石知白为有线网络开发部微机室负责人，白建国为有线播出部变电所负责人。

2月　沈阳有线电视台接收执行《沈阳电视台人事监察办法》《沈阳电视台薪金管理暂行办法》。

3月　沈阳有线电视台接收执行《沈阳电视台职工聘用与解聘管理办法》（补充规定）。

4月　沈阳电视台召开沈阳有线电视网络升级改造工作会议。

5月　沈阳有线电视台职工享受沈阳电视台最后一次福利分房。

5月　沈阳有线电视台向市计划委员会申报《沈阳有线电视网络改造立项报告》。这次"网改"的目的：将原550兆赫兹单向传输网，改造成860兆赫兹双向传输功能具有A、B两个平台的综合业务网，以适应数据传输为主的增值业务。

7月　沈阳有线电视台召开有线电视联并网协商会。沈阳有线电视台在沈阳电视台三楼会议室召开有线电视联并网用户政策协商会，会议由台长弋国良主持。会议围绕三个问题进行协商：1. 沈阳有线电视台以往的联并网政策及相关规定；2. 现行联并网政策及规定存在哪些不合理的地方；3. 对新联并网政策及管理的建议。

7月　沈阳武警安保卫兵进驻沈阳有线电视台。沈阳武警支队三大队协助沈阳有线电视台做好安全保卫工作，警卫门岗正式到位。

8月 沈阳市沈阳有线电视网络升级改造领导小组成立。市编委下发《关于成立沈阳有线电视网络升级改造领导小组的通知》〔沈编发（2000）35号〕，领导小组主要成员有，组长由副市长吕亿环担任，副组长由市政府副秘书长马占春和沈阳电视台台长弋国良担任，沈阳电视台副台长孔军为成员之一。领导小组办公室设在沈阳电视台，主任由孔军同志兼任。

8月 沈阳有线电视台接收执行《沈阳电视台协议人员管理办法》《沈阳电视台临时劳务人员管理办法》和《沈阳电视台签约人员管理办法》。

8月 停止对沈阳铁路有线电视站传送中央电视台加密电视节目。鉴于沈阳铁路有线电视站擅自在沈阳电视网络覆盖的范围内扩网和发展用户，沈阳有线电视台停止对沈阳铁路有线电视站传送中央电视台加密电视节目。

10月 沈阳有线电视台荣获辽宁省"档案管理一级单位"。

11月 沈阳有线电视台终止自办节目。国家广播电影电视总局印发《关于同意沈阳市电视台与沈阳市有线广播电视台合并、调整节目频道设置的批复》（广发社字〔2000〕869号）。同意沈阳电视台和沈阳市有线广播电视台合并，合并后的台名为沈阳电视台，台标编号变更为TB53062111原沈阳市有线广播电视台台标及编号废止。沈阳有线电视台成立以来自办节目的历史宣告结束。

2001 年

2 月　沈阳有线 860 M 双向光纤传输网络改造启动。

2 月　沈阳电视台对有线台现有机构进行调整：原有线技术部、有线网络开发部、有线播出部和有线管理处撤销，设立网络运营部、网络技术开发部、网络工程部和网络管理部。原有线播出部播出职能划归沈阳电视台播出部，有线变电所划归网络管理部。

2 月　沈阳电视台对有线台中层干部进行调整：聘任何宏刚同志为电视台人事处处长兼网络运营部主任、汪溪同志为网络技术开发部主任、苏焕伟同志为网络工程部主任、商国忠同志任网络管理部主任，李英杰同志为网络运营部副主任、张甫臣同志为网络工程部副主任。

3 月　沈阳电视台同意沈阳有线实施企业化运作。在沈阳电视台印发《关于沈阳有线电视台整体改为有限责任公司请示的批复》（沈视发 ［2001］ 8 号）中，同意沈阳有线电视台的意见，将沈阳有线改为有限责任公司，实施企业化运作。

5 月　沈阳市副市长吕亿环召开市长办公会议。专题研究加快沈阳有线电视网络升级改造事宜。

5 月　沈阳有线电视台根据《关于为盲人、聋人安装和使用有线电视实行减免费用的通知》（辽残联 ［2001］ 31 号）精神，制定"关于盲人、聋人安装和使用有线电视实行减免费用"的政策。

5 月　沈阳电视台向沈阳市政府并吕亿环副市长上报了

《关于购买沈阳有线广播电视网管中心和分前端机房建筑设施的请示》。

9月 沈阳电视台按照《市长办公会议纪要》（办文教字〔2000〕104号）文件要求，报送市计委《关于购置装修沈阳有线电视网管大厦的请示》。

11月 沈阳电视台向沈阳市人防办提交《关于沈阳电视台网管中心人防工程使用情况的请示》。

12月 沈阳有线电视台召开警示大会。沈阳有线电视台大东区收费站发现一个隐蔽作案贪污规费款项的收费员，检察机关侦破该人几年来共贪污58万元。

2002 年

1月 沈阳有线电视台收费管理改革。各区收费站开始采用新的统计方式，设立工作量明晰到个人的"收费金额、收视费收缴率、与去年同期比收视费收缴增长率、新增用户数、业务工作量、服务质量"等多项考核指标，并首设财务监管环节。

4月 沈阳有线电视台研究网络公司违规扩网问题。沈阳有线电视台召开专题会议，研究企事业单位网络公司违规擅自向市内行政区域扩网，侵蚀沈阳有线网络的问题，并做出应对方案。

6月 沈阳有线电视台根据国家广播电影电视总局《关于严防破坏和干扰卫星广播电视系统播出安全的紧急通知》精神，采取防范"法轮功"措施。

7月　辽宁省广播电视局印发《关于沈阳市有线电视网络建立监控系统和投诉中心系统实施方案的批复》（辽广发科字〔2002〕83号）。沈阳有线电视台着手建立有线电视网络监控系统和投诉中心系统。

8月　沈阳市常务副市长李佳主持召开市长办公会议，研究有线电视监控网建设问题。

9月　沈阳市公安局、沈阳电视台联合发布《关于集中打击破坏、盗接有线电视设施诈骗违法犯罪和清理拖欠收视费的通告》。

10月　沈阳有线电视台依据辽宁教育电视台《关于开播下午节目时段节目的函》，调整辽宁教育电视台节目播出时段。

11月　沈阳有线电视台顺利完成转播党的第十六届中央政治局常委与中外记者见面会实况。

11月　沈阳电视台议定设立沈阳广播电视网络信息有限责任公司。沈阳电视台根据《国务院办公厅转发信息产业部、国家广播电影电视总局关于加强广播电视有线网络建设管理意见的通知》（国办发〔1999〕82号）和《中共中央办公厅国务院办公厅转发〈中央宣传部、国家广电总局、新闻出版总署关于深化新闻出版广播影视改革的若干意见〉的通知》（中办发〔2001〕17号）精神和国家广播电影电视总局的要求，议定改沈阳有线电视台为沈阳广播电视网络信息有限责任公司。公司下属部门比照沈阳电视台内设部门级别管理。

11月　沈阳市副市长邢凯批准《沈阳有线电视台电力电

缆入地工程的请示》。

12月　沈阳有线历史上第一个综合业务收费信息管理系统开始研发设计。

2003年

1月　沈阳有线开始开发有线宽带。

1月　在沈阳电视台印发的《关于田华凯等同志聘任职务的通知》（沈视党组发〔2003〕1号）中，张岩任网络技术开发部副主任，张晓钧任网络管理部副主任。

2月　银行开办沈阳有线收费业务。沈阳有线历史上第一个银行代收费项目，沈阳市商业银行有线电视代收费系统启动，开始正式办理沈阳有线收视费代收费业务。

4月　沈阳有线评为A级纳税企业。在沈阳市地方税务局皇姑分局印发《关于表彰A级、现金纳税企业的通报》（沈地税皇〔2003〕4号）中，沈阳有线电视台被评为沈阳市地方税务局2003—2004年度A级纳税企业。

4月　沈阳有线为"非典"防治地特供有线电视信号。沈阳有线电视台在预防"非典"工作中，特为沈阳虹桥医院专供有线电视信号，让院内人员及时了解全国"非典"情况，得到沈阳市非典型肺炎防治工作领导小组的充分肯定和表扬。

4月　沈阳有线网管中心启用。沈阳有线电视台核心办公区，于4月30日下午由皇姑区昆山东路40号迁入沈河区小西路71号沈阳有线网管中心大厦。告别了自沈阳有线成立以来在沈阳电视台旧址办公的历史。

5月　沈阳为有线电视数字化转换试点城市。在国家广播电影电视总局（广发技字［2003］469号）文件中，沈阳市被确定为全国有线电视数字化整体转换试点城市。

6月　沈阳有线与沈阳水泵厂有线电视网络整合协议签署。唱响沈阳有线网络整合第一曲。

6月　沈阳有线石水有线电视管理站成立。管理站站长史德新。

7月　以沈阳有线为主体的全市有线电视网络整合工作全面启动。

9月　沈阳有线电视信号全面覆盖整个沈阳地区。

10月　沈阳有线陆续推出数字电视和宽带上网业务。

2004年

2月　沈阳有线电视台进行资产评估。经评估：沈阳有线电视台账面资产总额62767.71万元，净资产41396.54万元，评估后资产总额106033.35万元，净资产81841.38万元。

3月　白明路同志出任沈阳电视台台长兼沈阳有线电视台台长。

5月　沈阳有线黎明地区有线电视管理处成立。管理处主任裘远真。

6月　"沈阳模式"享誉全国。沈阳有线电视台召开第一次卫视节目落地会议，推出享誉全国的卫视节目落地方案——"沈阳模式"，使沈阳有线网络价值飞跃式增长。

7月 沈阳电视台发布《组建沈阳传媒网络有限公司的实施办法》。

8月 在沈阳市委宣传部印发的《关于白明路等同志任职的通知》[沈宣（2004）39号]中，白明路同志任沈阳传媒网络有限公司董事长（兼）。

8月 沈阳传媒网络有限公司完成工商注册。

8月 在沈阳有线网管中心举行的"沈阳市四大文化产业集团公司揭牌仪式"上，中共沈阳市委副书记刘迎初为沈阳传媒网络有限公司揭牌。

8月 沈阳市委宣传部印发《关于孔军同志任职的批复》[沈宣发（2004）45号]，同意孔军同志任沈阳传媒网络有限公司总经理。

11月 沈阳传媒网络有限公司印发《关于建立公司内设机构的通知》[沈传网发（2004）1号]。经董事会研究决定，沈阳传媒网络有限公司内设机构为：市场运营公司、技术开发公司、工程服务公司、办公室。

11月 在沈阳电视台印发的《关于调整台内机构的通知》[沈视党组发（2004）4号]中，撤销网络运营部、网络技术开发部、网络工程部和网络管理部。

11月 沈阳传媒网络有限公司印发《关于何宏刚等同志任职的通知》[沈传网发（2004）2号]，经沈阳电视台党组推荐，董事会研究决定：何宏刚同志任沈阳传媒网络有限公司市场运营公司经理；李英杰同志任沈阳传媒网络有限公司市场运营公司副经理；汪溪同志任沈阳传媒网络有限公司技术开发公司经理；陈坚同志任沈阳传媒网络有限公司技术开发公司副经理；张岩同志任沈阳传媒网络有限公司技术开发公司副经理；苏焕伟同志任沈阳传媒网络有限公司工程服务公司经理；王湘农同志任沈阳传媒网络有限公司工程服务公司副经理；张晓钧同志任沈阳传媒网络有限公司办公室副主任。

11月　在沈阳电视台人事处印发的《关于商国忠等同志职务变动情况的说明》中，王湘农同志为沈阳传媒网络有限公司网络工程服务公司副经理；张晓钧同志为沈阳传媒网络有限公司总经理办公室副主任（主持工作），自2004年12月1日起执行。

11月　沈阳有线沈飞地区有线电视管理处成立。管理处主任夏永兴。

12月　沈阳有线完成苏家屯区有线电视网络整合。沈阳传媒网络有限公司印发《关于成立苏家屯区传媒网络有限责任公司的通知》［沈传网发（2004）3号］。董事会研究决定，成立沈阳市苏家屯区传媒网络有限责任公司。

12月　沈阳传媒网络有限公司印发《关于乔恩福等同志任职的通知》［沈传网发（2004）4号］。董事会研究决定，乔恩福同志任苏家屯区传媒网络有限责任公司经理；邱学武、董国祥同志任苏家屯区传媒网络有限责任公司副经理。

2005年

1月　何宏刚同志代表沈阳传媒网络有限公司，在沈阳电视台2004年度年终总结大会上发言。

2月 沈阳传媒网络有限公司印发《关于何宏刚等同志任职的通知》[沈传网发（2005）1号]。经市委宣传部推荐，董事会研究决定，何宏刚同志任沈阳传媒网络有限公司常务总经理；汪溪同志任沈阳传媒网络有限公司副总经理兼总工程师；苏焕伟同志任沈阳传媒网络有限公司副总经理。

3月 沈阳传媒网络有限公司印发《关于成立客服中心的通知》[沈传网发（2005）2号]。经董事会研究决定，成立沈阳传媒网络有限公司客服中心。

3月 沈阳传媒网络有限公司印发《关于李英杰等同志任职的通知》[沈传网发（2005）3号]。董事会研究决定，李英杰同志任沈阳传媒网络有限公司客服中心主任；裴远真同志任沈阳传媒网络有限公司市场运营公司副经理。

3月 沈阳传媒网络有限公司办公室印发《关于建立公司内设机构组成部门的通知》[沈传网办发（2005）1号]。公司内设机构下设28个三级管理部门。

3月 沈阳传媒网络有限公司印发《关于于启洋同志任职的通知》[沈传网发（2005）4号]，经沈阳电视台党组推荐，董事会研究决定，于启洋同志任沈阳传媒网络有限公司办公室副主任。

3月 沈阳传媒网络有限公司办公室印发《关于王东明等同志任职的通知》[沈传网办发（2005）2号]。聘任王东明等31人为公司三级管理部门负责人。

4月 沈阳有线对原有线电视台北院（皇姑区昆山东路40号）实行物业管理。原岗位人员划归大阳物业公司，由物业公司聘用上岗。

6月 沈阳传媒网络有限公司办公室印发《关于李英杰等同志薪酬待遇的通知》[沈传网办发（2005）3号]。董事会研究决定，李英杰、史德新、裴远真、夏永兴等同志任职期间薪酬参照沈阳电视台正处级实职待遇。

7月 沈阳传媒网络有限公司印发《关于苏家屯区传媒网络有限责任公司资产划拨问题的批复》[沈传网（2005）1号]。原苏家屯区广播电视管理中心划归沈阳传媒网络有限公司的资产，划拨至新组建的沈阳市苏家屯区传媒网络有限责任公司，并授权区公司统一按照市公司资产管理的有关规定进行管理和运营。

7月 在沈阳电视台印发的《关于台领导工作分工的通知》中，明确孔军同志负责沈阳传媒网络有限公司工作，分管网络市场运营分公司、网络技术开发分公司、网络工程分公司、总经理办公室。

9月 沈阳传媒网络有限公司标志正式启用。

9月 沈阳有线客服专线96195设立。辽宁省通信管理局《关于为沈阳有线电视台核配客户服务热线专用电话号码96195的批复》[辽通信管（2005）151号]，批准沈阳有线设立开通96195客户服务专线电话。

9月 沈阳电视台终止与国安公司合作。沈阳电视台与北京国安电气公司合作建设沈阳有线电视事宜，被国家广电总局认定为"合作建台"性质，与国家法律法规相悖。沈阳电视台副台长、沈阳传媒网络有限公司总经理孔军同志代表沈阳电视台，在终止执行沈阳电视台与北京国安电气公司签署的《合作建设沈阳有线电视合同》书上签字。至此，沈阳电视台与中信国安公司经过11年的合作投资办台项目宣告终止。

9月 沈阳有线员工参加沈阳电视台首届职工运动会。

11月 沈阳传媒网络有限公司印发《关于沈阳传媒网络有限公司调整有线电视频道资源的报告》[沈传网发（2005）5号]。拟于2005年12月1日起，沈阳有线电视网络除保留辽宁电视台一套卫视频道、一套公共频道的电视节目继续传送外，辽宁电视台的其他电视节目调整到数字频道播出。

11月 沈阳传媒网络有限公司办公室印发《关于起用新版沈阳有线电视用户卡的通知》。

12月 沈阳有线成立"广通网络有限责任公司"。主营宽带接入业务。

2006年

1月 沈阳传媒网络有限公司完成2005年度工作总结。

5月 市长办公会议部署有线电视数字化整体转换工作。沈阳市政府召开市长办公会议，会议由市长李英杰主持，研究部署有线电视数字化整体转换工作。组建由赵长义常务副市长任组长，王玲副市长任副组长，相关部门参加的领导小组，加快推进有线电视数字化试点工作。

6月 沈阳有线加快推进有线电视数字化试点工作。沈阳传媒网络有限公司召开经理办公会议，就沈阳传媒网络有限公司落实市长办公会议关于"加快推进有线电视数字化试点工作"的精神，做出具体安排。会议由总经理孔军同志主持，各分公司领导参加了会议。

7月　沈阳有线部署有线电视数字化整体转换工作。沈阳传媒网络有限公司召开"部署有线电视数字化整体转换工作"会议。会议由总经理孔军同志主持，专题研究沈阳有线具体推进沈阳市有线电视数字化整体转换的各项工作。常务副总经理何宏刚、副总经理、总工程师汪溪、副总经理苏焕伟及公司相关部门负责同志参加了会议。

7月　沈阳传媒网络有限公司成立有线电视数字化整体转换工程指挥部。总指挥：孔军，副总指挥：何宏刚、汪溪、苏焕伟，秘书长：裴远真。设立八个工作组，分别是：综合协调组、技术规划组、资金运作组、市场推广组、传输保障组、工程协作组、咨询服务组、宣传策划组。工程指挥部办公设在网管中心14楼。

10月　沈阳有线苏家屯区传媒网络有限责任公司大楼剪彩启用。沈阳传媒网络有限公司常务副总经理何宏刚代表沈阳有线在剪彩仪式上讲话。辽宁省通信管理局、沈阳市广电局和苏家屯区委区政府等领导参加仪式。

11月　沈阳传媒网络有限公司向市物价局提交《关于确定沈阳有线数字电视收视维护费标准的申请》（沈传网［2006］1号）。

11月　沈阳电视台向市政府呈报《关于建议加快推进我市有线电视数字化整体转换工作的请示》（沈视［2006］30号）。

12月　沈阳有线数字电视整体转换完成首批试点工作。

在鑫丰家园和新佳源两个小区完成试点工作，成功实施整体转换1000多户。

2007年

2月 沈阳传媒网络有限公司召开2006年度公司年会，孔军总经理在会上做《工作报告》。

3月 在沈阳市广播电视局印发的《关于对市广播电视局建设的广播电视监测网给予支持的通知》〔沈广电发（2007）9号〕中，提出通过市传媒网络公司的光缆线路，将东陵区、于洪区、苏家屯区和沈北新区的广播电视信号回传到沈阳广播电视监测网。请市传媒网络公司给予支持。

4月 沈阳市召开"沈阳有线数字电视收视维护费价格听证会"。沈阳传媒网络有限公司常务副总经理何宏刚对听证代表提出的问题一一做了解释，并回答了与会媒体记者的关切。会议成功通过沈阳传媒网络有限公司提交的"定价方案"。

5月 市长李英杰主持召开2007年市政府第5次常务会议，研究我市有线数字电视收视维护费标准所及涉及问题等事项。

6月 李英杰市长批示沈阳启动有线电视数字化整体转换工作。沈阳电视台向市政府呈报的《关于启动沈阳市有线电视数字化整体转换工作的请示》（沈视〔2007〕14号），李英杰市长做了批示。

7月 沈阳传媒网络有限公司召开2007年第一次董事

会。会议由白明路董事长主持，会议主要研究三项议题：一是在沈阳浑南新区重新注册成立沈阳广通科技有限责任公司；二是关于调整省电视台公共频道的问题；三是公司高层管理者的奖金和医疗待遇问题。

7月　沈阳市有线电视数字化整体转换推进工作领导小组成立。沈阳市编委印发《关于成立沈阳市有线电视数字化整体转换推进工作领导小组的通知》〔沈编发（2007）72号〕。沈阳市有线电视数字化整体转换推进工作领导小组，组长：赵长义（市委常委、市政府常务副市长）；副组长：马占春（市委常委、宣传部部长）、王玲（市政府副市长）；成员：各区、县（市）政府和市政府各相关部门领导。领导小组下设办公室，办公室设在沈阳电视台网管中心。办公室负责日常工作。办公室主任由白明路同志兼任，副主任由孔军同志兼任。

8月　市政府办公厅印发《关于开展沈阳有线电视数字化整体转换工作的通知》〔沈政办发（2007）36号〕。

12月　沈阳有线数字电视整体转换工作全面开始。当月实现整体转换10.5万户。

2008年

1月　沈阳市物价局《转发辽宁省物价局关于沈阳市有线数字电视基本收视维护费标准的批复的通知》〔沈价发（2008）1号〕。经省物价局批准，自2008年1月1日起，沈阳有线数字电视收视维护费：主机按24元、副机按12元等标准收取。

2月 沈阳传媒网络有限公司召开2007年度公司年会，孔军总经理在会上做了《工作报告》。

4月 沈阳传媒网络有限公司召开了由市委、市政府主要领导和各大新闻媒体参加的"沈阳市有线电视数字化整体转换全面启动新闻发布会"。

4月 市物价局印发《关于有线数字电视居民用户第二以上终端机顶盒销售价格的批复》。

5月 沈阳传媒网络有限公司印发《关于张晓钧同志任职的通知》[沈传网发（2008）8号]，经董事会研究决定：张晓钧任沈阳传媒网络有限公司副总经理。

5月 沈阳传媒网络有限公司印发《关于何宏刚等同志任职的通知》[沈传网发（2008）9号]。经沈阳电视台党组推荐，董事会研究决定：何宏刚任沈阳传媒网络有限公司市场运营公司经理（兼）；李英杰任沈阳传媒网络有限公司市场运营公司副经理；裴远真任沈阳传媒网络有限公司市场运营公司副经理；汪溪任沈阳传媒网络有限公司技术开发公司经理（兼）；张岩任沈阳传媒网络有限公司副总工程师、技术开发公司副经理；陈坚任沈阳传媒网络有限公司副总工程师、技术开发公司副经理；苏焕伟任沈阳传媒网络有限公司工程服务公司经理（兼）；王湘农任沈阳传媒网络有限公司工程服务公司副经理；张晓钧任沈阳传媒网络有限公司办公室主任（兼）；于启洋任沈阳传媒网络有限公司办公室副主任。

9月 沈阳传媒网络有限公司办公室印发《关于王东明

等同志聘（免）职务的通知》〔沈传网办发（2008）1 号〕。聘任王东明等 34 人为公司三级管理部门负责人。

10月　沈阳传媒网络有限公司办公室印发《关于何冬梅等同志聘任职务的通知》。聘任何冬梅等 6 人为公司三级管理部门负责人。

2009 年

1月　沈阳传媒网络有限公司召开 2008 年度公司年会，孔军总经理在会上做了《工作报告》。

4月　沈阳传媒网络有限公司聘请辽宁同方律师事务所，为沈阳传媒网络有限公司法律顾问。

5月　沈阳有线注册成立东陵区传媒网络有限责任公司。

6月　省广电局办公室印发《关于同意沈阳传媒网络有限公司实验开办图文信息节目的批复》。同意沈阳传媒网络有限公司实验开办一套图文信息节目，在本地有线电视中传送，节目标志为"沈阳图文信息"。

6月　沈阳传媒网络有限公司承担建设的农村文化信息资源共享工程系统，在 "全国文化信息资源共享工程进村入户工作沈阳现场会"上成功演示，受到国家及省有关领导高度评价。

7月　沈阳有线注册成立沈北新区传媒网络有限责任公司。

8月　沈阳传媒网络有限公司印发《关于刘守德同志聘任职务的通知》，决定聘任刘守德为沈阳市东陵区传媒网络有限责任公司经理。

8月 沈阳传媒网络有限公司印发《关于调整公司内设机构的通知》，经公司总经理常务会议研究，报公司董事会批准，决定对公司内设机构进行调整：撤销技术开发公司、工程服务公司和客服中心；新设立技术开发中心、传输播控中心、客户服务公司和工程管理公司。

8月 沈阳传媒网络有限公司印发《关于裴远真等同志聘（免）职务的通知》。决定聘任：裴远真为沈阳传媒网络有限公司市场运营公司经理；王东明为沈阳传媒网络有限公司市场运营公司副经理；张岩为沈阳传媒网络有限公司技术开发中心主任；华岩为沈阳传媒网络有限公司技术开发中心副主任；陈坚为沈阳传媒网络有限公司传输播控中心主任；李成雨为沈阳传媒网络有限公司传输播控中心副主任；王湘农为沈阳传媒网络有限公司客户服务公司经理；李英杰为沈阳传媒网络有限公司客户服务公司副经理；伊秀中为沈阳传媒网络有限公司客户服务公司副经理；苏焕伟为沈阳传媒网络有限公司工程管理公司经理（兼）；张广辉为沈阳传媒网络有限公司工程管理公司副经理；王梅为沈阳传媒网络有限公司副总会计师。

9月 沈阳传媒网络有限公司《沈阳图文信息》节目试播。

11月 沈阳传媒网络有限公司董事会就沈阳市苏家屯区传媒网络有限责任公司股权转让事宜形成决议。

12月 沈阳传媒网络有限公司资产评估：账面资产总额145332.63万元，净资产90115.00万元，评估后资产总额 201091.36 万元，净资产 145873.73 万元。

12 月　沈阳有线电视数字化整体转换工作收尾。

2010 年

1 月　沈阳传媒网络有限公司召开 2009 年度公司年会，孔军总经理在会上做了《工作报告》。

1 月　沈阳传媒网络有限公司印发《关于于启洋同志聘任职务的通知》[沈传网发（2010）2 号]，决定聘任于启洋同志为沈阳传媒网络有限公司绩效考核办公室主任。

2 月　沈阳传媒网络有限公司印发《关于孙祥维等同志聘任职务的通知》[沈传网发（2010）3 号]。经公司总经理常务会议研究，报公司董事会批准，决定聘任：孙祥维同志为沈阳市沈北新区传媒网络有限公司经理；周晓庆同志为沈北新区传媒网络有限责任公司副经理。

6 月　沈阳传媒网络有限公司印发《关于李先富同志聘任职务的通知》[沈传网发（2010）4 号]。决定聘任：李先富为沈阳市东陵区传媒网络有限责任公司副经理。

7 月　沈阳有线提出"沈阳经济区传媒网络股份制公司"的设想。沈阳传媒网络有限公司常务副总经理何宏刚在市委宣传部"关于沈阳经济区建设中如何发挥沈阳文化产业作用"座谈会上发言，代表沈阳传媒网络有限公司提出建立"沈阳经济区传媒网络股份制公司"设想。

11 月　沈阳传媒网络有限公司纪冰峰同志荣获"全国有线电视技术能手"称号。

12月　沈阳市物价局印发《关于有线数字电视居民用户第二以上终端机顶盒定价办法的通知》[沈价审批（2010）138号]。

2011年

1月　沈阳传媒网络有限公司召开2010年度公司年会，孔军总经理在会上做了《工作报告》。

2月　根据沈阳市环境建设推进组软环境建设办公室《关于成立软环境建设办公室的通知》[沈软小发（2011）1号]要求，沈阳有线印发《关于成立软环境建设办公室的通知》[沈传网发（2011）3号]。

4月　沈阳有线向辽宁广播电视台申请，要求提供IP输出的数字电视信号，直接送入我公司新改造的IP数字电视信号系统为主的前端机房。

4月　沈阳传媒网络有限公司苏焕伟同志荣获"沈阳市五一劳动奖章"。

5月　沈阳有线完成于洪区有线电视网络整合。标志着沈阳九区有线电视网络实现城乡一体化。

6月　沈阳传媒网络有限公司印发《关于董国祥等同志聘任职务的通知》[沈传网发（2011）4号]，决定聘任：董国祥为苏家屯区传媒网络有限责任公司经理；张剑为苏家屯区传媒网络有限责任公司副经理。

6月　沈阳传媒网络有限公司印发《关于确定苏家屯区传媒网络有限责任公司内设部门的通知》[沈传网发

（2011）5号〕，经总经理常务会议研究，报公司董事会批准，确定苏家屯区传媒网络有限责任公司内设部门为办公室、计划财务部、宽带技术部、网络业务部、运营开发部。

10月　沈阳传媒网络有限公司向省政府机关事务管理局发送《关于对省政府机关区域有线电视网络实行数字化整体转换的函》。

11月　沈阳传媒网络有限公司华岩同志荣获"辽宁省职业道德建设标兵"称号。

12月　沈阳传媒网络有限公司召开2011年度公司年会，孔军总经理在会上做了《工作报告》。

2012年

1月　沈阳有线新建客服呼叫中心投入使用。沈阳传媒网络有限公司在皇姑区北陵办公区三楼专设区域500平方米，新建的具有95个座席（其中85个呼叫席位和10个技术席位），系统先进的客服呼叫中心正式投入使用。

2月　在沈阳传媒网络有限公司的《公司领导班子会议纪要》中，决定试聘：张立国同志为苏家屯区传媒网络有限责任公司副经理兼财务总监；刘海同志为沈北新区传媒网络有限责任公司副经理兼财务总监；何冬梅同志为东陵区传媒网络有限责任公司财务总监。

4月　沈阳传媒网络有限公司印发《关于张广辉同志职务聘免的通知》〔沈传网发（2012）3号〕。决定聘任：张广辉同志为沈阳市于洪区传媒网络有限责任公司常务副经理。

以上职务聘任，自2011年12月15日起始。

4月 沈阳传媒网络有限公司印发《关于张立国等同志职务聘任的通知》[沈传网发（2012）4号]。决定聘任：张立国同志为沈阳市苏家屯区传媒网络有限责任公司副经理兼财务总监；刘海同志为沈阳市沈北新区传媒网络有限责任公司副经理兼财务总监；何冬梅同志为沈阳市东陵区传媒网络有限责任公司财务总监。

4月 沈阳传媒网络有限公司印发《关于可成杰同志职务聘任的通知》[沈传网发（2012）5号]。决定聘任：可成杰同志为沈北新区传媒网络有限责任公司副经理。

4月 沈阳传媒网络有限公司办公室印发《关于倪红等同志职务聘免的通知》[沈传网办发（2012）1号]。聘任倪红等49人为公司三级管理部门负责人。

4月 沈阳传媒网络有限公司印发《关于确定客服分公司经理岗位职级的通知》[沈传网发（2012）6号]。经公司总经理常务会议研究，报公司董事会批准，确定客服分公司经理岗位职级为沈阳传媒网络有限公司二级机构副职级。

6月 沈阳传媒网络有限公司常务副总经理何宏刚同志，受市委宣传部和公司出资人沈阳广播电视台以及公司董事会的委托，代行沈阳有线总经理职权。

6月 沈阳传媒网络有限公司代理总经理在公司干部大会上的发表讲话。

6月 沈阳传媒网络有限公司印发《关于张剑同志聘任职务的通知》[沈传网发（2012）9号]，决定聘任：张剑同志为苏家屯传媒网络有限责任公司副经理。

7月　时任沈阳广播电视台台长张东毅出任沈阳有线董事长。

9月　经市委宣传部考核推荐，公司董事会研究决定，何宏刚同志为沈阳有线总经理。

10月　沈阳有线总经理何宏刚在布置公司四季度工作干部大会上发表讲话。

12月　沈阳有线开展关于公司发展规划的调查研究。沈阳有线自10月10日至12月8日，用历时两个月的时间，开展"关于公司发展规划"的调查研究，共搜集了424条意见或建议。经过梳理，催生了沈阳有线新的工作思路。

12月　沈阳传媒网络有限公司印发《关于冯志勇同志职务聘任的通知》［沈传网发（2012）2号］。决定聘任：冯志勇同志为传输播控中心副主任兼播控部经理。

12月　沈阳有线何宏刚总经理在2012年公司总结干部大会上讲话，强调调整配齐公司经营班子；调整公司组织结构，减少层级，向扁平化管理过渡；搞好皇姑区分公司模拟相对独立核算的试点工作。

12月　据统计2012年沈阳有线员工收入与上年同比增长21.6%。

2013年

1月　沈阳有线召开2012年度公司年会。何宏刚总经理在会上做了题为《面对挑战　迎难而上　为开创沈阳广电网络发展新局面而奋斗》的工作报告。

1月　在沈阳有线2012年度公司年会上，授予纪冰峰、汤明浩、康倩、王海成、阎伟、程亮和于佳等7名同志"劳动标兵"荣誉称号。

1月　沈阳有线电视维护时间，由原来国家广电部规定的24小时，提速为响应时间1小时，到户服务时间3小时以内。

1月　沈阳有线在2013年度工作安排中确定，编写《沈阳有线志》。

1月　沈阳传媒网络有限公司印发《关于裴远真等同志任职的通知》（沈传网发〔2013〕5号）。经总经理常务会议研究决定：裴远真、王湘农同志为沈阳有线总经理助理。

1月　沈阳传媒网络有限公司印发《关于陈坚等同志任免职务的通知》（沈传网发〔2013〕6号）。经总经理常务会议研究决定：陈坚同志为沈阳有线总工程师；李成雨同志为副总工程师。

1月　沈阳有线推行区级客服公司"经济模拟相对独立核算"工作动员大会在试点单位皇姑区客服公司召开。

1月　沈阳传媒网络有限公司总经理办公室印发《关于杨宇等同志任职的通知》（沈传网办发〔2013〕4号）。聘任杨宇等37人为主任助理及营业厅经理。

1月　沈阳传媒网络有限公司印发《关于于启洋等同志任职的通知》（沈传网发〔2013〕7号）。决定聘任：于启洋同志为总经理办公室主任兼法务审计与经营管理部主任和行政管理部主任；倪虹同志为市场开发部副主任（主持工作）；华岩同志为资讯管理部主任；王东明同志为网络发展部主任；伊秀中同志为事业规划与信息化管理部主任；冯志勇同志为传输与播控部副主任（主持工作）；张广辉同志为设备与器材部主任；刘芳同志为服务质量监督部副主任（主持工作）；邢大勇同志为客户服务部副主任（主持工作）；杨轩同志为人力资源与运营管理部副主任（主持工作）；王梅同志兼计划财务部主任；刘家彬同志为安全保卫部副主任（主持工作）；刘世颖同志为和平客服公司经理；赵新民同志为沈河客服公司经理；孙金洲同志为铁西客服公司经理；曲刚同志为皇姑客服公司经理；王克岩同志为大东客服公司经理；刘守德同志为东陵客服公司经理；李先富同志为东陵客服公司副经理；何冬梅同志为东陵客服公司副经理兼财务总监；张士忱同志为于洪客服公司经理；李秉仁同志为于洪客服公司副经理；田研同志为于洪客服公司财务总监；董国祥同志为苏家屯客服公司经理；张剑同志为苏家屯客服公司副经理；张立国同志为苏家屯客服公司副经理兼财务总监；孙祥维同志为沈北客服公司经理；刘海同志为沈北客服公司副经理兼财务总监；可成杰同志为沈北客服公司副经理。

1月　沈阳有线举行主任助理竞聘大会。经总经理常务会议研究决定，对部分部门主任助理设置空缺岗位，在全公司进行公开竞聘，评议委员会评议，总经理常务会议择优聘用。

2月　沈阳传媒网络有限公司总经理办公室印发《关于魏新等同志任职的通知》（沈传网办发〔2013〕5号）。聘任魏新等5人为主任助理。

2月　沈阳传媒网络有限公司总经理办公室印发《关于

设立客服公司营业厅的通知》（沈传网办发〔2013〕3号）。

2月　沈阳传媒网络有限公司印发《关于建立公司内设机构的通知》〔沈传网发（2013）3号〕。经总经理常务会议决定，公司内设机构为：总经理办公室（简称"总经办"）；市场开发部（简称"市场部"）；资讯管理部（简称"资讯部"）；网络发展部（简称"网络部"）；事业规划与信息化管理部（简称"事业部"）；传输与播控部（简称"传播部"）；设备与器材部（简称"设备部"）；客户服务部（简称"客服部"）；服务质量监督部（简称"质监部"）；法务审计与经营管理部（简称"经管部"）；人力资源与运营管理部（简称"人资部"）；计划财务部（简称"计财部"）；行政管理部（简称"行政部"）；安全保卫部（简称"保卫部"）；和平客服公司；沈河客服公司；铁西客服公司；皇姑客服公司；大东客服公司；东陵客服公司；于洪客服公司；苏家屯客服公司；沈北客服公司。

3月　沈阳有线依据《2012年度目标管理责任状》，印发东陵区、于洪区、苏家屯区和沈北新区等四区公司《2012年度目标管理考核意见》。

4月　沈阳传媒网络有限公司总经理办公室印发《关于马明涛等同志任免的通知》〔沈传网办发（2013）18号〕。聘任马明涛等3人为东陵区公司营业厅经理等职务。

5月　沈阳有线《服务质量报》问世。沈阳有线改版升级《客服周报》，扩大创新内容，重新命名为《服务质量报》。

5月　沈阳有线建立行风社会监督员制度。沈阳有线印发《行风监督员工作制度（试行）》的通知，沈阳有线建立行风社会监督员制度。从沈阳市各界人士中聘请33位行风监督员。

5月　沈阳有线印发《关于调整各区子公司财务工作安排的通知》。自2013年6月1日起，各区子公司财务工作由沈阳有线计财部直管，统一核算；各区子公司会计人员由人资部统一管理。

6月　沈阳有线制定《培训暂行管理规定》。明确人力资源与运营管理部为公司培训工作的组织机构和第一责任机构。

6月　沈阳有线印发《关于东陵、于洪、苏家屯和沈北等区公司印章管理及使用暂行规定》的通知。通知要求：各区公司行政印章、法人代表印章由沈阳有线总经理办公室负责管理；财务专用章由计财部负责管理；合同专用章由经管部负责管理。

6月　沈阳有线印发《督办工作管理暂行办法》的通知。开展督办工作的职能部门为公司总经理办公室。

7月　沈阳有线印发《绩效管理暂行规定》的通知。公司绩效管理责任机构及各责任机构职责为：（一）绩效管理委员会为绩效管理工作的决策机构；（二）人资部（人力资源与运营管理部）为绩效管理的组织机构；（三）公司各内设机构为绩效管理的执行机构。

7月　沈阳有线印发关于《内设机构绩效考核实施细则》的通知。依据细则，公司各内设机构季度绩效考核，采用关键绩效指标考核结合360°评价的办法进行。各内设结构绩效考核指标由人资部根据经管部提供的《目标考核责任状》及各机构职责，与各内设机构共同设计。

7月　沈阳有线印发《关于进一步建立和完善公司内部控制制度的通知》。公司决定编制内部控制制度体系，具体事项及安排为：经管部负责内部控制制度体系的设计和汇编工作；计财部负责内部控制制度体系的汇总、审核工作，指导各部室，各公司内控制度的建立和完善；各部室、各公司负责各自业务范围和职责范围内的内控制度的编制工作。

7月　沈阳传媒网络有限公司印发《关于杨宇同志任职的通知》。决定聘任：杨宇同志为苏家屯客服公司经理助理（享受副经理待遇）。

7月　沈阳有线印发《关于抽调人员到营销岗位挂职锻炼的通知》。经总经理办公会议研究，决定由各部室抽调25%人员到营销岗位挂职锻炼，时间为2013年8月至12月。

8月　沈阳有线印发《关于公司OA协同办公系统试运行的通知》。公司OA协同办公系统决定于2013年8月5日起上线试运行。

8月　沈阳有线印发《关于开展增值业务全员营销的通知》。营销范围包括增值业务营销，包括高/标清付费频道营销、互动业务营销、有线宽带营销等。

8月　沈阳有线印发《关于调整员工薪酬及薪酬考评办法的通知》，按照"额度不变，结构调整"的思路，对员工薪酬进行调整。

8月　沈阳有线印发关于《增值业务全员营销操作办法的通知》。

8月 沈阳有线印发《关于沈阳广通网络有限责任公司停办付费电视业务的通知》。

11月 沈阳有线开始"智慧社区"建设试点工作。在市内五区划分44个（融合有线业务的）社区公共服务网格。在与沈河区滨河街道交流进行"智慧社区"建设具体安排事项的基础上，双路社区先行试点，先期开展政府回购的社区公共服务业务项目。

11月 沈阳有线沈河区小南街营业厅（新址）启用。

12月 沈阳有线印发《固定资产管理制度（试行）》的通知。公司的固定资产管理实行三级管理方式，即计划财务部管理固定资产的账目，行政管理部对实物进行统一管理，固定资产使用部门对实物进行建卡并管理。

12月 沈阳传媒网络有限公司印发《关于调整公司内设机构的通知》〔沈传网发（2013）20号〕。调整后的公司内设机构为总经理办公室、市场部、集团业务部、社区业务部、资讯部、客服部、网络建设部、技术部、传播部、运维部、服务质量监督部、工程监理部、资产管理部、经营管理部、人力资源部、财务部、行政部、保卫部。

12月 沈阳传媒网络有限公司印发《关于王刚等同志职务任免的通知》〔沈传网发（2013）21号〕。经公司总经理常务会议讨论，决定聘任：王刚同志为总经理办公室副主任（主持工作）；倪红同志为市场部主任；陈洋同志为集团业务部副主任；于启洋同志为社区业务部主任；冯志勇同志为资讯部副主任（主持工作）；王克岩同志为客服部主任；王东明同志为网络建设部主任；邢大勇同志为技术部主任；李大明同志为传播部副主任；曲刚同志为运维部主任；杨宇同志为运维部副主任；马哲同志为运维部副主任；刘芳同志为服务质量监督部主任；刘世颖同志为工程监理部主任；张广辉同志为资产管理部主任；李秉仁同志为经营管理部副主任（主持工作）；杨轩同志为人力资源部副主任（主持工作）；何冬梅同志为财务部主任；张立国同志为行政部副主任（主持工作）；刘家彬同志为保卫部副主任（主持工作）。

12月 沈阳传媒网络有限公司印发《关于孙金洲等同志职务任免的通知》[沈传网发（2013）22号]。决定聘任：孙金洲同志为东陵客服公司经理；张艺凡同志为东陵客服公司副经理；张士忱同志为于洪客服公司经理；董国祥同志为苏家屯客服公司顾问；赵新民同志为苏家屯客服公司经理；张剑同志为苏家屯客服公司副经理；沈国柱同志为苏家屯客服公司副经理；刘海同志为沈北客服公司经理；可成杰同志为沈北客服公司副经理；魏绍利同志为沈北客服公司副经理。

12月 沈阳有线总经理办公会议研究决定，建立五大委员会，分别为经营战略委员会、技术规划委员会、安全生产委员会、文化建设委员会、民主管理委员会。并讨论通过了五大委员会组成人员名单。

12月 沈阳有线总经理办公会议研究决定，聘用：张艳同志为主任行政专员；孙航同志为东陵区客服公司经理助理，程亮同志为于洪区客服公司经理助理。

12月 沈阳有线经营领导班子调整。调整后的常务会议组成人员（领导班子成员）为：总经理何宏刚，副总经理苏焕伟、裴远真、王湘农、李成雨（兼总工程师）。

办公会议组成人员为：何宏刚、苏焕伟、裘远真、王湘农、李成雨、王梅（财务总监）、陈坚（总经理助理）。

12月　沈阳有线新任领导班子成员分工：总经理何宏刚，主持公司全面工作；副总经理苏焕伟，负责行政保障方面工作；副总经理裘远真，负责经营客服方面工作；副总经理王湘农，负责运营监管方面工作；副总经理兼总工程师李成雨，负责技术工程方面工作；财务总监王梅，负责财务方面工作；总经理助理陈坚，协助苏焕伟同志工作。

12月　沈阳有线确定管理体制和工作机制。管理体制是：实行总经理领导下的副总经理负责制，副总经理分管下的部门责任制；工作机制是：实行总经理召集下的班子成员分工协作制，班子成员召集下的委员会工作协调制。

12月　据统计，沈阳有线员工2013年收入与上年同比增长20%。

2014年

1月　沈阳有线召开2013年度公司年会。何宏刚总经理在会上做了题为《深刻认识危机 创新工作思路 为推进沈阳广电网络可持续发展而不懈努力》的工作报告。

1月　在沈阳有线2013年度公司年会上，授予汤明浩、于佳、阎伟、刘桂才、程丹和祝宁宁等6名同志"劳动标兵"荣誉称号。

1月　沈阳有线召开郊区公司工作会议。会议明确：更换郊区公司法人代表、采取核算中心制、人力资源统一管理、客服工作纳入96195统一考评体系。

1月 沈阳有线设立"智慧城市"建设推进工作办公室。办公室主任王刚。同时,"推进办"召开第一次工作会议。

2月 沈阳有线"智慧城市"建设工作启动。

3月 "沈阳市智慧城市网络管理中心"挂牌。经市主管部门批准,"沈阳市智慧城市网络管理中心",设立在沈阳有线,在(沈河区小西路71号)网管中心大楼正式挂牌。

4月 沈阳有线"智慧城市建设社区工作站"运维专员培训班开班。

4月 沈阳有线总经理常务会议研究决定,集团业务部、社区业务部,暂合署办公。集团业务部副主任陈洋,负责合署办公后的集团业务部和社区业务部工作。

4月 沈阳有线总经理常务会议研究决定,聘任:王刚同志为总经理办公室主任、冯志勇同志为资讯部主任、李秉仁同志为经营管理部主任、杨轩同志为人力资源部主任、张立国同志为行政部主任、刘家彬同志为保卫部主任。聘用车欣悦同志为主任技术工程师;聘用张秀艳同志为主任经营管理师。

4月 沈阳传媒网络有限公司王东明同志荣获"沈阳市劳动模范"称号。

4月 沈阳传媒网络有限公司何宏刚同志荣获"辽宁省五一劳动奖章"。

5月 沈阳有线与北方联合广播电视网络股份有限公司开始办理资产交接手续。

附　件

公司历年工作报告

沈阳传媒网络有限公司
2005年度工作报告
孔　军
（2006年1月23日）

　　沈阳传媒网络有限公司是按照中央关于文化体制改革的精神，在市委、市政府的直接领导和部署下，于2004年8月正式由沈阳有线电视台转制成为企业的。2005年是公司转制后的第一年，虽然转制前期我们做了大量的准备工作，付出了很多艰苦的努力，但是我们仍然深感肩上的担子很重很重，也唯恐我们一点点的懈怠而辜负了领导对我们的期待与重托。为此，年初公司领导班子按台党组提出的树立六个意识，做好六篇文章，努力打造全国城市电视台一流强势媒体目标的要求，确立了传媒网络公司的开局之年以和谐、务实、发展为工作主题，以公司转制为契机，塑造传媒网络全新的企业形象，提高传媒网络的经济效益，增强传媒网络员工的凝聚力，拓展传媒网络的市场占有率。

经过一年的运转，在上级领导的亲切关怀下，在全体员工的共同努力下，沈阳传媒网络有限公司的各项事业都取得了长足的发展，特别是经济效益和社会效益都有很大的提高。各项经营指标超额完成，体制改革进一步深化，网络建设不断发展，按照现代企业制度初步建立起规范的企业运行机制，使沈阳传媒网络有限公司快速进入良性发展的轨道。下面将2005年来的主要工作情况做以汇报。

一、努力打造适应现代企业制度的一流的和谐团队

构建和谐团队就是带领传媒网络的全体员工同心同德、同甘共苦、同心协力、同舟共济。通过建立和谐的劳动关系、营造和谐的工作关系、培育和谐的服务关系，建设一支强有力的、适应社会发展的新型团队。为此，我们做了如下工作。

一是确立了公司董事会、监事会和职工大会的权责，确立了公司的各级组织机构的框架；逐步打破原有的用人和用工制度。

二是按照以需定岗，以岗定责，择优上岗的原则进行公司核心层、管理层和职工全员的聘用工作。通过岗位竞聘有30多名业务骨干走上部门领导岗位，通过全员岗位聘用工作与400多名员工正式签订了劳动合同，完成了员工社会统筹保险的基础工作，实行了档案托管。通过一系列用人制度的改革，员工的工作积极性发生了较大的变化，各方面的工作也得到了很大的提高。

三是围绕传媒网络公司的经营发展目标，综合岗位的重

要程度与岗位贡献的大小进行薪酬体系设计。通过薪酬体系的建立和逐步完善，体现责任、风险、贡献、利益相一致，从而为企业的稳步发展奠定了良好的基础。

四是建立科学、规范、简捷、流畅的管理工作流程和业务流程。使传媒网络公司的工作岗位得到细化，每个岗位的工作得到量化，依据量化的目标对每个岗位的员工进行工作业绩考核与评价。

通过机制的创新，传媒网络的事业得到了迅速发展。目前沈阳传媒网络公司资产已由转制前的6.5亿元增长到7.5亿元，增值达1亿元。2005年实现收入1.68亿元，完成年计划的112%，比上年同期增收3300万元，增长了24%，实现了转制为企后平稳过渡、快速发展的目标。

二、以务实的精神加强事业建设和企业文化建设

务实既是一种工作姿态，更是一种工作风格和工作的品格，也是做好一切工作的基本方法，它是从实际出发用科学的方法解决问题的工作精神。我们认为，改制后的传媒网络公司要为广大有线电视用户提供更为优质、更为便捷的服务，来体现以人为本的服务宗旨。在实际工作中践行"沈阳有线，服务无限"的服务理念。

一是按照优化工作结构，理顺工作程序的思路。合并重组了各行政区的有线电视收费、维护站，成立各区的客户服务分公司，统一由网络工程服务公司管理。各区的客户服务分公司的经理对所辖用户的收费和维护工作负全责，杜绝了原来收费站与维护站之间的工作相互扯皮、推诿的现象。整合后的客服分公司工作人员的积极性也有了很大的提高，工

作效率明显提高，相互间的配合也更默契了，用户的满意度有了较大提高。

二是以2005东北文化产业博览会为契机，全面推出并展示了沈阳传媒网络有限公司的企业形象，收到良好的社会效益。设计公司标识并作为企业资产进行了注册，确定了"网随心传、心随网动"的定位语，自行设计了传媒网络用户手册和三大业务的宣传单，制作各类业务的电视宣传片。利用各种媒体和东北文博会打造公司品牌，开展各种优惠活动，提升公司的形象，扩大公司的知名度，使广大用户在尽可能短的时间里认识并认可传媒网络。

三是在重大问题的决策上采取审慎的态度，从实际出发，避免盲目乐观和消极观望。如：在数字电视整体转换的工作中我们没有急于推广平移，而是反复论证青岛、大连、太原等地的经验和教训，认为沈阳的平移时机不够成熟，因而暂缓了平移。再如：我们在对干线、支干线进行光纤改造的同时没有对全部的分配网进行一次性改造，既节约了大量的资金，又避免了因增值业务发展缓慢带来的投资闲置。

三、用科学的发展观指导事业发展　加快实施一业为主多元化发展战略

科学的发展观告诉我们发展是硬道理，必须坚持节约发展、安全发展、全面发展，实现可持续发展。以此为指导，我们就确立了"实施一业为主多元化发展的战略"，既在原有的基础上巩固发展模拟电视用户，稳步推进数字电视发展，积极发展宽带上网用户，进行可视电话、IP电视的市场调研。确立了2005年经营创收指标完成1.5亿元的目标，计

划比上年增长11.1%。为了落实各项目标，我们采取有效措施开展了积极的工作。

一是加强基础设施建设，努力建设一流的有线电视宽带网络。基本完成了包括干线、支干线在内的860 MHz双向骨干网的改造和地下管网的改造。累计建成光站1440个，其中2005年建设光站423个、光缆接续13926处、铺设光缆233皮长公里、11914.355芯公里，目前分配网的改造也在有序推进。

二是提高服务质量，继续巩固和发展模拟电视用户。从转变思想观念入手，改进工作方法，提高全体员工的客服意识，推行客服工作流程。使窗口的员工从言谈举止到业务服务都有了根本性的转变，改变过去的随习惯、凭经验办事为严格按照工作流程提供标准化的服务，基本确立了沈阳有线电视良好的客服形象。通过提高服务加强管理，促进了公司收入的提高，2005年仅模拟电视收费就达到1.2亿元，创历史新高；全年增加用户13.2万户，总户数突破100万户。

三是积极稳妥地推进数字电视和宽带上网用户的发展。为落实国家广电总局提出的模拟电视向数字电视平移的工作目标。我们在加快网络改造和投入步伐的同时，充分利用现有资源积极开发网络增值业务功能，如开发IP电视、网络可视电话等功能。截至2005年，累计发展数字电视用户11389户，累计发展宽带上网用户16331户，新开通基站一个、新开通数据光点300多处。同时，起草制定了我市有线电视数字化平移的调研、论证方案，为我市启动有线电视数字化整体平移转换工作奠定了基础。

四是通过组建客户服务中心，建立一站式的客服体系，提升服务理念，提高工作效率。通过建立统一客服电话号码——96195完善跟踪服务体系，方便用户报修、咨询，定期回访用户的意见和建议；调整建立区级客服公司，完善服务链条，使工作流程更加优化，工作效率进一步提高。

五是搞好网络资源的整合提高市场占有率。按照沈阳市区、县（市）有线电视网络整合工作座谈会精神，全面展开了网络整合的工作。但是客观上受属地阻力影响和政策走向的影响，未能实现预期目标，我们正在调整网络整合工作思路，求得各级组织的支持，着力解决东陵、于洪和新城子区的网络整合问题，为沈阳有线网络提供可持续发展的空间。

沈阳传媒网络有限公司的领导班子始终以科学的发展观为指导，以网络发展为己任，以技术和人才储备为基础，以市场需求为导向，以提供优质的信息服务为目标，发挥自身优势，积极应对挑战和竞争。积极开展有线网络的拓展业务和增值业务，努力将沈阳传媒网络有限公司打造成为信息时代一流的有线网络综合运营商。

沈阳传媒网络有限公司
2006年度工作报告
孔　军
（2007年2月9日）

2006年是沈阳传媒网络有限公司（以下简称"公司"）发展非常重要的一年，作为转制的文化产业公司，克服了很多意想不到的困难，在上级领导部门的关怀、支持下，在各级干部和职工的努力下，大家还是用智慧和汗水取得了令人满意的业绩。

首先，经营创收突破了两亿元大关。作为企业经济效益是生命线，自公司成立以来，经营创收连续两年同比增长20%以上。这是一个振奋人心的数字，为传媒网络公司今后的发展奠定了坚实的经济基础。

第二，宽带网络、互联网络业务发展迅速。有线宽带网络用户已达4万户，经济收入达到2700多万元，这些都是从沈阳地区网通等公司"口中"抢来的用户，来之不易，同时，宽带网络建设已初具规模，为明年的增值业务发展奠定了技术基础。

第三，有线电视数字换整体转换工作经过一年多的努力，各项准备工作基本完成，市政府在5月份召开了专题办公会议，明确了各项工作的指导方针。数字电视平台进一步完善，试点试验小区运转良好，人员技术培训、资金运作、设备招标等项工作都在紧张有序地进行中，目前只有物价听证会的筹备工作尚未明确。有线电视数字化整体转换工作是一个庞大的系统工程，我想，把我们力所能及的各项工作做好、做圆满，为明年大规模的数字化转换，为沈阳有线电视事业的发展做出我们的贡献。

第四，建立了完善的服务体系，服务是企业生存的保证。一是在体制上我们成立了客户服务中心，专门受理有线电视用户24小时的咨询服务和报修服务，开通了96195客户服务专线，高效率解决用户的报修和业务咨询等有关问题。

二是在人员上扩充招聘，同时进行了基础培训，使上岗服务
人员的业务水平有了可靠的保障。三是完善技术服务系统，
在原来24个服务座席的基础上，再扩大到100个座席，以达
到全天候服务的标准，保证用户满意。

第五，建立了沈阳有线电视网络的资源管理系统。此系
统的建立，对有线电视网络地下几千公里的管网、地面几万
公里的光缆、电缆网络及设备的确切位置和使用情况都有了
明确的记录和状态分析，这对现在和将来的网络使用和发展
均具有重大意义。

第六，建立完善科学的管理体系。管理是企业发展重要
环节，现代企业的发展离不开科学的管理，加强管理的目的
是要多出效益，促进发展，约束不规范的行为。按照这个原
则我们建立了项目管理、工程管理、设备管理、财务管理安
全保卫措施管理及人才管理、社会统筹管理等体系。基本做
到做事有依据，发展有目标，极大地调动了广大职工的积极
性，为网络发展提供了可靠的保证。

以上六项主要工作的完成，主要得益于以下几个方面的
基本经验。

一、公司上下团结和谐。首先是公司领导班子和谐，公
司领导班子以事业建设为突破口，以"解放思想、加速振
兴"学习教育活动为契机，按照完成"两个不低于"任务的
目标，高起点定位、加速度发展。在公司领导班子的带领
下，全公司上下迅速形成了团结一心努力完成目标任务的良
好氛围；其次是公司员工队伍和谐，公司职工人心思进取、
人心思发展，职工自觉地将个人的发展与成才融入公司发展

的大目标之中，在公司的发展中实现自我价值；再次是突出服务意识，对用户的服务关系和谐，通过努力公司的各项服务工作上水平，在服务中体现以人为本，得到广大用户的认可和满意。

二、解放思想，敢于创新。以科学发展观为指导，制定和分解各项工作指标，进一步实施"一业为主多元化发展"的战略，突出科学管理、和谐发展的工作主题。按照分工层层分解任务，将全年的经济指标逐项落实到各个公司，落实到每个责任人，并对各项任务指标进行跟踪考核，及时掌握影响完成指标任务的关键因素，适时调节工作重心。所属各公司创造性地开展工作，一边抓服务、一边抓催缴，一边抓创收、一边抓考核，不放过一点点影响创收增收的因素，确保了公司各项指标的完成。

三、强化科学管理，注重务实，防止浮夸。以完善工作制度为依托，以建立绩效考评体系为保障，以细化工作流程为手段，以提高服务质量为宗旨，建立并完善公司管理体系。公司通过采取强化管理、科学组织等一系列措施，各项工作的管理水平不断提高。一是完善工作制度，加强内部管理。将科学管理落实到每个工作环节上，公司先后出台了《有线电视发票管理办法》《员工时间管理条例》《员工考勤制度》等多项基础性制度，各分公司也结合各自的工作特点制定完善了近二十项管理制度。通过制度建设，更加规范了员工的行为和公司的管理工作，使公司的各项工作都有了明显提高。二是加大培训工作力度，促进员工素质的不断提高。完成各项工作目标，关键是要有一支过硬的员工队伍。

为了提高员工的综合素质，及时掌握相关的新知识，公司先后组织了财务人员培训班、工程项目管理培训班、数字电视业务培训班等，针对相关的技术知识、业务知识、政策法规、基础礼仪等进行专题培训，收到良好的效果。

四、制度落实，奖罚分明。根据各项工作制度规范工作程序，规范工作内容，并对所属公司的任务进行目标考核。考核的内容涉及公司技术基础、安全播出、网络建设、市场拓展、工程服务、业务受理、用户维护等各个方面的内容，要求所属各公司严格遵照执行公司的各项规章制度，对违反公司规章制度的个人或部门，一经查实，坚决按照规定进行相应的经济处罚。同时，对完成各项任务突出、做出重大贡献的个人或部门给予奖励。通过建立健全各项目标激励机制，公司的干部员工紧紧围绕公司各项经营指标，创造性地开展工作，在去年取得优异成绩的基础上不断超越自我，实现了经济效益和社会效益的双丰收。

在即将过去的一年里，既有取得成绩的喜悦，同时也有一些需要提高和改进的工作。例如：对横向部门之间的协调沟通不够，导致少数部门对数字化整体转换工作还存有误解，影响了工作进度；另外，公司各级管理人员和业务人员还需要加强现代企业制度等相关专业知识的学习，更新知识结构，不断适应企业发展的需求。

面临新的一年繁重的任务，我和公司的领导班子会继续以保持网络发展为己任，把握难得的历史机遇，乘势而上，不断培育新的经济增长点；坚持以人为本，不断完善激励机制，调动并发挥每名员工的潜能，合力实现公司跨越式发展的目标，确保有线电视数字化整体转换工作如期完成。

沈阳传媒网络有限公司
2007年度工作报告

孔　军

（2008年2月1日）

2007年，沈阳传媒网络有限公司在公司董事会的领导下，在上级主管部门的关怀支持下，取得了一个又一个的新成果，在公司发展建设的历程中又书写下了新的一页。2007年公司实现总收入2.18亿元，比上一年增收1600万元；创利润3204万元，比上一年增长了29.56%，利润额连续三年大幅增长。2007年公司员工的收入有了明显增加，人均年收入增加了4236元，比上一年增长了14.83%，按照党的十七大要求，迈出了共享改革发展成果的第一步。

下面从几个方面做以简要汇报：

一、过去的一年，有线电视收费又有新突破。2007年面对有线电视收费标准降低、城区拆迁改造力度加大带来的用户欠费增多以及新增入网用户逐年下降等诸多不利因素，公司积极应对各种不利因素带来的挑战，一是制定科学合理的任务指标，加大对欠费用户的清缴、催缴等指标考核；二是加大交费宣传力度，调整工作节奏。通过全体员工的共同努力，模拟电视收费总额再创历史新高，达到1.35亿元，为公司全面完成经营指标奠定了良好的基础。

二、有线电视数字化整体转换工作有了突破性进展。

2007年是公司确定的数字电视整体转换年，各项工作均有突破性进展。一方面，历时近两年时间，历尽千辛万苦，在全国物价指数居高不下等大环境十分不利的情况下，数字电视收费标准在年底前得到省、市物价部门的批复。同时，积极争取市政府办公厅、市编委办公室分别下发了《关于开展沈阳有线电视数字化整体转换工作的通知》和《关于成立沈阳有线电视数字化整体转换推进工作领导小组的通知》，为2008年大规模实施整体转换工作打下了坚实的政策基础。另一方面，数字电视整体转换大规模试点工作全面启动，在积极争取数字电视收费标准及相关政策的同时，完成了105000户的整体转换任务，办理了2618户第二端用户，在整体转换的试点工作中我们既锻炼了队伍，积累了大量的实践经验，还建立了一套完整的现场宣传、现场服务、现场业务办理、资料录入管理工作流程，为整体转换的全面展开做好了充分准备。与此同时，为了保证有线电视数字化整体转换工作的后期服务，完成了数字电视综合业务营业厅的扩建和搬迁工作，由原来的5个营业窗口新增到20个营业窗口，极大地方便了用户。

三、加快网络改造步伐，提升网络增值业务。2007年我们加大了网络改造力度，加快了光缆网络的建设速度，增强了运行维护系统的监管，完善了技术支撑系统的保障，实现了网络质量的全面提高。一年来新安装光站240个（历年累计近2200个）、光缆接续10329处、铺设光缆150皮公里。2007年公司在管网建设方面也取得了新进展，改变了以往单纯自建管道的做法，合作建设和购置地下管道200余孔公里，提高了建设效率，节约了大量资金。目前，沈阳有线干线光缆网络改造已经接近尾声，力争在2008年内实现全市范围内的光缆覆盖，彻底完成有线光缆网络改造工程，为数字电视整体转换全面启动保驾护航。同时做好有线电视资源管理系统的数据录入及维护工作，为今后光缆网络维护提供第一手准确资料。

2007年在客观环境较为不利的情况下，公司完成有线宽带接入新装用户13000户，累计达到39000户，全年实现网络增值业务营业收入3037万元，比2006年增长14%。

四、加强业务培训，提升服务意识，提高服务质量。针对公司业务量的不断增加、部分员工素质较差等薄弱环节，公司有的放矢地开展业务培训工作和强化内部管理等工作。一方面组织工程监理人员、部门经理等参加工程项目管理培训班、数字电视业务培训班等学习；同时，组织全体客服人员分批进行业务培训，聘请了技术专家和台内技术骨干讲授有线电视的维修技术、数字电视的相关知识、服务礼仪等，员工整体素质得到明显提高。另一方面不断完善工程验收标准，加强对工程技术资料的规范管理，进一步严格并网、改造工程验收审核工作，逐步建立起调控工程领用材料宏观管理的预算与审核制度；同时，加强了维护工作的管理，制定了《关于对客服工作出现问题的处罚规定》，对有线电视维修超时、维修任务完成后未能在规定的时限内及时反馈信息、由于工作不到位造成用户不满意等问题进行经济处罚和批评教育，使用户对有线电视维护工作的满意率明显提高。2007年，公司有线客服专线96195共受理用户咨询、建议、投诉705997人次，其中：投诉2459人次，接待来访1120人次，投诉的各类问题均得到良好解决。

五、同心协力抗击雪灾，万众一心排除故障。2007年3月初，一场罕见的暴风雪席卷而来，有线电视网络设备故障频发，报修电话连续不断，全市交通陷入瘫痪状态。在这场百年不遇的自然灾害面前，我们能够以全市的大局为重，以用户为重，想尽一切办法，克服困难，尽快排除故障，确保有线电视信号的畅通，确保全市人民能够正常收看电视节目。在雪灾面前，全体工程维护人员第一时间徒步赶到单位，在公司的统一部署和调度下，靠人拉肩扛带着梯子和维修器材，分赴全市有线电视的故障现场。历时两天三夜的奋力抢修，排除干线网络故障15处、排除楼栋故障3669处、累计维修了150000多用户的有线电视信号。经过全体员工的艰苦奋战、共同努力，我们战胜了暴风雪，用我们坚强的身躯和臂膀保证了沈城百万用户有线电视信号的畅通，保证了市委、市政府的声音传送到千家万户。同时，也得到了广大用户的夸奖。

六、加强公司领导班子建设，团结并带领全体员工不断取得新成绩。一个班子好不好，强不强，不但表现在政治上是否坚定，经济上是否清廉，作风上是否正派，还表现在班子是否团结，是否有较高的管理水平。随着公司业务的发展，对公司领导班子的整体要求也在不断提高，公司领导班子一方面加强学习贯彻党的十七大精神，学习落实市委全会精神，不断提高班子成员的政治素养；另一方面不断加强现代企业制度、现代企业管理理念和管理方法等方面的学习，不断提高班子成员的业务能力和决策水平。公司班子成员心往一处想，劲往一处使，使班子形成合力，自觉抓好本职工作，使班子在公司发展的进程中，发挥了积极的引领作用和示范作用。

2008年，面对新的机遇和繁重的任务，公司将进一步学习贯彻十七大精神，深刻领会科学发展观的科学内涵、精神实质和根本要求，聚精会神搞"转换"，一心一意谋发展。认真吸取其他兄弟城市整体转换工作经验和教训，集中精力，又好又快地推进沈阳有线电视数字化整体转换工作；紧紧咬住创收2.5亿元指标不放松，继续强化各项管理工作，继续发扬公司好的传统和作风，在新目标、新任务的统领下，同心同德、奋发有为，用我们的智慧和汗水共同创造更加美好的未来。

沈阳传媒网络有限公司
2008年工作报告
孔　军
（2009年1月20日）

2008年，作为不平凡的一年，注定要在每个中国人的心中留下深刻的印记。同样的2008年，也注定要在每个传媒网络人心目中留下浓重的一笔。2008年是沈阳有线电视创建的第十五个年头，也是沈阳有线电视数字化整体转换的启动之年，更是沈阳有线电视实现第二次创业，迈向新目标，实现大发展的转折之年。

2008年，公司各项工作以科学发展观为指导，努力把科学发展观转化为谋划发展的工作思路，努力把科学发展观转化为促进发展的具体措施，努力把科学发展观转化为领导发展的实际能力。在上级领导的亲切关怀和指导下，在公司董事会的正确领导下，公司的经营业绩再创新的纪录，职工的人均收入稳步攀升，各项工作又有新的提高，各项管理工作不断完善。基本实现又好又快地发展目标。

总结2008年的工作，可以归纳为十大亮点。

一、经营创收收入完成2.7亿元。比计划任务超额2000万元，增长了8%；比上一年增加了5200万元，增长了23.85%。其中：有线模拟电视收入9673万元，数字电视收入9125万元，数字付费电视收入320万元，宽带收入2097万元，卫视转播费5747.5万元，经营创收指标实现连续四年大幅度增长。公司资产累计已达13.5亿元，公司人均收入增长了7160元，初步展现出传媒网络公司的生机与活力。

二、超额完成数字电视整体转换年度工作目标。2008年沈阳传媒网络公司蓄势待发，全面启动了我市有线电视数字化整体转换工作。克服了重重困难和各种不利因素的影响，稳步推进有线电视数字化整体转换52万户，比计划超额了2万多户。数字电视整体转换是一项新生事物，也是一项复杂的系统工程。为了在有限的时间段内完成年度计划，参与数字电视转换的员工，经常承受着身体上和心理上的巨大压力。他们常常是早上六点就做好了当天的准备工作，直至晚上十点多钟，将当天的资料录入微机后才能回家休息；每当用户因各种原因不理解而发出责难、有时甚至是威胁时，我们的员工只能一遍又一遍解释；每当遇到老人或残疾人等特殊用户时，我们的员工又要加倍地付出，上门为他们服务；就连大年三十他们也要放弃与全家人团聚，赶到各区的维护站处理问题，确保用户正常地收看春晚。在全体参与数字转换员工的共同努力下，数字电视整体转换的工作流程渐趋合理，各项服务日臻完善，为2009年基本完成我市有线电视数字化整体转换任务奠定了基础。

三、克服困难，迎难而上，各区客服收费和维护工作不断提高。由于数字电视整体转换的推进，用户的交费和维护工作发生了很大的变化，任务量也成倍增加。面对前所未有的困难，工程公司从规范操作、加强培训入手，强化施工监理、现场服务考核和维护工作考核，有效地化解了问题。为了提高收费效率，方便解答用户的疑惑，各区客服公司增设了业务咨询席位，由专人负责向用户宣传讲解政策规定，说明办事程序，介绍业务内容，提醒注意事项，受理投诉建议，等等，保证了全年经营目标任务的完成。为了确保数字转换用户的维护质量，公司选派技术力量强，管理规范的施工队伍，提前进入转换现场，并利用一个月的过渡期逐步交接维护工作，保证了整体转换项目的服务质量。此外，公司还采取一系列措施，加强和改进服务工作。制定了应急工作预案，加快故障报修处理速度，扩大营业面积，增加营业窗口，延长营业时间等，为全面完成公司经营任务，实现整体转换目标做出了重要贡献。

四、卫视节目落地费收入又有新突破。在全国各地网络.节目收转费价格继2007年小幅回落后继续走低的情况下，通过对各家卫视台竞争实力的深入分析，制定了统一规则、统一价格的转播政策，采取分类洽谈、提高转播服务水平等多种公关措施，截至11月30日，入账转播费5747.5万元，超额完成全年指标，创出历史新高。

五、网络拓展工作取得新进展。2008年在愈渐激烈的有线电视网络市场环境下，全年实现连并网109个楼盘和74个非居民单位，占本年度有沈阳城区有线电视网络市场份额的79%。截至2008年11月30日，据公司用户信息管理系统统计，全年新增用户资源81170户（端），其中联并网为60250户（端）；传媒网络用户总数已达1245192户（端），其中我公司直管用户增至1162559户（端）。

六、全市有线电视光缆网改造基本完成，分配网改造有序推进。2008年，公司共设计并安装光站470个（光站累计建设近2600个）、光缆接续19262处、铺设光缆总长约260公里。截至目前沈阳市有线光缆网络改造已经接近尾声，基本完成了全市范围内的光缆覆盖任务。同时，已完成分配网改造设计1865个光站，覆盖用户65.48万户。为全面实施数字电视整体转换提供了良好的网络基础。

七、有线宽带业务逆势坚守，业绩不俗。2008年，国内电信运营商重组后，有线宽带出口资源受到电信、联通的限制，公司的有线宽带业务一度陷于艰难境地。公司员工不等不靠，从提高自身服务水平入手，改进服务内容，提升有线宽地的服务形象，通过提供高效、优质的服务赢得用户认可。在极其困难的条件下，全年完成宽带安装7925户，完成营业收入20966560元。同时，着眼长远，与40多个物业小区签约布线，为今后的市场发展奠定了基础。

八、客服工作有了明显提高。伴随着数字电视整体转换，对客服工作的要求也越来越高，为了保障用户咨询、报修、投诉电话能够顺畅接通，公司改造了原有的系统，座席数量由原来的12路增加到58路，满足了用户报修、咨询的需要；为方便用户，取消了客服电话的选择按键，实行一键转人工服务，使用户的咨询、报修、投诉更便捷。通过组织话务员集中培训，组织话务员业务考核，在话务员中试行绩效考核等一系列措施，话务员的业务水平得到明显提高，客服专线96195全年受理报修业务411545人次，受理咨询业务585952人次，受理投诉1803人次，收到用户建议241件。客户满意率也得到明显提高。

九、各项管理工作又迈上新台阶。围绕数字电视整体转换强化了财务及资金管理、人力资源管理、车辆管理和各项行政管理工作。科学合理的调配资金，减少资金占用成本，提高资金的使用效率；通过GPS卫星定位系统管理和油料分级管理等，降低了车辆使用成本，提高了车辆的使用效率。通过加强管理，促进了公司各项工作的发展，为顺利完成全年经营目标提供了坚实的基础。

十、团结一致、众志成城，圆满完成奥运安全播出和奥运安全保卫工作。为办好举世瞩目2008年奥运会，按照上级的要求，公司各系统、各部门都承受了前所未有的压力。他们各司其职、各负其责，通过制订详细、周密的应急预案，签订安全责任状，强化干部值班制度，重点岗位和关键部位增加了值班人员等措施，保证了奥运期间的绝对安全。

圆满完成了安全播出任务，保障了网络的安全运行。用实际行动为奥运做出了一份贡献。

此外，公司还注重加强领导班子的思想政治学习，注重加强党风廉政建设工作，落实党风廉政建设责任制，形成了靠制度规范各项工作的良好机制，保证了领导班子成员廉洁自律的从事各项经营管理活动。

回顾 2008 年，各项成绩的取得来之不易。每一份成绩都凝聚着公司全体员工的智慧、心血和汗水，每一份成绩都凝聚着大家的信心、勇气和力量。实践再一次证明，传媒网络公司的领导班子是团结和谐的班子，传媒网络公司的员工队伍是充满生机和活力的队伍。有了这样的领导班子和员工队伍，我们一定会取得一个又一个新的业绩。

展望 2009 年，在经济形势非常严峻的大背景下，传媒公司的任务依然十分繁重。经营收入计划完成 2.8 亿元；有线电视数字化整体转换工作计划基本全面完成；各项服务工作质量有待全面提高；数字付费电视和有线宽带业务需要继续寻求新的增长点；等等。在新的一年里，公司将突出加强管理这个工作主题，不断提高管理水平，将管理贯穿于 2009 年的全部工作过程，围绕加强管理做好用户服务工作和公司内部的器材管理等工作，向管理要成果，向管理要效益。通过加强管理促进各项工作的提高，促进公司经济效益和社会效益的双丰收。

沈阳传媒网络有限公司
2009年度工作报告
孔　军
（2010年1月31日）

各位领导、同志们：

大家好！我怀着十分喜悦的心情，向各位领导和同志们简要汇报一下2009年传媒网络公司的工作，并就2010年的发展思路、工作目标与大家共同探讨和商定。

一、2009年主要工作回顾

1. 经营创收情况。截至2009年12月31日，公司全年创收实现33558万元。与上年相比增收6558万元，同比增长24.29%，经营创收实现连续五年大幅度增长。公司资产增加5300万元，累计已达14.28亿元，与此同时，职工收入也得到了提高，人均增长了5759元，这是全体员工智慧和汗水的结晶，也充分展示出公司的勃勃生机与无限活力。

2. 数字转换工作。2009年的数字电视转换工作难度更大了。公司相关部门不等不靠，齐心协力，通力配合，克服各种困难，顶住各种压力，迎难而上。实现数字转换90万户，基本完成我市城区整体转换任务。

3. 文化信息资源共享工程。文化信息资源共享工程是国家实施的一项文化惠民工程。2009年3月，公司被辽宁省列为重点推广单位，要求6月前必须完成任务，时间紧，任务重，责任大。公司技术部门与研发单位密切配合，采用NVOD与VOD相结合的方式，完成了覆盖30万户的工作任务。该系统在沈阳召开的"全国文化信息资源共享工程进村入户工作现场会"上向与会代表演示，受到了国家及省有关领导的高度评价，并得到省委常委、宣传部长张江同志的批示表扬。

4. 网络市场拓展和网络整合工作。在愈渐激烈的有线电视网络市场竞争环境下，新增用户资源近6万户/端。同时，在市委宣传部的大力支持下，完成了东陵区、沈北新区网络整合的签约工作和资产交接工作。注册成立了东陵区传媒网络有限责任公司和沈北新区传媒网络有限责任公司，东陵区公司已经开始运营；于洪区网络整合谈判基本达成共识，等待签约。至此，公司用户资源数已增加到140万户。

5. 客户服务工作。服务是网络运营永恒的主题，不断提高服务水平和服务能力是公司发展永恒的目标，也是公司不断发展壮大的原动力。因此，我们把2009年确定为公司服务年，从整合公司内部客服资源入手，调整了客服管理结构，组建了新的客户服务公司，形成了以用户为中心的客服工作体系。同时，我们还努力拓展了公司客户服务渠道，将受理专线接入市民服务热线96123之中，更加方便用户报修、咨询或投诉。通过服务年的一系列努力，我们的客服工作水平和能力有了较大程度的提高。2009年96195（96123）客服专线日均受理业务5000余件，全年累计受理业务1836589件次，绝大部分都在规定时限内得到妥善处理；对于政风行风热线、民心网、人大代表、政协委员以及来人来函反映的投诉事件，也均得到了较为满意的解决。

6. 其他各项管理工作都取得较大成绩。2009年是公司节目安全传输和安全保卫工作压力最大的一年。公司的传输、播控部门和安全保卫部门启动了应急预案，确保了节目的安全播出和重点部位的安全。全年安全播出48套模拟节目、88套付费节目、73套数字平移节目，安全播出电视节目1681920小时，无重大差错，无责任事故。

此外，公司还强化了财务管理、人力资源管理、车辆管理、行政管理、设备和工程的招投标管理等工作，完成了发票税控管理系统的研发及调试工作。通过积极协调，公司享受文化改制企业税收减免政策工作也取得积极的进展。通过公司多个部门的艰辛努力，圆满地完成了北院（老台址）拆迁任务。所有这些工作，都为顺利完成全年经营目标奠定了坚实的基础。

回眸2009年，公司各项成绩的取得，得益于公司董事会的正确领导，得益于公司班子坚持科学发展不放松，得益于公司抓管理、抓服务、上台阶的决心不动摇，得益于公司干群关系和谐、上上下下高度团结，更得益于全体员工的奉献与拼搏。因为大家对公司的发展有着比金子还可贵的信心，所以才会有那么多兢兢业业、勤勤恳恳、无私奉献的干部员工，去努力，去付出，去拼搏，去创新……

在此，我谨代表公司领导班子，向关心公司发展的台领导和公司董事会表示崇高的敬意和衷心的感谢！

向为公司发展做出巨大贡献的全体员工同志们表示崇高的敬意和衷心的感谢！

二、2010年的发展思路和工作目标

2010年，是我们有线电视网络发展面临难得机遇的一年，也是有线电视网络管理体制孕育深刻变革的一年，机遇和挑战并存，希望和困难同在。只要我们真正地把科学发展观落到实处，就会推动沈阳传媒网络步入发展的快车道；只要我们牢牢地把握机遇，乘势而上，顺势而为，加快步伐，做大做强我们的优势产业，就会在变革中争得一席之地，就会在新的机遇面前不断发展壮大。

为此，今年公司的总体发展思路是：学习贯彻党的十七届四中全会精神，市委十一届八次全会精神和台职工大会精神，深入落实科学发展观，进一步深化企业改革，全面开展企业文化建设，全力做好节目安全传输、网络经营创收、VOD双向网改造、集团化建设、内部管理等各项工作，推动公司又好又快地发展，努力打造三网融合时代全国一流的网络运营商。

按照这一发展思路的要求，我们必须努力做好以下几方面的工作。

1. 经营创收是企业的生命线，也是企业发展的不竭动力，2009年我们创造了历史的新高点，2010年，我们还要增强内部发展动力，必保完成（公司本部）经营创收3.5亿元的目标，力争实现（公司本部）经营创收3.6亿元的目标，力争实现公司全口径创收额（含四个郊区子公司）突破4亿元的目标。

2. 采取有效措施，提高年度网络市场份额占有率，力争实现传媒网络用户总数达到155万户。并以此为基础，全面推进有线电视数字化整体转换工作。在新的一年里，要加快网络改造等配套建设工作，力争全面完成我市城区和四个郊区的数字化转换任务。

3. 科学筹划，统一部署，继续加快有线数字电视双向网络改造工作，在条件具备的地区和面临改造的四个郊区等率先试点双向网络改造工作，力争网络改造一步到位，全年实现双向网络覆盖30万户的工作目标。适时开展VOD增值业务，为公司经济效益增加创造新的亮点。

4. 逐步建立并完善子公司的管理体系。通过制定并试行《公司（全资）子公司管理暂行办法》，实行子公司业务归口管理。规范对子公司的目标考核、网络改造、数字转换，以及其他相关的管理工作。

5. 按照科学发展观的要求，进一步拓宽思路，大力实施新项目开发，调整公司的业务结构，积极培育多元化的产业格局，全力打造新的经济增长点，确保公司创收不断增长。今年，我们仍然坚定不移地把公司发展与员工收入科学地结合起来，在不违反国家政策的前提下，充分考虑公司员工的薪酬待遇。

6. 以服务文化建设为突破口，全面实施企业文化建设工作。完善视觉识别系统，强化考核管理功能，提高文明服务意识，优化全面服务质量，健全职业培训体系，提升传媒网络形象。用礼貌的用语、标准的程序、规范的礼仪为用户提供"主动、热情、礼貌、周到"的服务。

7. 按照省广电局有关文件精神和省、市物价部门的督办意见，积极筹划利用公司数字网开办"沈阳图文信息频道"，开展信息服务业务，以满足用户不断增长的"用电视"的需求。

8. 积极探索并推进公司客户服务工作的标准化、规范化。以此为契机，进一步完善公司经营目标管理体系，启动绩效考评机制；整合用户管理资源，建设集公司主营业务于一体的用户综合信息管理系统。

雄关漫道真如铁，而今迈步从头越。

同志们，新的目标和任务已经明确，新的进军号角已经吹响。让我们在台党组、公司董事会的正确领导下，尽职尽责、尽心尽力，追求卓越，超越自我，在网络大发展、大变革的时代潮流中，乘风破浪，扬帆起航，以全新的姿态和昂扬的斗志迎接网络整合和"三网融合"时代的到来，在全面振兴沈阳传媒网络的伟大进程中阔步前进！

沈阳传媒网络有限公司
2010年度工作报告
孔　军
（2011年1月22日）

2010年，是沈阳有线电视发展史上极不平凡的一年，是沈阳传媒网络公司成立以来，各项事业发展创纪录的一年，是值得每名员工回味与留恋的一年。

在刚刚过去的2010年，公司上下克服了各种不利因素的干扰，以科学发展观为指导，努力把科学发展观转化为谋划发展的工作思路，努力把科学发展观转化为促进发展的具体措施，努力把科学发展观转化为领导发展的实际能力。各项工作指标创造历史最高水平。

　　——截至2010年底，公司全年创收实现38424亿元，其中有线收费完成25696万元，宽带及数字业务完成4202万元，卫视节目收转及网络开发完成8526万元。公司总收入与上年相比增收5400万元，同比增长16.35%，经营创收实现连续六年大幅度增长。与此同时，员工收入也得到了进一步提高，在上一年人均增长5700元的基础上，今年人均收入又增长了8438元，在公司不断发展的同时，也使员工共享了公司发展的成果。

　　——2010年是我市数字电视整体转换工作的收官之年。按照市政府要求，公司技术、工程等部门深入挖潜、迎难而上；公司宣传部门充分利用媒体，占领舆论宣传的制高点，开展全方位、多角度、立体化的宣传攻势。经过一系列努力，克服了地点分散，城乡接合部特困户较多，外部阻力较大等困难，全年完成数字转换21万户。目前，数字电视转换已突破100万户，全面实现数字转换的既定工作目标。

　　——2010年，有线电视网络升级改造工作实现新突破，有线宽带业务得到新发展。在全体工程技术人员的不懈努力下，完成了135千米光缆、279个光站、110余千米管道的设计施工任务，有线光缆网络改造全面完成。有线宽带创收实现3400多万元，在网用户也发展到46000户。并确保了实现双向数字网络覆盖30万户的目标；完成了数字机房的整体改造，VOD播出系统改造等多个重大项目改造任务。

　　——2010年卫视节目收转费收入创造历史新高点。公司相关部门克服了网络整合、三网融合等因素带来的冲击和影响，整合频道资源，推出数字网业务作为节目收转工作新的增长点，吸引更多的卫视节目、专业频道节目在沈阳网转播。2010年卫视节目收转费收入当年入账8410万元，较上一年度增长了1704万元，再创历史新高。

——2010年网络整合工作取得突破性进展。经过坚持不懈的努力，通过吸收合并的方式，完成了于洪区有线电视网络整合工作。在长期艰苦的网络整合过程中，我们几乎完全凭借自身的努力，先后整合企事业单位网络九个，整合行政区域网络四个，累计增加用户达60万户，整合资产约4亿元。基本形成以沈阳传媒网络为主体，统一规划设计、统一建设标准、统一运营管理，覆盖全市城乡一体化的广播电视网。

——2010年用户维修和现场服务得到新提高。克服各种不利因素的影响，通过强化维修工作考核、加强技能培训、规范服务标准等一系列措施，保障了用户报修得到及时处理，全年处理用户报修778215人次，得到用户的认可。在网络改造过程中，逐步推行新的工程验收标准，由工程监理部与所在区客服公司联合验收，既严把了质量关，又破解了推诿扯皮的矛盾。针对转换现场投诉较多的实际，安排施工监理现场指导各施工单位工作，加强对其服务能力、工作质量等方面的考核。强化施工单位的后续服务过渡期政策，有效地减少了投诉，提高了整体转换的工作质量。

——2010年客户服务工作取得新进步。省工商局12315指挥中心针对公司在整体转换工作中存在的服务协议问题，从规范服务，化解矛盾，依法维护经营者和消费者权益的角度，给予悉心指导。新版《用户服务协议》的修改过程，也是我们活学活用法律知识，提高服务意识、推进规范化服务的过程。2010年全年受理业务2029106件次，都在规定时限内得到妥善处理。

——2010年公司员工的精神风貌也发生了新变化。公司着力加强职业礼仪培训、职业技能培训工作。举办了公司首届员工岗位技能大赛，搭建展示员工岗位知识、岗位技能和文明服务的竞技舞台。来自公司各部门的249名员工次参加了比赛，经过理论考核、实际操作比赛等层层竞赛选拔，宽带业务安装维护岗位孙大伟等七名同志荣获公司岗位状元称号；另有43名同志在比赛中成绩突出，分别荣获公司岗位能手称号、岗位明星称号。通过培训和大赛活动，激发调动了广大员工学知识学技术的积极性，在全公司掀起一股崇尚技能、学习技能的热潮。员工的精神风貌得到了很大改观，极大地促进了公司服务水平和服务能力的整体提高。

——2010年安全播出硕果累累。由于播控系统升级改造，机房、办公区域调整较大，对公司节目安全传输和安全保卫工作带来较大压力。公司的传输、播控部门和安全保卫部门启动了应急预案，确保节目的安全播出和重点部位的安全。全年安全播出48套模拟节目、86套付费节目、76套数字平移节目、8套高清数字电视节目。安全播出电视节目1681920小时，无责任事故。

——2010年图文信息频道试播成功。省广电局批准公司试验开办图文信息频道后，为快速抢占市场先机，拓展公司后续发展空间，使公司在未来"三网融合"的竞争中不断显现优势，我们在借鉴其他城市图文频道运营经验的基础上，确定了沈阳图文频道采取市场化切入的运营模式。经过紧张筹备，自9月1日试播以来，图文频道团队通过理顺频道工作流程，引入绩效考核机制，强化节目安全意识等一系列努力，保证了图文频道的节目安全。随着节目内容的丰富，图文频道已开始得到观众和市场的认可，未来的图文信息频道将成为传媒网络新的经济增长点。

——2010年各项管理工作跃上新台阶。公司强化了财务管理、人力资源管理、车辆管理、行政管理、设备和工程的招投标等管理工作。通过努力，公司享受文化改制企业税收减免政策工作也取得实质性的进展；根据发展需要，研究制定了《沈阳传媒网络有限公司（全资）子公司管理暂行办法》；进一步完善了公司的绩效考评体系；完成了公司用户信息管理系统的升级改造工作，正式启用了金税三期征控管理系统接口程序暨公司发票管理系统。通过公司多个部门的艰苦努力，如期完成了新（北院）营业厅、办公区的设计装修工作。这些工作为顺利完成全年经营目标奠定了坚实的基础。

同志们，今天我们所取得的成绩，来之不易。它凝结着全体员工的聪明才智和辛勤汗水；凝结着多少老一代有线电视工作者的默默耕耘和无私奉献；凝结着许许多多关心有线电视事业发展的老领导、老同志的殷切期望和大力支持。

当历史迈入2011年的时刻，我们从此踏上了"十二五"发展的新征程。站在岁月交替的门槛，我们心情激荡。从1991年筹划组建沈阳有线台算起，我们已经走过了20个风风雨雨、春夏秋冬，我们亲历了沈阳有线电视事业从无到有，从小到大，从弱到强的发展历程；我们见证了沈阳有线电视发展过程中技术升级和技术革命。

目前，沈阳有线电视网络无论在技术上、规模上和综合业务能力上，在全国副省级城市中均名列前茅。截至2009年底，公司总资产已达20.11亿元，在全省各市中名列前茅。公司将会在全省的网络整合中发挥重要作用。

抚今追昔，思绪万千。随着文化体制改革的不断深入，已有七年历史的沈阳传媒网络有限公司，即将成为北方联合广播电视网络股份有限公司的一员。沈阳传媒网络有限公司的名字和她所创造的不平凡业绩也永远地载入史册。

此时此刻，我们还应该永远记住那些为沈阳有线电视事业发展做出重大贡献的韩永言台长、高占文台长、弋国良台长、刘凤成副台长，以及现任的白明路台长、李依群总编辑，他们的名字和贡献将铭记于沈阳有线电视发展的丰碑，也将铭记于所有沈阳有线电视人的心中。

沈阳有线这20年，是科学发展的20年；沈阳有线电视人紧紧抓住发展的战略机遇，经受住了一系列的挑战和考验，按照计划的目标，胜利完成一项又一项任务。以无可争辩的事实，谱写了具有沈阳特色的有线电视发展的崭新篇章。沈阳有线电视的明天会更加美好，沈阳有线电视人的生活会更加幸福、美满。

值此新春佳节来临之际，祝愿公司全体员工：新春快乐，身体健康，阖家欢乐，吉祥如意！

谢谢大家。

沈阳传媒网络有限公司
2011年度工作报告
孔　军
（2011年12月30日）

尊敬的东兵部长、明路台长，尊敬的各位领导、各位同仁：

大家下午好！

受明路台长的委托，我代表公司领导班子做2011年度工作报告。

2011年载着收获和喜悦即将过去，2012年迎着希望和生机信步而来。此时此刻，我和大家一样心情无比激动，感慨万千。因为，2012年是我们建设沈阳有线电视网络的二十华诞。历经二十年探索发展，改革创新，沈阳有线网络这株文化产业的幼苗，今天终于成长为枝繁叶茂的大树。

历数今天的发展成果，我们永远不会忘记，许许多多关心有线电视事业发展的老领导、老同志的殷切期望和大力支持。不会忘记，老一代有线电视工作者的默默耕耘和无私奉献。借此新年来临之际，请允许我向他们表示衷心的感谢和崇高的敬意！

即将走过的2011年，是极不平凡的一年。公司上下克服了发展与徘徊，改革与观望等思想情绪波动的影响，以科学发展观为统领，走过了一段极为难忘的历程，实现了三大跨越。

一、经营创收大跨越。公司刚刚成立的2004年，经营收入仅为1.35亿元，2011年达到4.6亿元，增长了3.4倍。公司总资产从 2004 年的 7.4 亿元增长到 20.11 亿元，增长了 2.7 倍。

二、网络发展大跨越。2004 年沈阳有线电视网络还是广播式的单向网，仅有用户 79 万户，且均为模拟用户。今天，全市网络统一运营管理，覆盖率达 95%以上，城区网络基本实现数字化，其中 40%的网络实现了双向化，全市网络用户已达 192 万户。网络不仅仅扩大了规模，更有了质的飞跃，网络数据业务初具规模。目前，公司已逐步建设形成集视频、数据、信息等全业务运营于一体的新业态，成为沈阳乃至全省信息化建设的重要力量。

三、服务管理大跨越。有线电视网络从当初的独家垄断，皇帝的女儿不愁嫁，已经演化到了三网融合，群雄争霸的格局。历经几年的探索，我们制定完善了《以客户为中心的业务流程》体系，统一了 96195 客服号码，建设了现代化的客服平台，实行 24 小时全天候服务，正在把人性化、个性化的服务送到沈城千家万户。

回顾即将走过的 2011 年，我们感到无比的自豪与欣慰。我们用累累的硕果为沈阳有线电视网络创建二十周年献上了殷实的厚礼，更为北方广电网络公司即将开启的实质性运营奠定了坚实的基础。

——2011 年，公司全年创收比上年增加 2000 万元，经营创收连续 7 年大幅度增长。与此同时，公司员工收入也得到了进一步提高，年人均收入增加 8630.88 元，增长了 24.79%。调整提高了公司员工的公积金基数，调整后人均缴纳额度增长了 21%。切实做到在公司不断发展的同时，使员工分享了公司改革发展的成果。

——2011年，我市有线电视双向网络改造工作又有新突破。在全体工程技术人员的不懈努力下，全年完成了双向覆盖792个光站、3800余栋楼，完成340公里光缆、78个光节点、70.5孔公里管道的设计施工任务。新增双向网络覆盖31万户，累计完成双向数字网络覆盖62万户。

——2011年，完成市区有线电视数字化整体转换14.3万户。同时，启动了东陵、于洪、沈北等三个区的数字电视整体转换工作。从年初开始，各区公司组织施工人员和技术力量，对辖区内的网络进行改造，公司派出专人对各区整体转换工作给予具体指导和培训。经过一系列努力，三个区公司全年完成数字转换7.8万户。公司累计完成数字转换122万户，全面实现数字转换的工作目标。

——2011年，完成了播控系统的全面升级改造和分前端扩容改造工作。新启用的播控系统，不仅实现了监播功能自动化，还大大提高了监播人员的工作效率，改善了播控工作环境，降低了播控劳动强度。新的播控系统在全国同行业中名列前茅。按照双向传输业务的要求，通过内部挖潜和优化配置，完成了分前端的二次电力增容和机房扩容工作，为网络功能的拓展提供了强有力的保障。

——2011年，有线电视服务有了新突破。工程管理和客服部门克服重重困难，不断提高服务质量，保障网络安全优质运行。在极为艰难的条件下，全年完成收费任务2.415亿元，为公司全面完成任务奠定了基础。此外，从公司业务发展的角度布局，完成了客服系统的升级改造工程。改造后的客服系统拥有90个人工座席、120路语音通道，能够实现实时短信派发工单功能。今后，还可以开通用户自动充值缴费等功能，大大提升了公司客服的软实力。

——2011年，卫视节目落地收入连续7年创历史新高。公司运营部门克服了各种不利因素带来的冲击和影响，在巩固、优化卫视台落地业务的同时，开展了专业频道落地的尝试，成功地为央广购物等节目在沈阳落地搭建了桥梁。实现当年落地费收入入账1亿零507万元，落地费收入迈上亿元大关。

——2011年，区公司网络建设和发展也取得新进展。以沈阳网络为主体，覆盖全市城乡一体化的广电网络格局已基本确定。东陵、于洪、沈北、苏家屯等四个区公司，通过体制机制创新，进一步捋顺工作关系，形成了有利于网络发展的良好态势。全年实现经营性收入8050万元，其中：东陵区1700万元，于洪区1910万元，沈北新区1300万元，苏家屯区3140万元。全年新增用户数量5.2万户。此外，四个区公司通过加大网改投入力度，加快数字整转，提高服务质量等举措，不断加强网络服务能力建设和服务水平的提高，努力实现四个区公司的跨域式发展。

——2011年，公司宽带业务稳中有升。面对严峻的竞争形势，相关部门迎难而上，转变服务观念和服务方式，积极主动找市场、千方百计拉客户。全年新增宽带用户9703户，全年在网用户达4.3万户，实现创收3066万元。

——2011年，图文信息频道正式开始传输信号。为了适应市场需求，图文信息频道不断探索运营模式，积极开展跨媒体合作，力争在内容和形式上有所突破，拓展了图文频道经营的新途径。截至目前，图文信息频道信号安全传输8736小时，无责任事故。

——2011年各项管理工作不断加强。公司的财务管理、经营管理、人力资源管理、设备工程招投标管理、器材管理、安全监督管理、用户信息系统管理、车辆管理、行政管理等工作均有较大幅度的提升。在相关部门的积极努力下，全年数字付费电视业务创收达400余万元；联并网61个楼盘，拓展新用户4.1万户（端），实现创收201万元；公司用户收费VPN专网备份系统正式启用，提高了收费系统的稳定性；数字电视收费系统环网项目改造完成，提高了系统的安全性；举办了区公司业务人员培训班，为公司规范经营打下基础；开展旧器材修理利用工作，为公司节约资金120余万元；开展安全责任大检查，排查、清理各种事故隐患；等等。所有这些工作都为顺利完成全年总体目标打下了较好的基础。

——2011年，公司职工队伍建设迈上新台阶。通过举办员工职业技能培训工作，不断提高员工的素质。通过举办第二届岗位技能大赛，调动了员工学知识、学技术的积极性。通过大赛涌现出了以孙大伟同志为代表的一大批技能型人才的先进典型。通过开展文化产业发展教育活动，统一了大家的思想认识，坚定了公司多元化发展、集约化经营的科学发展理念，增强了做大、做强、做优广电网络的信心。为公司今后的发展奠定了思想基础。

同志们，回顾2011年，公司之所以能够实现三大跨越，公司的工作之所以能够赢得各方面的肯定和好评，得益于北方广电网络公司和沈阳传媒公司董事会的正确领导，得益于我们坚持科学发展不放松，得益于我们谋发展、谋创新、抓管理、抓服务的决心不动摇，得益于公司干群关系和谐、团结一心，更得益于全体员工的努力与拼搏。

在此，我代表公司领导班子向为沈阳有线网络屡创佳绩而辛勤工作、无私奉献的全体员工致以崇高的敬意！向所有关心和支持沈阳有线网络产业发展的各位领导，表示衷心的感谢！

我们即将迎来 2012 年的崭新岁月。在这个整装待发的时刻，我们期待，在脚踏实地的前行中，有更多惊喜和收获。然而，我们必须看到，国家三网融合的脚步愈发加快，全省网络整合已进入实质性运营阶段，沈阳作为省会城市进入国家三网融合试点城市之列已成必然。面对日趋激烈的网络竞争格局，日趋严峻的网络发展环境，我们还有很多工作需要突破，还有很多难题需要化解，还肩负着十分繁重的任务。所有这些，都要求我们不能满足现状、不能止步不前，必须进一步增强使命感、责任感，树立忧患意识、危机意识，以更加积极的姿态，更加务实的举措，把网络建设好、发展好，为全省广电网络的发展和振兴做出新的贡献。

为此，2012 年工作的总体要求是：全面贯彻党的十七届六中全会精神，深入贯彻落实科学发展观，进一步解放思想，进一步创新发展理念，全力做好网络改造、经营创收、服务建设、企业管理等各项工作，推动网络又好又快发展，为打造三网融合时代一流的广电网络运营商而努力奋斗。

2012年重点做好以下几方面的工作。

一是进一步加快双向数字网络改造步伐。网络双向数字化是开展一切网络增值业务的基础和前提，也是广电网络能否真正参与三网融合竞争的重要标志。为此，2012年公司要加大力度、加快进度、加大投入，深入实施双向网络改造工程，力争在前两年的基础上，再完成双向覆盖改造30万户，并适时开通双向交互电视业务，占领视频业务的制高点。力争在2012年初，启用数字播出新前端，为今后实现SDV、IPTV、VOD功能，实现三屏合一播发奠定基础。（交互式视频广播、交互式网络电视、交互式电视点播系统）

二是进一步加快数字化整体转换步伐。采取有效措施，加快推进东陵、于洪、沈北等区的有线电视数字化整体转换工作。在新的一年里，要加快网络改造等配套建设工作，力争全面完成我市城区和四个郊区的数字化转换任务。

三是进一步加大增值业务的开发力度。以现有网络为依托，引进资金和技术，引进先进的营销理念和营销模式，引进高端人才，大力开发网络增值业务，培育网络增值业务的新市场，尽快形成公司新的经济增长点。

四是进一步完善客服体系建设。从公司的长远发展出发，不断完善公司客服体系的规范化建设工作，着力提高公司客服队伍的服务能力和服务水平。向成熟的同类企业学习客服经验，不断加强员工业务培训，不断总结、挖掘公司客服文化。努力培养一支业务熟练、技术精湛、服务规范、态度谦和、素质一流的客户服务团队。

五是进一步开发图文信息频道资源潜力，培育公司创收新的亮点。通过与电视台合作，开办付费电视业务等形式，力争使图文信息频道的盈利能力有较大的突破。

六是进一步实施人才开发战略。推动网络跨越式发展，队伍是基础，人才是关键。加强高素质人才队伍建设、职业道德建设和作风建设势在必行。加快培养善于开拓网络新领域的拔尖创新人才、懂经营善管理的复合型人才。创新人才培养模式，实施人才培养计划。按照岗位、职责要求，公开向社会招聘优秀人才。

七是进一步加强区公司领导班子建设工作。实践证明，网络整合工作，有力地促进了各区有线网络的发展和壮大，有力地推动了数字电视整体转换工作。新的一年，公司将着力各区公司的建设和发展，选拔部分综合素质好、业务能力强的同志充实到区公司管理岗位，使区公司领导班子配备的年龄结构、业务结构更趋科学合理。

同志们：二十年弹指一挥间。二十年里，我们的网络发生了翻天覆地的变化。二十年里，我们把握机遇，乘势而上，在改革中发展了我们的产业。而今，当网络整合、三网融合的号角在耳畔吹响，我们又将迎接有线电视管理体制新变革的考验。历经二十年风雨洗礼的沈阳有线人有理由相信，我们的明天会更好。我们的生活会更加幸福、美满。

值此新年来临之际，祝愿公司全体员工和各位来宾：新年快乐，身体健康，阖家欢乐，吉祥如意！

谢谢大家。

面对挑战　迎难而上
为开创沈阳广电网络发展新局面而奋斗
——2012年度工作报告
何宏刚
（2013年1月8日）

员工同事们：

现在，我代表公司领导班子向会议报告工作。这次年会的主旨是：总结2012年工作，部署2013年任务。以党的十八大精神为指针，不唯上，不唯书，只唯实，一切从实际出发，面对"三网融合"的严峻形势，调整思路，迎难而上，迅速打开工作新局面，为沈阳广电网络的生存与发展而努力奋斗！

一、2012年工作回顾

2012年，对于我们公司来说是一个很不平静之年。

外部环境：沈阳作为第二批"三网融合"试点在这一年已启动，我们面临的已不是电信行业的"狼"来了，而是"狼"已到广电行业安营扎寨，开始蚕食我们；国家电网后来者居上，同步光纤入户，会同中国电信在沈阳同时开展广电网络业务；广电行业的"内鬼"，也釜底抽薪，公开断我们的信号接他们的网络。

内部环境：我们的员工已涉及转换隶属关系的管理体制变化问题。原运营主体多种身份人员心态各异，情绪不稳，客观上已影响到实际工作；公司高管层管理者调整，引起公司上下波动，随着时间的推移，各种信息紊乱，直接干扰了公司正常工作。

面对这样的局面，沈阳广电网络人没有沉沦，进入第四季度后，在省市有关部门领导的关心、理解和支持下，挺起脊梁，全员动员，上下合力，多方补救，最后夺得了较好的工作业绩。

1. 经营创收超额完成指标

2012年，我们制定的经营创收指标为46000万元。实际完成48012万元，超计划4012万元。其中：基本业务收入为35842万元；卫视节目收转费收入为10331万元；宽带业务收入为3392万元；其他业务收入为447万元。总体实际收入与上年同比增长9.2%。

几行数据，看似简单，却凝结了多少不容易。

2. 用户资源稳中有增

今年的广电网络市场环境已从激烈竞争演化为强抢，我们家里的东西竟然明着被夺走（我们网的用户信号被掐断，把他们的信号接进去）；再有下到我们锅里的鸭子煮熟了也可以飞（联并网时与我们已签好了入网协议，硬是被人家高价撬行给弄走了）。我们就是在这种恶劣环境冲击下艰难前行，在打拼中我们新增用户资源105142户（端）。至此，沈阳广电网用户资源累计达到1814337户（端），其中：分布在和平区233137户（端），沈河区194582户（端），皇姑区354482户（端），铁西区292088户（端），大东区208452户（端），东陵区130600户（端），于洪区165908户（端），苏家屯区101732户（端），沈北新区133356户（端）。

我们的用户资源来之不易，我们的用户发展之艰辛可见一斑。

3. 数字化整转工作城区基本结束

沈阳九区城区部分有线电视网络居民用户数字化整体转换工作基本结束。今年实际完成 278775 户的数字化转换。目前，沈阳有线电视数字化用户已达到 1427897 户，占用户总量的 78.70%。其中：和平区占 10.37%；沈河区占 9.98%；皇姑区占 17.56%；铁西区占 12.20%；大东区占 11.28%；东陵区占 6.15%；于洪区占 2.13%；苏家屯区占 5.26%；沈北新区占 3.77%。

这些数字表明，没有我们每个区公司和与之密不可分的各支撑部门的共同努力，很难取得这样的业绩。

4. 双向网改工作稳步推进

2012 年，双向网络改造工作虽然一度出现停滞状态，但仍然实现了稳步推进。全年铺设光缆 2438866 米，架设双向设备 216 套，覆盖用户 153402 户。目前，我们的双向网络已覆盖用户总量达到 78 万多户。同时，我们在 500 多户使用者中进行双向测试，为公司新业务的开展以及双向网络的建设积累了成功经验。

5. 客服质量正在提高

2012 年，针对客户服务质量问题，我们采取了三项措施：一是对呼叫中心管理层进行了调整；二是对受理员队伍加强了力量；三是制订了行之有效的绩效量化考评办法。这些措施，效果显著，受理服务质量明显提高。2012 年，呼叫中心受理话务量 1678434 件，杜绝了来访电话无人接听事件的发生；投诉中心接办各类有效投诉案 523 件，投诉率为

2.31‰，与去年同比下降4.2%。以皇姑区公司为例，到2012年12月31日，连续199天无超时维修事件发生。可以见得，我们的客户服务工作正在好转，客户服务质量已见提高。

6. 员工收入向"翻一番"目标又进一步

党的十八大报告明确提出：确保到2020年实现城乡居民人均收入比2010年翻一番。围绕这个目标，从孔军总经理那时起，我们一直都在努力。2012年，特别是进入第四季度，公司上下，尤其是创收部门，拿出了百米冲刺的劲头，一跃超额完成了创收指标，与上年同比增收2100多万元，为员工收入的增长创造了必备条件。2012年，我们的员工人均收入与上年同比增长了21.6%，向着"翻一番"的目标又跨进了一步。

7. 服务中心，服务大局，崇尚劳动的风气正在形成

经济效益为中心，经营创收是大局，劳动创造效益的意识，逐渐深入人心。2012年公司一批劳动标兵的涌现，吸引了广大员工的目光；有的区公司减少脱产人员，崇尚一线劳动，让人拍手叫好；技能大赛能手的产生已从一时考技见高低转向与工作表现相结合上来；各类数据统计与财务工作，越来越贴近经营创收实际；综合行政管理工作的主动服务意识正在增强；安全保卫工作措施更加精细化；技术保障工作的责任意识得到强化。一个服务中心、服务大局、崇尚劳动的风气在我们公司正在形成。

8. 调研活动催生工作新思路

调查研究工作，是我们2012年工作的重点之一。从10月10日调研组第一次会议开始，到12月8日"调研报告"

的形成，历时两个月。正如"调研报告"开头语所言："这是一次全员动员的，各部门广泛参与的，共谋公司发展大计的调研活动；是公司二十余年发展过程中前所未有的，触及每个成员心灵的调研活动。"这项调研活动，直接参与者达215人，8个课题组围绕33个课题展开调研，调研综合组召开了9个不同层面、不同层次、不同代表性的座谈会，共搜集了424条意见或建议。经过梳理，把各种散碎的信息上升至理性的思考，无不与部门之间职责不清、部门之间职能交叉、部门设置不合理、机构重叠、管理层级过多等相关联。透过这些"相关联"的表象，我们清楚地看到其本质问题是：公司的生产关系有相当一部分已不适应生产力的发展，甚至已成为公司发展的桎梏。

认识问题的目的在于解决问题。调研催生了我们的工作思路：即通过调整公司生产关系，极大地发挥生产力的正能量，以促进以用户为中心的不盲目跟从市场的重视投入—产出比的新业务的展开。

回顾2012年的工作，我们没有因为不努力而遗憾，可却为努力的不够而自责。比如安全播出工作，发生两起重大责任事故，暴露了管理层面管理缺位，执行层面责任心不强，操作层面工作懈怠等致命问题，教训沉重。"错误和挫折教训了我们，使我们聪明起来"，我们不应该也不会在今后的工作里重复这样的"故事"。

同事们，2012年我们在风雨中坚定地走过来了，并以较好的工作业绩证明了我们没有辜负各级领导的期望。说起业绩，不能不让我们想起以孔军同志为代表的沈阳有线人。自

1992年6月15日沈阳有线电视台筹建处成立以来，孔军同志带领沈阳有线人，从无到有，从小到大，为之奋斗了二十年！在这里，对孔军同志表示深深地敬意！对创造沈阳广电网络二十年辉煌的创业者——沈阳有线人表示深深地谢意！对继往开来的为沈阳广电网络做出新贡献的后继者——沈阳广电网络人，对你们表示衷心的感谢！

二、2013年工作安排

2013年工作的重点是：用科学的态度创新工作，把以用户为中心贯穿于公司管理的全过程。针对市场，调整内部不适应生产力发展的生产关系；打造一支员工信赖的管理团队；强化计划财务工作；积极开展有经济增长价值或有经济增长潜力的新业务；突显信息化管理的作用；建立法务监审的经营秩序，堵塞管理漏洞，创造廉洁自律的良性氛围；完善运营管理体系；重视企业文化对塑造公司形象和规范员工行为的影响力；将公司经济效益与员工切身利益同步增长作为我们的工作目标。

1. 经营创收

2013年经营创收指标定为：以2012年经营创收完成额为基数，力争增收2000万元，为实现5.2亿元的创收目标而拼搏！

这个目标，是在两大不利因素条件下制订的。一个是去年春夏之交开展的资费优惠活动，出现了"寅吃卯粮"现象，这部分收入今年将没有了；另一个是数字转换带来的临时性收入突增，随着转换工作的基本结束，今年将会消退，收费绝对额将会降下来，恢复到常态收费。因此，要实现今年的创收目标难度很大。尽管这样，我们也要为之一搏。

为实现这一目标，我们要做好以下工作：一是在五个区级分公司实施模拟相对独立核算，进一步调动一线员工的工作积极性，把政策落实到最基层，把"责、权、利"分解到每个班组，指标直接到人，切实做到"千斤重担大家挑，人人身上有指标"；二是在四个区级子公司强化经营管理，统一财务记账模式与核算标准，加强监审工作，堵塞漏洞，开源节流增效；三是与"华数"等有实力的文化企业多方合作，建立有员工参股的多种经济成分并存的具有活力的新经济实体，在新业务开展上创造新的经济效益增长极。

2. 网络拓展

2013年，中国联通计划在沈阳200个小区开展IPTV业务，年度计划发展10万户；国家电网与中国电信合作，计划年内在沈阳发展5万IPTV用户。面对激烈地市场竞争，2013年我们确定的用户发展总体目标是：在180多万户（端）的基础上，力争增加10万户（端），用户资源总量要达到190万户（端）。

具体措施是：对辽中县网络采取技术整合方式，增加用户总量；对沈阳市广播电视技术中心网络采取一次性购并的方式，扩大直管用户；对四个区级子公司辖区内尚未整合的乡镇网络，采取行政等多种方式，收回其用户管理权；对新用户的发展，采取政策上的支持，鼓励全员参与网络拓展，以生产力标准衡量职能部门的业绩。

3. 事业发展

一是继续推进双向网络改造。2013年完成15万户的改造，要实现覆盖用户总量达到93万户，对新发展的有线电视用户资源一律按照数字化双向网络设计，一步到位，避免重复投入。

二是适时有效开展增值业务。在500户双向测试的基础上，不断扩大测试范围，全力广泛推进，适时有效地开展增值业务，做到改造发展一户，增值业务覆盖一户，让我们的投入尽快有产出。

三是迅速发展高清电视业务。2013年，根据资金状况，以市场运作方式，计划在10万用户中开展高清电视业务，主动抓住并充分发挥现阶段广电网络的优势，注重与电信行业的差异化发展，尽快扩大市场占有率，增强用户的黏合度，为广电网络的可持续发展奠定基础。

四是统一九区网络设计。2013年起，将四个区级子公司的网络设计也纳入统一设计范围，统一布局、统一标准、统一档案管理。

五是进一步加强与中国电信合作，竭力发展我们的宽带业务；积极做好与中国移动的战略合作，在实践中努力寻求具体业务合作项目。

六是建设信息化管理平台。建立专人专业化的信息化管理组织，负责综合信息系统的开发利用（如BOSS、OA系统等），为公司新业务开展、工作流程管理、办公自动化以及分公司和子公司的管理等，创造必要条件。

4. 客户服务

客户服务是公司软实力的体现。一个优质的客户服务体系是企业的宝贵财富，它可以使公司商誉提升，使公司的无形资产升值，在创造公司经济效益中起到不可或缺的作用。
2013年，我们的客户服务工作要从如下几个方面入手：

一是整合客服计费资源和多业务维护维修资源，降低人力资源成本，降低内耗，方便用户，提高服务效率，提高工作质量。

二是借我们营业场所已进入维修期的契机，整修店容店貌，进行功能性改造，破除传统的收费模式，为用户创造现代、轻松、方便，适于新业务办理的服务条件。

三是借鉴"招行"的窗口服务标准，借鉴"海尔"的售后服务模式，把用户投诉率（月）降至万分之一，用户报修率（月）降至3.5%，维修超时率降至为零。落实首问负责制，采取与员工收入挂钩的绩效措施，打造一支让用户满意的微笑服务队伍。

四是提高区级子公司客服质量，逐步纳入统一考核体系。

五是加强全员服务意识培训。除对受理员、接访员、计费员以及维护员进行统一服务标准，提高业务素质，增进协作精神，注重仪表礼仪等岗位培训之外，加强全员服务意识的培训，把用户装在全体员工心中，绝不让"这事不归我管""我不知道"等现象再度重演，千方百计提高我们的用户保有率。

5. 安全工作

我们的工作，千重要万重要，安全最重要，安全责任重于泰山，在我们这里体现得尤为突出。2013年，我们必须对"四个安全"常抓不懈，即消防安全、播出安全、防盗安全、防范安全，具体抓好以下工作的落实：一是调整播控部门管理人员；二是加强播控值班力量；三是落实北陵办公区电力值班人员问题；四是解决保卫部内勤人员短缺问题。总之，安全问题是全员问题，各部门都要重视，必须支持安全保卫、安全播出职能部门的工作。

6. 团队建设

一是加强领导班子建设。"政治路线确定之后，干部是决定的因素"，我们公司也是如此。我们要本着体现股东意识，对董事会负责的原则，在省公司的领导下，调整配置好班子成员，以一个健全健康的领导班子投入到2013年的管理工作中去。

二是调整内部组织结构。按照现代企业管理需求，结合公司实际情况，减少管理层次，变三级管理为二级管理，逐渐向扁平化管理过渡，避免令出多门，管理交叉，以提高工作效率，降低管理成本。

三是做好中层干部配置工作。组织结构调整了，不可避免地涉及干部配置问题。这次干部调整，要打破画地为牢，部门封锁，坚持干部岗位交流的原则。避免认人唯亲，搞小圈子。做到扬长避短，人尽其才。

四是搞好全员聘用工作。机构与干部调整之后，随之而来的是员工聘用问题。这次员工聘用正值全员身份管理体制转换，由沈阳广播电视台下属公司向北方广电网络沈阳分公司转换之当，两项工作一并进行，避免重复劳动，一次到位。

7. 企业管理

改变传统的管理方式。办公环节，能信息化处理的，不要纸片到处飞；器材管理、管网建设、网络拓展、资产管理、物业管理、车辆管理以及工程监理等，能内部上网公开的，一律网上公布，接受员工监督，避免资源浪费，为保护干部及重要岗位人员，创造廉洁自律的工作环境；财务与经营管理，加强计划管理、加强过程监督、加强经营分析，所有报表务求准确，所有数据能成为决策参考；利用信息化管理系统，做好工作流程及流程监督，让制度在流程中发挥作用，让绩效考评有量化或物化的操作性，尽量避免或减少人为好恶的主观判定；认真抓好皇姑区公司的管理试点工作，及时总结，为在和平、沈河、铁西和大东等四个区公司全面推广提供宝贵经验。

8. 公司文化

企业文化是公司的灵魂，它可以潜移默化地规范员工行为，塑造企业精神，增强员工的凝聚力。

2013年，我们要在公司文化建设上狠下功夫：一是在员工培训上肯投入，让每个员工都能接受到素质教育，以提高工作质量和工作水平；二是建立健全完善各项规章制度，通过各种形式灌输给员工，并与个人利益联系在一起，让员工像掌握技能一样了解和遵守制度；三是树立劳动光荣的风尚，采取相应措施，引导员工崇尚劳动，让劳动艰苦、劳动量大、劳动质量高的员工同样可以获得高收入；四是提倡自觉、和谐、向上、文明之风，摒弃拉帮结派、亲疏有别、"不酒肉不朋友"的陋习，不要把人际关系弄得复杂化，创造出沈阳广电网络人特有的阳光式人际关系；五是建立并写好公司志，记录好大事记，让公司的历史作为一种文化传承下去，让我们的档案资料作为一种资源在公司发展中发挥作用；六是让员工技能大赛与公司内部考工晋级有机地结合起来，让考场考得好的与实践干得好的统一起来，以标秉公司文化品质；七是让公司识别系统、办公家具配置及物品摆放、各类物资管理等统一规范；八是提倡员工服饰仪态职业化，生活情趣文雅个性化，以提高员工的文化品位。总之，通过企业文化的孕育，树立起公司整体形象，把"沈阳广电网"升华为具有影响力的家喻户晓的文化产业品牌。

9. 员工收入

员工收入取决于公司经营创收，经营创收状况与员工收入成正比。按照沈阳市和平区与沈河区的部署，2015年即提前实现工资倍增计划，我们也应该向这个方向努力。当然，要做到压力会很大，而没有压力哪来的动力。我们首先要制订好一个切合实际的"十二五规划"，按照这个规划必须实现每一年的经营创收递增指标，才能确保员工收入三年连增。2013年，我们要进行员工薪酬制度改革，重点向基层倾斜，向一线倾斜，新的《薪酬设计方案》将充分体现劳有所得、多劳多得，不当官也能多得。2013年员工工资的实践目标确定为：与上年同比增长20%左右，力争高于全国城乡居民收入当年平均水平预期的13.6个百分点左右。

同事们，我们面临的形势虽然严峻，"三网融合"的考验，既充满挑战，也创造机遇，只要我们不急躁，不气馁，不盲目，不消极，正视现实，捕捉机遇，踏实做事，稳扎稳打，把今年制订的各项工作目标，分解为每个部门的任务，把每个细化指标落实到具体人头，各级管理者率先垂范，从宏观把握，以微观做起，公司上下团结奋进，一定能够实现我们的既定目标。

谢谢大家。

（编者注：根据工作需要，报告中经营收入总额照实际收入少表述2000万元，应该为50012万元。）

深刻认识危机　创新工作思路
为推进沈阳广电网络可持续发展而不懈努力
——2013年度工作报告
何宏刚
（2014年1月8日）

员工同事们：

现在，我代表公司领导班子向会议报告工作。这次会议的主旨是：总结2013年工作，分析我们面临的形势和任务，安排2014年工作。

一、2013年工作回顾

回眸2013年，是我们把党的十八大精神变为行动自觉的一年；是广大员工转变观念接受市场历练的一年；是公司沿着现代企业管理规范道路前进的一年；是企业文化重塑向着风清气正方向发展的一年；是我们打开新局面创造经营收入新辉煌的一年；是我们的员工挥汗如雨创佳绩获得回报的一年；是公司上下坚定不移地按照年初"工作报告"锁定的奋斗目标认真抒写的一年。

1. 经营指标全线告捷

营业收入。总口径完成55000万元，其中：市公司（市内五区）完成41000万元，区公司（四个郊区）完成16000万元。超计划7000万元，同比增长8.77%。

利润总额。总口径实现2180万元，其中：市公司（市内五区）实现1890万元；区公司（四个郊区）实现290万元。超预算2180万元。

资产负债率。总资产负债率为46.51%，其中：市公司（市内五区）负债率为46.84%，区公司（四个郊区）负债率为37.78%。企业处于良性运行状态。

2. 网络拓展多路并进

采取多种渠道促进网络发展，现已超额完成新增用户资源10万户/端的计划，实际完成200334户/端，其中：市公司（市内五区）联并网52631户/端，区公司（四个郊区）新增入网73483户/端，传媒收购市广电中心网络16220户/端，技术整合辽中县网58000户/端。现我网用户资源总量已达2155705户/端。

需要指出的是，我网当年网络市场占有率并不高：市内五区我网份额占83.1%，省网占16.9%；浑南地区我网占41.4%，省网占58.6%。可见，在与省网公司非理性无序竞争中，我公司每年都将付出巨大代价，损失掉不该损失的份额。

3. 双向网建设打破"猫冬"常规

为尽早实现双向交互全业务的开展，我们的员工与时间赛跑，全天候施工，甚至打破北方冬季不能施工的规定，采取防寒增暖措施，超常规作业，硬是超额完成了15万户的双向网建设任务，使我们双向网络资源用户达到892798户，并已开通承载全业务功能的用户资源543261户。

4. 客服大提速，质监一路伴行

以建立网格化客服体系，倒逼客服大提速。我们将市内五区分为47个服务网格，缩小个体服务半径，提高快速反应力。维护响应时间由原来广电部规定的24小时，提速到1小时；到户服务时间由过去的24小时，提速到3小时。

为了保证服务质量，质监部门通过用户回访、用户接访、聘请社会监督员、设立用户联系员以及质量监督报等多种形式，多个渠道，多面考核，层层把关，不让问题漏网。2013年用户投诉率直线降至0.35‰，同比下降84.7%，向着零投诉率召唤。

5. 全员大营销，锤炼队伍

本着锤炼员工队伍的目的，坚持以市场为依托，8月15日，一个以高清电视业务推广为主的全员大营销拉开帷幕。此举一动，公司上下叫苦不迭："本来部门人手不够，还得抽出25%的人员去专职营销"，"原有工作就干不过来，还得抽时间去营销"。但班子恒心铁定，一路挺过来了。初始尝试，按预期达到了全员通过走市场转变观念，通过走近客户发现商机的历练目标，为进一步把员工带入市场提供了有益的实践经验。

6. 办公信息化促进管理工作高效低耗

为推进办公无纸化，工作流程化，管理透明化，监督阳光化。8月5日，OA办公管理系统在公司上线。结合实际的程序设计，防止了过去办公管理出现的诸多弊端，大幅降低了整体管理成本，极大提高了工作效率。仅日常经营活动票据报销的审批，就突显办公时间成本的节省。

7. 强化资产管理，提高资金利用率

我们把强化资产管理作为重点来抓。仅清理压库设备器材，修旧利废，能用尽用，就为公司节省资金230多万元。采购物资，分期进货，降低库存。物资选择，货比三家。能适用的决不高配，避免资源浪费。能一个月一买的，决不买"半年闲"，加快资金周转。让一块钱发挥两块钱甚至几块钱的作用，想方设法提高资金利用率。

8. 经营监管，踏石留印

我们在机构设置上分为"干的"和"看的"两部分，特别强调监管部门的作用。支出凭预算，预算严控制，必要的临时性无预算支出必须控制在整体成本支出总量之内。合同的签署按法务流程。招标采购，严格审计。报销事项一律网上签批，阳光操作，让制度在流程中发挥作用。通过内部监督，做到该花的钱必花，不该花的钱半文不花，2013年照预算少支出2270万元，为形成更大的企业利润奠定了基础。

9. 绩效考评，抓铁有痕

我们建立了运营流程管理，经营责任管理，工作量化管理，质量数据管理，工效挂钩管理和薪酬浮动管理，联动的激励约束机制，最终以绩效考评收官。我们与九区和14个部门分别签订了责任状，通过量化或物化的分类测算考评，公司按规则拿出693581元，用于37个各类团队和个人的兑现或奖励；按规定罚扣12个未达标团队和个人的薪酬，共扣罚299269元。

绩效动真的，触动了员工心灵，改变了过去一些人"出工不出力""出力不出活""保量不保质"的工作状态。

10. 把民主管理的价值体现在干部聘用中

我们把转变工作作风作为贯穿全年的重要任务，以加强民主管理为抓手，让基层劳动者参与到企业管理中。通过对区公司和职能部门的调研，梳理员工反映的问题，及时纠正了一些部门及个别干部的不实作风和狭隘做法；通过在网上与员工沟通，及时掌握了个别权力使用者以权谋私的信息，迅速制订制度红线，避免了问题的发生，践行了把权力关在制度的笼子里。让干部置于员工的监督之下，把民主评议的结果应用到干部聘用中，有效防治用人问题上的"一把手工程"，用民主评议的尺子，尝试了干部能上能下，薪酬能升能降，效果很好。

11. 安全生产责任重于泰山

某种意义上讲，安全传输即为我们的产品，这种产品的安全是以秒来计算的，所以，安全生产对于我们来说具有特殊意义。一年来，我们实施人防、技防、联防一体化的安保体系，全天候防范。平日常抓不懈，重点部位、重点部门、重要时期、重大活动等专人负责，把广电设施安全纳入社会治安综合治理范围，齐抓共管，确保了公司全年播出安全、消防安全、防范安全和防盗安全。

12. 企业文化引领员工自觉规范行为

年初"工作报告"对公司文化是这样描述的：企业文化是公司的灵魂，它可以潜移默化地规范员工行为，塑造企业精神，增强员工的凝聚力。我们把抽象的企业文化做实，如把"崇尚劳动"的口号与薪酬分配挂钩，向基层向一线倾斜，真正让劳动艰苦、劳动量大、劳动质量高的员工获得高收入，一线员工月收入平均高于行政人员1260元；抽调专人编撰"沈阳有线二十年"，让公司的历史作为一种文化传承下去，让"公司志"作为一种资源在公司发展中发挥作用；通过培训，有87%的员工得到素质教育；"服务是公司的品牌"，"我们每个员工都是公司品牌"的企业理念，正在深入人心，逐渐成为沈阳广电网络人的自觉行为。一个风清气正，"自觉、和谐、创新、文明"的企业正在崛起。

同事们，盘点一年工作，星星点点，没能把大家为开创沈阳广电网络新局面而奋斗的壮丽鲜活的场景展现开来，但你们的付出，刻在了公司的记忆中，谢谢你们。

二、面临的形势与任务

展望沈阳广电网络的未来发展，我们倍感危机城下。党的十八届三中全会的召开，标志着改革开放进入了一个新的历史时期。非公有制企业和社会资本的规范进入，更加激烈地市场竞争将进一步冲击电信服务和文化传播市场；三网融合将各大网络运营商独营的藩篱拆尽，进一步挑战广电资源的国家行政垄断地位；网络带宽的提速，IPTV和OTT技术的不断创新，也在从技术层面悄无声息地推动产业竞争格局的改变；移动互联作为一次产业革命不可避免地给包括广电

产业在内的整个社会经济生活带来巨大的冲击。如何在广电
网络服务市场上保住我们的发展成果？怎样才能扩大我们的
市场份额，提升我们的业绩水平？是摆在我们沈阳广电网络
人面前十分严肃的课题。同事们，我们面临大考了！

面对当前形势和肩负的责任，我们的任务是：深刻认识
危机、创新工作思路，发挥我们庞大的用户资源优势，发挥
我们这张广电物理网安全性的优势，发挥我们更大面积第一
时间上门服务用户的优势，让"服务就是我们的品牌，我们
的品牌就是服务"的公司文化植根于沈阳广电网络人心中，
开放我们的多业务平台，拥抱移动互联，走出一条广泛联
合，合作经营，共同发展的具有广电特色的网络发展之路。

三、2014年工作安排

2014年我们公司的关键词是：合作、服务、质量、创
新。工作重点是：培育公司"服务品牌"文化；创造风清气
正的工作环境；搭建更广泛的员工学习、进步、成长的平
台；以"智慧社区"建设为主线，拉动技术更新改造，寻求
合作发展商机，实现一业为主多业并举发展；扭住客服质量
不放松；增强企业抗风险的自救能力；将公司经济效益与员
工切身利益同步增长作为我们不变的工作目标。

1. 公司文化

企业文化是公司的灵魂。一个有成熟文化的企业是立于
不败之地的。我们公司的企业文化就是"服务"。我们自己
唯一的产品是"服务"，我们产品唯一的品牌是"服务"，归
根到底，我们这种"服务"企业的属性决定了我们公司的文
化是"服务"文化。今年，我们将把"服务"文化的培育纳

入到考核范畴，体现在绩效上，让"服务"成为员工的
自觉。

2. 经营指标

营业收入：总口径58000万元。要完成这个指标，有诸
多困难需要克服，技术平台的不给力，网络状况的不支持，
市场开发的跟不上，制约着多业务的开展。我们必须创新思
路，大胆尝试，不能固守"田园"，创造增值业务和拓展业
务新的经济增长点，确保全年收入58000万元入账。

利润总额：总口径160万元。实现这个目标，必须在内
控上再下功夫，科学安排项目，调整和改进财经工作，严肃
预算，分管责任制，完善审批流程，加强过程监督，建立追
责制度，确保利润指标实现。

资产负债率：控制在50%以下。设计好投入—产出比，
合理摊销成本，调控好流动负债和长期负债的影响率，做好
报废资产以及资产折旧的适度比值，确保资产负债率控制在
良性区间。

3. 事业发展

改造升级前端机房，使其满足全业务开展；力争完成36
万户双向网改造任务。双向网改造，直接影响到市场部门的
产品设计与销售计划，是"智慧社区"建设的保障，是多业
务收入的关键。这36万户是网改的深水区，客观条件不
好，作业阻力重重，但我们一定要拿下这块硬骨头，确保城
网全双向；完成沈阳市"智慧城市"网络管理中心的网络管
理平台建设。先期注重"阳光政务"和"便民服务"的平台
开发，确保在沈河区试点的基础上向其他城区推广。中期关

注商务开发；做好北方广电沈阳灾备机房的建设工作。

4. 市场开发

广泛推广智能机顶盒支持的全业务；快速上线移动互联与广电网络结合的新产品；加快推进高清电视业务；有效发展宽带业务；重视开发围绕"智慧社区"建设形成的上下游产业链衍生产品；积极发展集团客户；加强市场开发方面的机构建设，充实市场部门的力量。

5. 客服质量

在客服大提速的基础上，不断巩固提高服务水平。建立全市统一的用户终端运维管理体系，借助"智慧社区"建设，把网格化客服的触角延伸到每个街道办事处，陆续在五城区74个街道便民服务大厅设立客服站，向着用户零投诉率的方向出发。

6. 企业管理

理顺各个监管部门的管理关系；提高流程管理设计的科学水平；让规章制度向着理念先进、简便易记、操作性强的方向改进。

公司的管理体制是：总经理领导下的副总经理负责制，副总经理分管下的部门责任制。工作机制是：总经理召集下的班子成员分工协作制；班子成员召集下的委员会工作协调制。打造一个扁平化高效运行的管理团队。

7. 安全生产

播出安全、消防安全、防范安全、防盗安全，"四个安全"要常抓不懈。安全问题一票否决，各公司各部门必须高度重视，切不可掉以轻心。要加强全员安全教育，对新到保卫岗位的员工要强化培训，适时开展一次消防演练，确保安全生产。

8. 员工收入

调整完善现行的《薪酬设计方案》；总结"双考双评"员工晋级的经验，制定出台《员工晋级办法》；激励机制继续向一线倾斜，加大对一线工作的考核量，向精细化考评升级；做好秋季员工"双考双评"工作，让文武双全的员工名利双收；在公司增效的同时保障员工增收，使人均收入水平稳中有升。

同事们，我们的事业没有完成时，只有进行时，事业发展永远无止境。让我们用夺得了2013年阶段性成果的双手，拥抱2014年，为推进沈阳广电网络可持续发展而不懈努力！

谢谢大家。

（编者注：根据工作需要，报告中经营收入总额照实际收入少表述2000万元，应该为57000万元。）

公司调研报告

关于公司全面深化改革
实现现代企业管理的调研报告

自2012年10月10日至12月8日，用历时近两个月的时间，开展"关于公司发展规划"的调查研究。这是一次全员动员的，各部门广泛参与的，共谋公司发展大计的调研活动；是公司二十多年发展过程中前所未有的，触及每个成员心灵的调研活动；是预示着公司在三网融合时代再续辉煌的全方位、多元化、深层次的调研活动。

第一部分　调研背景

2012年9月29日，公司新任总经理何宏刚在公司干部大会上，代表公司班子对公司2012年四季度的工作进行了部署。何总指出，公司2012年四季度的工作重点是"两个必保""一个武装""一个落实"和"一个调研"。其中"一个调研"，就是通过对公司各层面的调研活动，以现代化企业制度规范公司管理，认真谋划明年，认真谋划公司"十二·五规划"。

调研活动由何总挂帅，下设调研综合组和若干课题组，课题包括：十二·五期间公司战略规划、市场开发、经营管理、运营管理、行政管理、财务管理、人力资源管理、信息化管理、技术应用、网络发展、节目运行、客服质量、企业文化等各个方面。裴远真、王湘农、于启洋、李成雨、华岩、王东明、伊秀中、王梅等公司各部门主要责任人任课题组组长。

何总强调，这项工作关系到公司明年如何发展，关系到公司十二·五期间的发展方向，不容忽视。各课题组要在确保全年工作任务的前提下，完成对公司现有情况的全方位调研。在充分调研的基础上，公司要针对三网融合的巨大挑战，结合全体员工的诉求，定位公司发展战略，落实战略目标计划。同时，公司要全面开展管理体制、运营机制、市场理念等方面的改革，使公司迅速摆脱"垄断意识""事业体制遗留"，真正实现公司现代企业管理，再创公司发展新辉煌。

一、外部环境背景

企业的生存发展与企业所处的外部环境息息相关，企业的外部环境是影响企业经营活动及未来发展的客观主导因素和力量。影响我公司生存与发展的主要外部环境因素就是"三网融合"。

"三网融合"是国家信息化战略实施的必然要求。长期以来，广播电视作为党和政府的喉舌，一直受到国家政策的保护，国家曾以法规的形式在广电和电信行业之间设立壁垒，禁止两个行业之间的竞争。然而，"三网融合"打破了广电运营商和电信运营商之间在技术、市场、政策等方面的屏障，促使广电和电信两大行业在同一市场环境下竞争和发展。可以说，我们是被迫进入到市场竞争中来，迎接我们的将是一次改变命运的巨大变革。

"三网融合"对于电信运营商来说只是一场"业务之争"，只是它们技术应用和原有业务的进一步拓展。然而对于我们来说却是生死攸关！它是在发出这样一个信号：不改革、不发展就意味着死亡！

"三网融合"是一面镜子，它既让我们认清了自己，也让我们看到了与电信行业间的巨大差距，它揭示了我们在发展中的各种问题，也必将促使我们进行深刻的反思和全面的改革！

二、内部环境背景

二十年多来，公司从无到有、从小到大，网络覆盖从局部到全市，网络传输从电缆到光缆、从单向到双向，网络业务从单一的模拟电视到数字电视、高清电视、有线宽带等多业务融合，无论从网络规模还是经济效益，公司都基本处于行业中上游水平，可谓成绩斐然。

然而，在收获成绩的同时，我们也必须清醒地看到，在事业发展过程中逐渐积累、逐渐发酵的那些阻碍公司发展，甚至是关涉"公司生存"的"本质"问题。

公司的前身——沈阳有线电视台是"事业体制"，公司发展的外部环境背景是"垄断"。2004 年沈阳有线电视台转制为公司，到现在已经八年有余，但公司的管理模式仍然没有脱离事业管理模式，运行机制也仍然是事业管理的运行机制。在这种管理模式、运行机制和垄断意识作用下，公司的管理必然存在——因管理体制、运行机制落后，致使公司管理松散、粗放、效率低下；因制度不健全或执行不力，致使公司管理官僚主义盛行、人治行为严重；因控制手段薄弱，缺乏成本意识，致使成本提高，损害公司的行为泛滥；因垄断意识强烈，致使市场意识缺乏，没有服务理念，无法满足客户需求；因缺乏激励机制，致使个人追求"在闲暇"最大化等问题。

沈阳作为"三网融合"的试点城市，今年试点即将结束，我们必将、甚至是已经在面对强大的、可怕的市场竞争。如何让公司迅速摆脱"垄断意识""事业体制遗留"，真正实现公司现代企业管理，使公司在"三网融合"时代保持稳定、健康、可持续发展，是新上任的何宏刚总经理要面对和解决的重大课题，也是本次调研活动的主题。

第二部分　调研目的、目标、核心、分工及课题组调研活动安排

"十一"长假刚刚结束，10月10日，何总主持召开了调研组第一次会议组长动员会。会上，何总对调研活动的目的、目标、核心内容以及调研课题组的分工和调研要求进行了详细说明。

一、调研目的

按照现代企业制度，调整公司内部不适应生产力发展的生产关系；实现法人治理结构，使这种组织形式能够最大限度地促进公司生产力发展，发挥最大能量。

二、调研目标

以用户为中心，提供更多产品；通过用户购买，让产品成为商品；商品通过成本控制，让具有剩余价值的商品为我

们创造价值。

三、调研核心

围绕市场定产品；围绕产品定业务；围绕业务定流程；围绕流程定职能；围绕职能定机构；围绕机构定岗位；围绕岗位定人员。

四、课题组调研内容与分工

调研活动围绕以下33个课题展开：

1. 公司文化的应有内涵（负责人：裴远真）；

2. 公司十二·五期间的战略规划（负责人：何宏刚、倪红）；

3. 总经理工作制度的确立（负责人：何宏刚、于启洋）；

4. 人力资源成本的控制与人才的引进（负责人：于启洋）；

5. 财务预算的调控（负责人：王梅）；

6. 投入与产出的核算方式（负责人：王梅）；

7. 五城区分公司内部模拟独立核算探讨（负责人：王湘农、伊秀中、王梅）；

8. 加强资产管理的要素（负责人：于启洋、王梅）；

9. 强化法务在经营管理中的作用（负责人：裴远真）；

10. 加强内部审计工作（负责人：王梅）；

11. 业务流程的设计（负责人：倪红）；

12. 加强、加快完善制度建设（负责人：于启洋）；

13. 工作质量评估与绩效考核（负责人：于启洋）；

14. 突出信息化管理的作用（负责人：李成雨）；

15. 员工专项与定期培训的重要性（负责人：于启洋）；

16.《公司志》编写的历史意义（负责人：裘远真）；

17. 车辆管理有效措施的探讨（负责人：于启洋）；

18. 网络市场竞争对策的探讨（负责人：王东明、华岩、李成雨、倪红）；

19. 强弱电、局域网管理的科学化（负责人：李成雨）；

20. 器材统一管理的合理性（负责人：华岩）；

21. 宽带发展的有效路径（负责人：李成雨）；

22. 市场开发渠道的挖掘（负责人：王东明、华岩、李成雨、倪红）；

23. 频道资源效益的最大化（负责人：华岩、倪红）；

24. 一业为主拓展经营的市场空间（负责人：华岩、李成雨、倪红）；

25. 节目作为生产资料的开源与节流（负责人：华岩）；

26. 节目投入与两个效益产出的考量（负责人：华岩）；

27. 节目安全的保证措施（负责人：华岩、倪红）；

28. 客服形象的树立与社会监督（负责人：王湘农）；

29. 五城区分公司的自我约束力（负责人：王湘农）；

30. 开发部门创造力、挖掘员工潜力的环境要求（负责人：全体）；

31. 不适合生产力发展的因素（负责人：全体）；

32. 员工对公司的诉求（负责人：全体）；

33. 公司怎么管理（负责人：全体）。

五、调研要求

何总要求各课题组组长，针对本次会议提出的33个具体课题，结合"9·29工作会议"提出的13类调研目标，自组成员，实事求是地围绕课题进行调研，11月底之前完成调研任务，书面提交报告。

第三部分　分组调研活动的开展方式与安排

10月11日，何总主持召开了调研组第二次会议——调研综合组动员会，对后续分组调研座谈活动的开展做了全面部署。

调研综合组由何总任组长，抽调倪红、杨宇、程亮、张艳等四人任综合组成员。

会上，何总对调研综合组的工作任务进行了说明和分工，并明确了分组调研的开展方式——由何总亲自选择公司各层面人员，并亲自主持开展具有针对性的分组座谈会议；调研综合组全程参与，记录、整理、梳理座谈会议内容，最终形成综合性的书面报告。

分组调研的具体安排如下：

1. 大学生座谈会

座谈时间：10月12日（9点）

调研座谈会人员：公司部分"985""211"工程院校毕业员工，共10人

2. 老员工座谈会

座谈时间：10月16日（9点）

调研座谈会人员：公司部分1993—1995年入职员工，共10人

3. 事业编员工座谈会

座谈时间：10月18日（9点）

调研座谈会人员：公司部分事业编员工，共10人

4. 协议制员工座谈会

座谈时间：10月23日（9点）

调研座谈会人员：公司部分协议制员工，共11人

5. 课题组组长座谈会

座谈时间：11月6日（9点）

调研座谈会人员：裴远真、王湘农、于启洋、李成雨、华岩、王东明、伊秀中、王梅、倪红等9人

6. 部门经理座谈会

座谈时间：11月8日（9点）

调研座谈会人员：公司部分部门经理，共10人

7. 分（子）公司经理座谈会

座谈时间：11月13日（9点）

调研座谈会人员：郊区子公司经理、城区客服公司经理共8人

8. 技术口座谈会

座谈时间：11月15日（9点）

调研座谈会人员：公司部分技术口一线员工，共10人

9. 工程和客服口座谈会

座谈时间：11月20日（9点）

调研座谈会人员：公司部分工程和客服口一线员工，共10人

10. 行政和市场运营口座谈会

座谈时间：11月27日（9点）

调研座谈会人员：公司部分行政和市场运营口一线员工，共10人

11. 信息化建设调研会

座谈时间：11月29日（9点）

调研座谈会人员：公司相关部门负责人及员工，共9人

12. 新业务立项调研会

座谈时间：12月4日（9点）

调研座谈会人员：公司相关部门负责人及员工，共10人

13. 双向网建设调研会

座谈时间：12月6日（9点）

调研座谈会人员：公司相关部门负责人及员工，共11人

至此，调研活动"专项课题"同"分组座谈"相结合的格局全面确定，按计划紧锣密鼓地展开。

第四部分　调研情况反馈

本次调研活动涉及的范围非常广泛，渗透到公司的各个层面、各种岗位；直接参与和间接参与的员工都表现出前所未有的积极性和高涨情绪，参与的形式更是多样化，即有直接反映情况的，也有让参加座谈会的成员代为转达意见的，还有通过书面报告、电子邮件、QQ沟通等方式参与的，下面主要根据调研座谈会的情况，把本次调研活动的内容、情况反映等进行整理、汇总、归纳并做具体分析。

一、调研情况总体概述

调研活动从 10 月 10 日起拉开序幕，到 12 月 6 日基础调研工作完成，历时近两个月，共进行了十四次针对公司不同层面、不同岗位、不同主题的调研座谈会，直接参与调研会议的员工达 100 人（210 人次），占员工总数的 14.41%。截至 12 月 6 日，通过直接参与和书面报告等形式表达看法的员工已达 220 人，占员工总数的 31.7%（通过 QQ 等方式参与沟通的未列入其中），据不完全统计，员工反馈意见已累计达到 590 条。

每次调研座谈活动都是在宽松、和谐、积极、活跃的氛围中进行的，给予员工以充分参与、充分表达、充分沟通的机会。与会员工也未局限于会议的主题，他们自由发挥、畅所欲言；何总积极回应、参与讨论，畅谈现代企业管理理念。每次调研座谈会都是气氛热烈、内容丰富，涉及的问题和建议非常广泛，其中也不乏一些敏感、尖锐的话题，既包含"管理体制"、"运行机制"等宏观问题和建议，也包括诸如"车辆管理"、"食堂管理"等具体问题和建议。与会员工也未局限于会议的主题，他们自由发挥、畅所欲言；何总积极回应、参与讨论，畅谈现代企业管理理念。每次调研座谈会都是气氛热烈、内容丰富，涉及的问题和建议非常广泛，其中也不乏一些敏感、尖锐的话题，既包含"管理体制""运行机制"等宏观问题和建议，也包括诸如"车辆管理""食堂管理"等具体问题和建议。

调研综合组如实记录每次会议内容，以下是调研综合组就公司调研座谈会的开展情况及员工反映问题所做的归纳和简单分析。

二、调研及员工反映情况

（一）大学生座谈会

1. 总体概述

10月12日进行的大学生座谈会，是继调研课题组、综合组动员会后的第一次调研座谈会。与会的是工作在一线不同岗位的、毕业于国家211、985工程重点院校的10名员工。他们的特点是：工作在关键岗位，学历较高，在岗时间大多在6年左右，平均年龄31.5岁。他们有积极的工作热情，对公司的发展充满信心，同时也对公司管理现状表现出深切的关注和一定的忧虑。

座谈会上，与会各位发言踊跃，表达了入职以来的各种感想，尤其是对何总采取座谈方式听取他们对公司管理的看法和对公司未来发展的意见，表达出真诚谢意。

何总在与员工代表交流的过程中，希望他们成为公司发展的主力军，要担当更多责任，充分发挥"学习"能力优势，紧跟时代步伐，不断学习新技术、开拓进取，勇担重担；与会员工也纷纷表示，一定不辜负何总对他们寄予的希望，努力工作、不断进取，充分发挥和挖掘自己的能力，为公司的发展做出自己的贡献。

2. 调研反馈

（1）人力资源管理、绩效考核问题

①要引进先进的激励机制，给员工指出明确的发展方向，让员工工作有奔头；

②要建立绩效考核体系，奖罚分明；要合理分配人力资

源，基层工作要有人做，还要避免闲人影响其他人工作；

③内部分工要公平公正，不能欺负老实人；不能遇事儿就躲，要形成工作抢着做的团队氛围；要提高一线员工福利，给一线员工更多的培训机会；

④要给年轻员工提供培训机会。

（2）各部门之间沟通与信息化建设问题

①要加强各部门之间的沟通与协作，前端信号调整要及时通知维护组；

②各部门之间沟通效率低、成本高，要通过信息化实现高效沟通；

③公司信息化管理系统建成之前，可以通过公司网站等方式加强信息沟通。

（3）人事管理等问题

①希望明确协议制员工的身份归属；

②希望公司给派遣制员工以转正的机会，提高派遣制员工待遇，提供职称代评。

（4）其他问题

希望改善营业厅秩序和环境，提供设备管理服务。

（二）老员工座谈会

1. 总体概述

10月16日进行的是老员工座谈会，与会的各位入职最早的在1993年，晚的也是1995年，是纯粹的公司老员工代表。

正像何总所说的：在座的各位年龄不一定长，但确实对有线的贡献很大，是公司的宝贵财富。应该说，与会各位见证并亲历了公司的成长和发展，对公司的了解也是最深入、最透彻的，所以反映的问题也更贴近工作实际，有些还是很敏感的问题。

2. 调研反馈

（1）老员工待遇问题

①公司工资标准的制定倾向于高学历，老员工学历低、年纪大，又难以拿到文凭，工资中体现不出对公司的贡献；

②老员工工资低，没有"老带新"的积极性，新员工也不尊重老员工。

（2）工程管理、工程单位管理问题

①公司雇用的施工队服务差，不受约束，服务不规范，严重影响公司形象；

②公司雇用的施工队服务差、管理制度落实不下去的原因有很多，主要是工程费多年不变，相对较低；施工队为了降低成本，雇用临时工，或从公司材料领用上做补偿，所以服务没保证，跑冒滴漏现象严重。

（3）公司形象、企业文化问题

公司口碑差，社会评价低，软环境建设问题严重；公司内部缺少人文关怀，员工没有自豪感，缺乏工作热情。

（4）客户服务问题

①一线员工的服务能力和服务意识不强，需要培训；

②联通的客服独立于任何部门，可以调用任何资源；

③一线员工的付出与收入不成比例，管理制度多且严格，有可能干得越多，拿得越少，员工怨气大。

（5）公司制度建设、人力资源管理问题

①制定制度要讲究科学性，不能片面追求数量，鼓励高质高效地完成，不让人有空子可钻，真正体现多劳多得，不劳不得；

②一线员工的稳定性问题应引起关注；当初招聘来很多，但一段时间后都流失了，干活时缺人的永远是一线员工，应从薪酬待遇上向一线倾斜；

③公司制度应该是培养员工愿意到一线工作，而不是让员工都往机关跑。

（6）其他问题

①要将那些在工作中默默无闻的老实人树立成劳动模范，树正气；

②技能大赛暴露了公司技术能力的不足的问题，要给员工提供更多的培训机会，特别要让新来的大学生参与实践工作。

（三）事业编员工座谈会

1. 总体概述

10月18日进行了公司事业编员工座谈会。与会员工来自公司多个部门，年龄差异较大，最大的55岁，年轻的只有32岁。由于多数是管理人员，他们对公司问题的提出更倾向于公司发展的大格局，尤其是在技术、业务和网络发展问题上有很多见解。

2. 调研反馈

（1）公司技术发展问题

①公司是技术应用型公司，应该靠技术支持公司发展；没有技术力量，网络改造和日后运营的成本会很高，很多地

方会需要外包；一些大公司都在通过培训提高自己的技术能力，自己完成大部门技术工作，这样成本低，做得也好；公司的双向网改技术比较落后；

②公司对技术重视不够，年轻员工不愿意钻研技术，应该从导向上鼓励员工钻研技术。

（2）内部沟通问题

宽带安装维护中，部门间没有沟通协调渠道，没有相应的制度，效率低，服务差。

（3）市场发展问题

①用户转网的一个重要原因是二端机顶盒售价较高，机顶盒要卖到更低或实行优惠；

②目前用户发展已趋于饱和，只有把宽带发展好，才能在保持原有数字电视业务的基础上有新的利润增长点；

③要尽快开展机顶盒广告业务，增加收入。

（4）网络建设问题

①网管铺设前瞻性差，错过管网建设最佳时期，后期投入高；应在源头上解决规划问题，对地块拆迁、挂牌、规划、建设、并网全程跟踪；寻求相关部门干预，规范市场；

②双向网改造中新楼盘进入，受小区物业等的制约，能否与移动合作，解决现实问题；

③网络是公司的基础，要新建基站增加覆盖；许多小区并没达到应有的技术标准，后期双向改造也很困难，公司应论证进一步解决、治理的办法。

（5）其他问题

①巡检的维权法规滞后、盗用资源无法处罚；没有执法

身份；缺少法律支援；

②电力组人员年龄偏大，工作逐渐力不从心，需要补充年轻力量，要求中专以上、体重轻、能登高；

③档案库空间不足，各部门档案归档不及时；

④车容车貌代表公司形象，有待提高。

（四）协议制员工座谈会

1. 总体概述

10月23日进行了协议制员工座谈会。与会员工基本是在1994年之前入职公司，他们也是公司发展的见证人。由于诸多原因，协议制员工对自己的身份非常敏感，在座谈会上，几乎每个人都表达出对协议制身份的关切，迫切希望公司能出台合理的解决方案。

2. 调研反馈

（1）企业文化问题

①要加强对员工的培训，调动凝聚力和战斗力；

②公司作风不如从前，年轻人不注重学习、不关心公司，职业道德和社会责任感都有待提高；

③现在年轻人和过去相比，比较娇气，爬梯子之类的活都不愿意干。

（2）公司管理控制问题

①工作中浪费现象十分严重，制度弱化；

②工作中不注重节约，机房建设上材料使用量化不足，浪费太多。

（3）客户服务问题

①竞争环境激烈，一线服务质量还不尽如人意，应建立

超额完成任务的奖励激励机制，调动员工的工作积极性；

②网络设备和技术手段比较落后，影响网络和服务质量。

（4）部门沟通协调问题

①维修工作中，光站维修不及时的情况比较多，协调沟通不畅；

②维修服务涉及各部门配合，协调的环节效率很低，影响服务质量。

（五）部门经理座谈会

1. 总体概述

11月8日进行了部门经理座谈会。何总在座谈会的开场白中说："在座的都是公司的中流砥柱，也是公司的希望。代代沈阳有线人打下的二十年基业，横向比较是精彩的，在我们这儿不能失传，我最大的责任就是把这二十年的精彩传承给你们；然而，再优秀、再精彩也有瑕疵，我们座谈会的目的就是把瑕疵弥补上，这对历史是一个扬弃过程。我们现在觉得公司有不少问题，但这还得看历史，历史是有局限性的，那是客观的管理体制的局限。前任领导在那种旧的体制下，领着我们走到今天也实属不易。"

"我们在座的都不是在现代企业制度下成长起来的干部，未来怎么办？那就是扬弃，扬弃我们头脑中一些旧的观念，旧的思维，跟上时代步伐，适应新的形势，适应现代企业制度的管理。而且我们不光是适应现代企业管理，我们又是现代企业制度管理的亲历者、执行者，将来又是这种制度发扬光大的制定者，所以担子确实很重。"

"这次把各个职能部门的一部分经理请来，就是要与各位交流、座谈，谈什么都行，随便说，骂人都行。从不同的角度看问题，希望在座的每位都是总经理，或者希望包括我在内都不是这个公司的人，站在第三者的角度来看。"

"你们对公司怎么看的，公司有哪些弊端，公司下一步要怎么弄，或者我这个部门应该怎么的……说什么都行。很可能你说一句话，我们受启发，我们的会就没白开。"

何总在开场白中，对在座的各位部门经理寄予了很大希望，让与会的每个人都倍受鼓舞。

正因为如此，在这次座谈会上，部门经理们都放下了包袱，所谈所论都关涉到了公司管理的实质问题，提出了很多建设性的意见。

2. 调研反馈

（1）公司流程管理问题

①现有的工作流程存在问题、流程执行不到位，还有不合理的地方要改进；

②要建立健全公司管理制度，制度化、严格化、标准化、精细化；优化、再造工作流程。

（2）公司财务管理、固定资产管理问题

①公司要规范财务审批标准、权限，完善、细化财务管理流程和制度；公司固定资产管理不规范，财务要从源头跟进，建立公司和各部门的固定资产台账，各部门由专人管理，定期盘点；财务需要对投资项目进行管理和监督，需要加强内部审计，需要实施全面预算管理；

②公司固定资产管理不严格，办公设备管理不规范，资

产流向不清，有流失现象；固定资产要有专人管理，有审批、有记录；员工调动、离职时，固定资产要进行移交或归还；公司缺乏物品报废制度，实际工作中没有管理依据。

（3）公司制度建设问题

建立现代企业制度，要考虑到制度要有可知性、可见性、可查性。需要建立完善的考勤制度、激励制度、薪酬制度、外派制度、员工手册、出差制度、接待制度、采购制度、工程招投标制度、工程及行政管理预算决算制度、固定资产管理制度、公司对外报道制度等，以上制度公司或是欠缺或是不完善，需要公司立即着手建立和完善。同时，公司要建立企业内部管理标准，比如文件格式标准、网络设备管理标准、对外宣传报道用语标准，逐步向ISO管理体系靠拢，最终得到认证，ISO管理体系认证是企业自愿的一种行为。

（4）网络建设问题

①对新并网小区直接按双向设计，实现光纤到楼，解决网改困难的问题，总体投入也能下降；

②光纤网络是公司的优质资源，可以利用公司丰富的管孔资源，探索基站到小区之间的管道容量扩充问题；现在公司有20个基站，基站的覆盖面积不平均，建议把相关基站瘦身，平均覆盖，减轻机房空间、电力、管道的容量压力。

（5）公司信息化问题

要加快公司信息化进程，实现工作流管理和资源共享。升级网络资源管理系统，将其管理范围扩大到管网建设、双网改造、网络维护等方面；要针对用户的切实需求推出迎合市场的增值业务。

（6）客户服务问题

提升服务形象，为增值业务的大客户设立 VIP 专线重点服务；希望能够到移动联通等公司参观学习，借鉴经验；建议各部门设专人负责与客服对接，及时沟通信息，发现客服工作中的问题要及时反馈。

（7）其他问题

①要成立专门的营销团队，主动营销，争取大客户；

②技术部门要和市场部门加强合作，共同开发市场；

③盗版卡、篡改卡内信息、二端无线机顶盒和私设小前端的情况严重，给公司带来很大损失；

④要制定合理的政策，解决酒店小前端的数字转换问题。

（六）分(子)公司经理座谈会

1. 总体概述

11月13日进行了分(子)公司经理座谈会。四个郊区子公司经理和四个城区客服公司经理参加了会议。

何总在会上首先明确了明年市公司对四个郊区子公司的管理要求——明年起，子公司要在"财务记账模式"、"管理方式"和"网络设计"上与市里实现统一。之后，何总又将明年五个城区分公司在"人力资源"和"财务"由市公司统一管理的前提下，实现"模拟独立核算"的计划对各个城区分公司经理进行了说明。何总希望与会的各位能够充分调动自身潜力，为公司未来管理出谋划策。

2. 调研反馈

（1）区公司面临的问题

①转制后建议封存事业编档案，事业编员工以到企业出劳务的性质参加工作，最终以事业编的身份退休；

②转制后，希望企业的薪酬制度能对原事业编员工有所照顾；

③希望省公司给予足够的自主权，提供宽松的发展环境。

（2）五区模拟独立管理问题

①政策要稳定，不能朝令夕改；

②五区独立运作，规划市场、保有市场、抢占市场，很有压力，规划设计要跟得上，还要有法律部门的支持；

③目前维修组长太多，干活的人少，效率不高，独立管理需要调整内部岗位，重建工资结构。

（3）市场竞争问题

①公司要与省公司沟通，规范网络市场行为，制止省网恶性竞争，制止省网恶性的价格战，以提高公司的并网收入；我们在浑南地区与省网的竞争很被动，缺少灵活的竞争手段；

②联通IPTV对我们的影响越来越大，苏家屯区大约有7000~8000IPTV用户；发展宽带和高清是未来增值业务的方向。

（4）其他问题

①子公司与市公司沟通协作不够紧密，缺乏归属感，建议统一财务和管理模式；

②应借鉴联通模式，通过承建项目内网工程，抢占竞争先机，智能电网也在开展视频业务，未来也会给我们造成一定威胁。

（七）技术口座谈会

1. 总体概述

11月15日进行了技术口调研座谈会。这部分员工基本上年龄都在32岁左右，都是公司的技术骨干，他们代表了公司发展的未来。

2. 调研反馈

（1）工程管理、设备管理问题

①双向网工程改造缺少敢担当、有能力的现场施工监理人，双向大规模开通后，将面临维护力量不足的问题。网络设备丢失现象严重，要从设备安放、网管控制和日常巡查等方面探索有效的防护手段；

②公司雇用的施工单位"挑肥拣瘦"，导致旧设备闲置，资源浪费严重。工程用料预算大于实际施工用料，缺乏有效控制，应加强工程施工用料的管理，规范工程用料预算办法，加强审批。应建立固定资产管理系统，各部门设专人管理台账。

（2）降低成本问题

现在有大约100万台机顶盒已经过保，机顶盒故障率较高，维修能力直接影响用户满意度；通过自行建立机顶盒维修管理系统，自行维修机顶盒，可以避免新盒流失，节约大量成本；公司其他设备，如放大器、交换机也可以通过自行维修的方式实现"节流"，通过建立设备资源管理系统，实现公司器材的有效管理。

（3）公司资源管理问题

①分前端机房设备使用由各业务部门分别规划，资源浪费，应统一规划和管理；

②工程和规划部门协调不够，有的楼已经拆完了，还占着光纤资源，造成浪费。

（4）客户服务、流程管理问题

客服部门的整体技术水平较低，有些常见故障本可以通过电话指导排除，却被转到维护部门，影响效率，也降低了用户的满意度；客服部门缺少统一的服务规范，如接待规范、回复规范等，没有极端问题的应对规范；应把部门之间的沟通协作纳入工作流程，业务往来有记录、有时效、有监督。

（5）高清互动规划问题

应立即着手规划高清互动业务，制定营销策略，储备节目资源，解决节目版权问题。

（6）双向网问题

双向业务的前端设备已闲置了3年，目前属于已经被市场淘汰的设备；双向网改造后，没能发挥应有作用，开通率只有10%；整转还没结束，但技术已经落后，当前条件下高清、互动如何规划；公司技术设备选型要参考"国标"，以利于未来业务的承接。

（7）企业文化问题

要建设企业文化，培养员工的主人翁意识，提高工作的能动性，建立完善的管理制度和有效的激励办法来引导员工，提高工作积极性。

（八）工程和客服口座谈会

1. 总体概述

11月20日进行了工程和客服口座谈会。这部分员工基本都是从自身工作出发，结合工作实际，对公司管理中存在的问题提出了建设性的意见。

2. 调研反馈

（1）工程维护问题

①施工图纸标注内容（供电点位置等）缺失，60%以上图纸与实际不符，严重影响维修效率。大东区正在做图纸规范和线路优化工作（线路、供电点、放大器等），让无论哪个维护员都能一看便知。并网楼验收标准松，不利于维护，在市场开发和网络质量上不好把握；

②图纸对维护工作很重要，特别是夜班维护；要做好图纸的完善、归档和共享工作。

（2）公司雇用工程施工单位问题

①用户对公司施工队的投诉比较频繁，工程队的素质有待提高，我们对工程队也缺乏约束。工程队在协调、沟通、回访、回复等方面做得比较差。工程队在安装和维护时，不能按照预定时间上门，误差远远超过一小时，相较移动、电信的服务，差距很大；

②公司雇用的施工队服务态度很差，非常影响公司形象。

（3）数字电视管理问题

①数字电视营销中，付费节目与基本包没有捆绑关系，用户不交基本包费用也能看付费，有付费电视看，用户就不

会主动来交基本包费用。收看股票和点播也不需要交基本包费用，如果效果不好，用户还会报修、投诉、甚至要求赔偿，给收费员造成困扰。公司还存在欠费但不及时停授权的情况（非节假日），长此以往，用户就更不交费了；

②由于付费包和基本包未绑定，付费节目内容丰富价格低，导致普通用户向付费用户流动，最终降低了公司的总体收益。

（4）后勤管理问题

站里基础设施条件较差，漏水、漏雨，大门损坏、卫生间水箱故障、墙面返潮等，影响服务形象和日常工作。

（5）其他问题

①维护人员要有责任心，发现"病网"要追查到底；

②受理部技术支持人员不足，技术值班还达不到7×24小时的安全标准；

③管道建设无规划，经常错过施工的最好时机，需要付出更大的代价，管道建设要有全年的计划预算；

④用户管理系统数据统计准确度差；

⑤各部门要认真规范地回复接访部转去的投诉；

⑥前端调整、光站的故障都会影响用户端信号的稳定，这样的故障维修很困难。要保证光站信号的稳定，前端调整要及时通知维护组。

（九）行政和市场运营口调研座谈会

1. 总体概述

11月27日进行了行政口和市场运营口调研座谈会。这部分员工提出的问题比较广泛，也比较实际和尖锐。

2. 调研反馈

（1）公司信息化问题

因多种业务管理系统并存，发票管理系统和地税联网后存在数据不一致的问题。

（2）公司员工晋升等公平问题

公司干部聘任不公开，公司应公开评聘，提高透明度，也可以避免不必要的言论。

（3）公司管理问题

公司缺乏科学的绩效管理，干好干坏一个样，影响积极性；希望公司在外部运营和内部管理方面有大变革，员工也会适应；公司应把战略传达给每个员工，任务分解落实到每个人，提高员工归属感、认同感。

（4）其他问题

①要看到我们自身的闪光点，通过树立正面的榜样来带动整体的进步。在营业厅树立模范窗口，弘扬优秀的、先进的，带动负面的向正面转变，从而提高整个营业厅的服务水平；

②员工缺乏大局观，个人利益和公司利益不统一；

③档案管理制度不健全，合同等档案材料归档不及时或没有归档。行政工作、综合部门的绩效考核有一定困难，建议从工作态度、能力、成果等方面综合进行考核；

④各部门设立安全员制度，定期培训、指导工作，建立适合保卫工作的绩效考评制度。

第五部分　调研情况综合分析

调研综合组通过对历次座谈内容的归纳，总结出员工对公司的意见和建议表现在公司经营管理、运营管理、行政管理、财务管理、人力资源管理、客服质量、网络发展、技术应用、信息化管理、市场开发、节目运行、企业文化等方面，几乎涵盖了公司管理的各个层面。

有员工说：公司制度弱化、不健全，执行力差；

有员工说：公司组织架构混乱重叠，职责不清；

有员工说：工程施工材料浪费严重，管理不善；

有员工说：公司财务控制不到位，缺少监督；

有员工说：公司固定资产管理不严，资产有流失；

有员工说：公司缺乏科学的绩效管理，干好干坏一个样，影响积极性，没有培训，感觉没奔头；

有员工说：公司干部聘任不公开；

有员工说：公司口碑差，社会评价低，软环境差；

有员工说：工作流程没有标准，工作靠"关系"；

有员工说：年轻员工不爱学技术、不吃苦、不承担责任；

有员工说：公司收费系统多重，无法实现"一站式服务"；

有员工说：公司业务开展滞后、技术滞后，网络建设滞后；

有员工说：公司各部门沟通不畅，效率低下；

有员工说：客服人员服务水平、质量差，没有服务意识；

　……

在每次的座谈会上，与会员工都没事先准备发言稿，基本是从自身工作出发，结合工作中遇到的问题，把自己对公司的直接感受用平实的语言表达出来。就像上面举例一样，从表面上看，似乎是一些孤立的、不相关联的现象，然而，透过现象看本质——这些表面现象的背后却深刻揭示了公司存在问题的实质。

一、公司管理的"根本性"问题分析

1. 公司管理问题——"事业体制遗留"分析

任何组织都有自己的管理模式，在企业组织中，体现其管理模式特性的就是企业的管理制度，有什么样的管理模式就有什么样的管理制度。

公司的前身是事业体制，虽然公司成立已经八年有余，但其管理模式仍然没有脱离事业管理模式，管理制度也仍然是事业管理制度。如今，公司仍有七十多名事业身份的工作人员，而更重要的是，公司绝大多数中层以上管理干部都是事业身份。

从事业体制的角度看，首先，事业单位的各项事业都被看作社会活动而非经济活动，从而使事业单位在很大程度上丧失了自我生存和自我发展的能力；其次，事业单位的人员编制、岗位设置、人事任免、运作目标、行为方式等，均由上级主管部门负责，等级制的行政管理成为事业单位最主要的管理方式，使事业单位缺乏事业发展的动力；第三，事业单位是一种没有自主权的依附型组织，这种状况导致了事业单位的地位和功能难以通过法律确认和保障，使得事业单位的发展没有明确的长期规划，其发展仅仅取决于各级领导的重视程度，不能保障各项事业的持续、稳定、健康发展。

另外，公司外部的发展环境是国家以法规形式对市场予以长期保护，形成"自然垄断"，在"事业体制"和"垄断"的背景之下，出现调研会上员工的反映的种种问题也就是必然了。

2. 公司管理问题——管理"行政化"分析

企业是"经济组织"，"经济组织"以市场为向导，以顾客为中心，以经济效益为目标。现代企业制度是"以市场经济为基础，以完善的企业法人制度为主体，以有限责任制度为核心，以公司企业为主要形式，以产权明晰、权责明确、政企分开、科学管理为条件的企业制度"。也就是说，企业是一个自主经营、自负盈亏的经济组织，而不是"政治组织"。然而，公司长期以来作为"党和政府的喉舌"，承担着明确的政治责任、社会责任，有明确的"政治目标"，长期履行"政治组织"的职能。虽然公司已经成立八年有余，然而，由于事业体制"行政化"的惯性，公司无论是管理模式还是管理思想，都没有摆脱行政性管理模式的习惯和束缚，必然弱化了公司作为经济组织的目标，也必然导致公司管理水平弱化。

二、公司管理的"人治"问题分析

1. 公司管理中"制度欠缺"的根源分析

公司的发展是一个从简单到复杂的过程，公司的前身隶属于电视台，所有的制度也是由电视台来制定。在公司发展到一定阶段以后，很多电视台的制度已经明显的不适应公司的实际，不适应公司的发展。然而，由于管理体制等原因，公司并不能自主地根据工作实际重新规范、制定制度，使制度建设落后于公司事业发展，从而制约了公司的发展。

企业制度是企业正常运转的基本准则和行为规范，是企业依法行使管理职权、履行管理责任、享受管理利益的基础和保证。建立规范的管理制度，是企业实现科学管理、提高管理水平的一项主要内容。

由于公司制度建设及制度约束力存在的问题，必然造成公司管理粗放，"人治"行为严重等问题，影响公司经营机制的转变以及公司市场竞争理念的树立。

2. 公司管理中的"经验管理"分析

由于公司管理制度存在欠缺、不规范、与公司发展不适应以及制度约束力弱等问题，必然造成公司的各项活动主要凭借"管理者"的主观意愿、感觉和经验来开展。这样就给公司管理带来较大的波动性、主观性、随意性和不规范性。在公司管理中，各级管理者把主观意愿、感觉和经验放在第一位，用这些代替了制度。在实践中，公司的各项管理活动也处处依赖于管理者的主观意愿、感觉和经验——与其相应的，管理者就去做；与其不相应的，管理者就放弃，管理者很少进行科学的论断以及理性思考和分析。用这种方式管理企业，搞好企业是偶然的，搞不好企业才是必然的。

正因如此，公司因人设岗、因岗分事的现象就比较突出。比如，公司对应该设置哪些岗位，这些岗位有什么条件和要求，并不是按照公司经营活动的客观需要去进行科学分析、科学定岗，而常常是根据管理者的主观意愿、感觉和经验，甚至是根据公司内部人员的状况来进行设置，造成岗位设置不合理，人员安排不合理等现象。这些现象严重影响了其他员工的积极性和主人翁意识，也造成了员工在明显的人为损害公司利益的行为上表现出"事不关己、高高挂起"的心态。这也是公司员工在调研中多次提到"工作中浪费现象严重"，"工程施工材料浪费严重"等问题产生并长期存在的原因。

3. 公司管理中的"关系管理"分析

"关系管理"是国有企业的特色，这是由于国有企业特殊的管理体制造成的。因为在国有企业中报酬体系的建立受制于复杂的因素影响，其衡量标准很难明确，于是造成"人"在复杂的关系网中，获取的真正报酬很大程度上取决于其权力的大小。

在这种情况下，由于缺乏制度的制约，企业的各级管理者所重视的是权力的攫取与权力的大小，很难关注企业的利益和发展。于是，掌握与控制信息就成了维护其控制权的主要手段，管理方与被管理方信息的不对称，必然造成管理效率低下，也就必然产生企业管理的各种问题。

4. 公司管理中的"孤立管理"分析

公司在长期的管理过程中，由于制度建设和制度约束力问题，管理方式基本是采取"头疼医头、脚疼医脚"的被动管理，常常是"按下葫芦浮起瓢"，管理的对象总是针对某一孤立的对象，对于管理问题的处理通常是就事论事，就部门论部门，就环节论环节，管理体制条块分割，很少做全盘的、系统的考虑。这也是公司员工提出问题非常"广泛"的原因。

三、公司管理的"思想误区"问题分析

1. 公司管理中的"管理虚化"分析

现代企业管理是通过计划、组织、领导、控制功能的发挥，有效地整合资源，进行最佳配置，以实现组织的既定目标和责任的过程。

由于公司的"事业体制"问题，长期以来，公司的各级管理者对公司管理的认识都存在某种程度上误区。有些管理者甚至不知道什么是管理，管理能解决什么问题，在公司里哪些是管理岗位，哪些不是管理岗位，对怎样才能搞好管理等问题都不甚明了，以至于经常将管理变成空洞的口号，而不能将其更好地付诸公司实践。这种不正确的思想认识，严重地制约着公司管理水平的提高。

有些管理者认为管理看不见、摸不着，是虚的，不像技术、产品、市场、资金、人才那样实际。所以，公司尽管口头上强调要加强管理，但在实践中却把工作的重点放在具体的业务活动上，使公司管理长期被忽视。

2. 公司管理中的"管理弱化"分析

长期以来，公司一直存在"重专业、轻管理"的思想倾向，普遍有"弱化管理"的思想意识。很多管理者把管理看作是程序化、事务性的工作，认为简单、容易。在实际工作中，公司强调的事业发展，在干部任用上首先看中的是其专业能力，把专业能力等同于管理能力，造成公司大多管理岗位上的管理人员，基本都是"专业能手"，而不一定是"管理能手"。

正是基于这种思想意识，在公司管理岗位上的管理者即便是在"激励"、"引导"、"团结"、"沟通"、"协作"等管理方法上运用得很不到位，甚至造成部门成员人心相背、消极懈怠，工作氛围凝结紧张，也由于其是"专业能手"，仍在管理岗位上做着很差的管理工作。

第六部分 调研总结及建议

以下是调研综合组在汇总调研课题组及员工座谈会问题的基础上进行的调研总结，并对下一步公司的全面改革提出建设性意见。

一、革除陈旧的管理理念，学习、掌握、运用现代企业管理思想

调研过程中，员工对公司管理等方面提出的问题看似是孤立的、表面的，但这些朴素的思想却暴露出公司管理等方面的实质性问题。这些实质问题的根源在于"事业体制"和"垄断"意识的作用下产生的管理思想、管理意识。所以，要进行公司全面变革，首要的就是要革除陈旧的管理理念，学习、掌握、运用现代企业管理思想。因为，公司管理的任何变革，其核心都是观念的变革。观念的变革在整个变革过程中是至关重要的，它是一切创造活动的逻辑起点和基本前提。因此，管理者变革管理思想观念，是实现公司现代企业管理的最基本前提。

1. 树立公司管理的"战略观念"

公司在长期的发展过程中一直没有明确的战略目标。从

企业战略的含义中看，一个没有生存竞争的企业谈不上"战略"。有线电视长期以来处于垄断地位，在垄断的前提下，一个事业体制单位基本不可能制定战略目标，公司的各级管理者也就很难有战略管理思想。

由于三网融合，公司所处的外部环境发生了巨大变化；同时，公司也由事业体制转变为企业体制，这一切都要求公司必须要有明确的战略目标。战略目标就是综合考虑企业内外部条件而做出的对策和反应，是企业面临竞争和挑战的环境下为生存和发展而进行的总体性策划。而制定、实施这样的规划就必须要求公司的管理者具有战略管理的观念。

公司变革任务繁重，当务之急的就是确定公司发展战略，并在公司发展战略的指导下调整公司的组织结构。因为，战略的变化必然引起组织结构的变化，组织结构受战略的驱使。公司战略要求公司的组织结构在组织结构类型、组织层级、组织部门、组织边界等组织要素上要按照公司战略的要求做出相应调整，体现公司战略重点的转移，从而保证组织战略的有效实施，只有这样才能有利于资源的合理配置，有利于信息的高效传递，有利于战略的实施。

所以，树立公司战略管理思想具有重要意义。

2. 树立公司管理的"系统观念"

我公司管理问题的表象在某种程度上说，就是把管理对象看作是一个个孤立的个体，即便是看作是有联系的组成，也仅仅是看作是一个普通意义上的、简单的系统。而现代企业管理要求管理者必须运用系统科学的理论和方法，全面完整而不是片面孤立地认识和处理管理问题，就是要立足于管理系统，从系统整体出发，以系统与要素、系统与环境的关系为重点，综合运筹、全面施治，定性和定量相结合，实现管理系统的整体目标。

系统观念，就是要注意组织内管理层次、环节、部门、人员之间的相互联系和制约，注意个体与整体的配合协调，强调一切从整体出发，旨在优化整体功能的管理思想——具体落实到实践中就是用流程管理的思想将公司的各种资源联系起来。

3. 树立公司管理的"信息观念"

信息不仅仅是现代企业管理的重要依据，而且是现代企业管理系统中的宝贵财富。在调研反馈中，员工多次提到公司运作中的信息不畅问题，应该说这是公司管理的重要弊端。信息不畅应该说是公司管理体制、运作机制、组织结构、业务流程、管理方法、管理手段、企业文化等诸多问题的集中表现。所以，在未来公司改革中，公司必须从体制、制度上采取有效措施，保证信息的畅通——包括调整组织结构，突破"金字塔"的组织结构形式束缚，使公司的组织结构趋向于扁平化。其中，成立公司信息化部门，重新构建公司信息化系统，将公司业务流程再造与信息化系统相结合，固化公司业务流程，是保障信息畅通的重要手段。同时，公司要加强对各级管理者的引导，使公司管理者充分认识到信息畅通对公司管理和公司发展的重要意义。

4. 树立公司管理的"科学决策观念"

在调研中，员工们提出了公司管理中的"决策不科学、不规范"等问题，这就需要公司的各级管理者必须树立科学决策的观念，坚决改变过去靠经验、凭想象决策的习惯，严格按照科学的决策程序和决策技术及时合理地作出决策。

5. 树立公司管理的"控制观念"

调研反馈中，员工对"人为损害公司利益""跑冒滴漏""铺张浪费""计划薄弱""监管薄弱""成本观念薄弱"等都提出了很多看法，有些员工甚至对公司长期以来的"失控"现象深感焦虑和不安，表达出强烈的建立和完善公司"控制"体系的意愿。

公司的前身是"事业"体制，而事业体制由于其本身的特殊性，控制机制一般都非常薄弱。我公司经历了长时期的事业管理，所以，无论是员工还是各级管理者对控制的认识、思想意识，包括公司在控制制度建设上都显得十分薄弱。

实行现代企业管理，必然要求履行好其重要职能——控制职能。不仅是要在组织建设、制度建设、业务流程、信息化建设上做好"控制"，更重要的是要革新思想观念，将控制观念深入人心——不仅仅是普通员工，也包括各级管理者！

6. 树立公司管理的"效益观念"

效益是企业经营管理活动的根本目的。由于受"事业"体制、"垄断"意识影响，公司的各级管理者，"效益意识"都非常薄弱。公司进行现代企业管理，必然要求公司的各级管理者变革管理理念，不做"原则领导"或"事务领导"，必须把效益放在首位，以尽量少的成本创造出更多的效益。

7. 树立公司管理的"市场观念"

现代企业是以市场经济为基础的企业，企业是市场的主体。从调研的情况看，公司员工对公司的管理提出了很多问题和建议，但这些问题和建议与三网融合、市场竞争相关的并不多。也就是说，员工提出的问题和建议基本是围绕我们自身的问题而来，而并不是站在市场的角度、竞争的角度、优胜劣汰的角度、适者生存的角度去看待公司问题。这是一个信息，从员工的情况就可以看出我们管理者对市场的态度。

应该说，由于长期以来的"事业体制"意识，以"垄断"为背景的管理模式，其影响之深远，绝非是树立市场观念这么简单。

市场观念主要经历了生产观念、产品观念、推销观念、营销观念和社会营销观念五个阶段。在70年代末以前，我国实行的是计划经济，国民经济长期处于短缺状态，属于典型的卖方市场。企业产品不愁销路，国家统购包销，是"皇帝女儿不愁嫁"。在这种市场条件下，企业普遍奉行"生产观念"，即以产定销，生产什么卖什么。对比来看，我公司的发展状态竟然与国家70年代末时的情景相似，我们的主导观念仍然还处在"生产观念"时代！三网融合的到来，需要我们一下子把思想观念跳跃到"市场营销"和"社会营销"观念阶段，这对长期处于"生产观念"中的员工和管理者来说是难以适应的。

"市场营销"就是以客户需求为导向，公司的每个人都能理解；而"社会营销"观念，一定会有很多人不甚明了——"社会营销"是指企业不仅要考虑自身盈利，还要把自己融入整个社会之中，创造社会价值。从这个角度看，公司的市场观念，尤其是各级管理者的市场观念还是比较滞后的。

正因为如此，我们才更需要强化市场观念，因为，只有市场观念的确立才能使我们真正实行现代企业管理。

第一，树立以消费者需求为导向的现代市场观念。随着买方市场的出现，卖者间的竞争将日趋激烈；同时，随着科学技术和生产力的迅速发展，人民文化生活水平的逐步提高，消费者的需求也向多样化发展且变化频繁。

从公司的角度，如何与 IPTV 竞争，如何挽留趋向于互联网电视的中青年受众，关键就是要了解和确定目标市场的现实与需求，并以比竞争对手更有效的办法去满足他们的需求，进而引导和创造新的需求。为此，公司必须重视市场调研，充分认识市场、了解市场，慎重地确定自己的特色，从而比竞争对手更有效地满足目标市场的需求和欲望，在竞争中获得优势。

第二，树立全员性的现代市场观念。企业的市场营销活动贯穿于投资项目的论证、投资建设、产品开发、生产制造、销售和售后服务的全过程。因此，如果认为市场营销仅仅是某个部门或人员的事情，与企业的产品开发、生产、供应、财务、人事等其他部门和人员无关，是绝对错误的。现代市场营销观念的全员性是要把营销职能渗透到企业的各个职能部门的工作中，使他们真正认识到本部门与营销的关系，使他们的工作都以目标市场的需求为出发点。只有企业各部门的每一个人都树立现代市场观念，才能对竞争激烈、瞬息万变的市场做出反应，并迅速调整战略和生产经营计划，比竞争者更快更有效地满足消费者的需求和欲望。

第三，树立产品的大质量观。传统上狭义的产品概念是指生产者通过生产劳动而生产出来的，用于满足消费者需要的有形实体。随着生产力的高度发展，商品的日益丰富，市场竞争的愈益激烈，产品的概念也从狭义变为广义。广义的产品不仅指基本的产品实体这一物质属性，还包括产品的价格、包装、服务、交货方式、品牌商标、信誉、广告宣传等一系列有形或无形的特质。广义的产品是一个整体概念，即包括产品的使用价值也包括附加产品，即消费者购买产品时所得到的附加服务和附加利益的总和。基于以上认识，产品的质量也应该是一个综合性的大质量概念，即产品质量不仅包括产品的性能、强度、可靠性、寿命等基本效用的质量，还包括特征、包装、品牌、式样等形式产品的质量，以及销售、安装、信贷、送货、服务等附加产品的质量。

8. 树立公司管理"服务观念"

客户是企业生存和发展的基础，为企业带来利润的不是产品，而是客户；客户才是企业的宝贵资源，市场竞争的实质就是争夺客户资源。这一观念的确立与市场观念的确立相一致。这也是我们进行现代企业管理最根本的观念。

员工提出公司管理的问题，客户服务占的比例非常高，这说明，我们的员工已经认识到客户是我们生存之本这一关键命题。

如同市场观念一样，客户观念也经历了五个阶段，它们是：以产品为中心，以销售为中心，以利润为中心，以客户为中心，以客户满意为中心。虽然我们的员工已经认识到客户对我们的意义，但客观地说，我们的管理模式、运行机制、组织结构、业务流程，乃至我们的思想认识还是处在"以产品为中心"阶段。虽然公司在十年前提出"以客户为中心"的口号，也对公司的客户服务质量产生了很大的影响，但我们与"以客户为中心"的目标还有相当的距离，也就更无从说起"以客户满意为中心"了。

时代的变化给消费者也带来了消费观念上的变化：最初消费者注重的是产品"物美价廉"，后来逐渐开始注重产品的形象、品牌、设计和使用的方便性、新颖性，价值标准发展为"喜欢"和"不喜欢"；而现在，消费者越来越注重产品所带来的心情和心灵上的充实或满足，因而更追求购买与消费过程中的满足感，价值选择标准演变为"满意"和"不满意"。这就是客户服务观念转变为"以客户满意为中心"的原因。

当有线电视是用户唯一选择时，我们提出"以客户为中心"是出于社会责任，而当我们的用户可以选择 IPTV、互联网电视、卫星电视、无线数字电视、CMMB 移动电视时，"以客户为中心"已经成为我们生存的必然选择，而我们要在竞争中占有优势，就必须再做出选择，并且必须选择"以用户满意为中心"！

然而，我们目前距离"以客户满意为中心"还很远。结合公司实际，我们必须切实落实"以客户为中心"。

9. 树立公司管理的"人才观念"

人是企业中最宝贵、最重要的资源，是企业管理之本。在公司员工的意见中，对公司"人力资源管理"的意见最多，对公司不满意的成分比例也是最大的。

公司的人力资源管理存在一定问题，主要的表现就是没有树立起"人才"观念，对"人"的重视不够。由于"事业体制"影响，公司对"人"的认识基本还停留在事业体制下"人事管理"的范畴，这种意识是造成公司人力资源管理薄弱的一个重要原因。

时代发展到今天，人力资源管理概念早已取代了人事管理的概念。过去企业将"人"视为"工具"、"成本"；而人力资源管理是把"人"作为"资源"，这种区别是"思想意识"的巨大飞跃。将"人"视为"工具"、"成本"的管理就是在劳动人事管理模式下被动的、例行的、常规的、是如何"控制人"的工作，如考勤、工资发放等；而将"人"视为"资源"则大为不同，它既包含了过去人事管理的常规工作，更重要的是把"人"作为"资源"列为可"开发"的范畴，这是现代人力资源管理的核心——把"人"作为企业核心竞争力的源泉。

都说21世纪企业间的竞争是人才的竞争，我们的管理者是不是有这种认识、这种观念，是否认识到吸引人才、留住人才、搞好公司的人力资源管理，是直接影响到公司经营管理的成败关键这一深刻问题呢？

树立公司管理人才观念就是要做到：

（1）根据公司经营对人才资源的需要，挑选和聘用相适应的专业人才，使公司的经营活动得到人力资源的保障；

（2）做好公司员工的培训教育工作，使公司拥有一支能力称职、业务精明、工作胜任、素质较高的员工队伍；

（3）设置人才考核机制与竞争机制，使人才在相对稳定中有合理的流动，并通过这种流动选拔人才，实现优胜劣汰；

（4）建立人才激励机制，有效地开发和引导人才的积极性，实现公司与人才自身的协调发展；

（5）建立各部门间工作配合、彼此协调的人事管理体系，保障公司各项工作的顺利进行；

（6）通过对现有人力资源功能状态和精神状态的分析，结合公司的经营战略，确定公司人力资源发展战略及规划，实现人力资源管理的有效性科学性。

二、深化公司改革，调整公司组织结构

透过现象看本质。在调研中，公司员工提出的很多问题，可以归结为：公司制度建设问题、财务管理问题、计划管理问题、控制管理问题、人力资源管理问题，等等。调研中，员工并没有直接指出出现这些问题的原因，而仅仅是说出了公司管理问题的一些具体表象，综合组认为，我们必须要从这些表象中寻找其根本原因，必须解决这些表象后面的深层次的矛盾，如果不找出、不解决这些深层次的矛盾，必然还是"按下葫芦浮起瓢"，公司的管理就很难得到根本的改变。

员工提出的诸多问题表明，公司的管理出现了问题，可能还是严重问题，那么，什么是管理，管理出现问题的核心原因又是什么？

管理是适应组织外部环境和内部条件的变化，有效地整合、配置和利用有限的可获资源，以实现组织既定目标的动态的、创造性的活动。可见，管理是组织实现目标的手段，管理是受组织支配的。由此推理，管理出现问题，必然是组织本身出现了问题。组织结构是组织的表现形式，也就是说，调研中员工反映的体现在公司管理上的诸多问题，其核心本质是公司组织结构的问题！

公司的组织结构有哪些问题，如何解决？调研综合组将在梳理调研内容，综合各种意见、建议的基础上，提出解决组织结构问题的参考意见。

（一）公司原有组织结构问题分析

在本报告第四部分"调研情况综合分析"的"公司管理问题的'根本性'分析"中，将公司管理问题归结为"事业体制"和发展过程的"垄断"背景，这确实是公司问题的实质，这里不再论述，以下主要是论述公司组织结构形式存在的问题。

1. 严格的等级系列使公司信息沟通不畅

公司目前的组织结构形式是按职能划分的金字塔型组织结构形式。金字塔形组织的信息传递是按照等级系列来进行的。在实际工作中，有关公司经营活动过程的重要信息往往发生在公司的底层，在信息传递时需要逐级汇报，传递时间漫长，在传递的同时信息也在逐渐失真；再加上各级人员为自己的私利"报喜不报忧"，信息传达到位后可能已经面目全非。不论是自上而下，还是自下而上，以及外部的信息，都无法真正到位，使高层领导不能得到最可靠、最新的信息，其后果可想而知。

2. 官僚组织使公司组织更加"官僚化"

公司的组织结构脱胎于"官僚制"的管理体制，它的特点是通过制度、规范来保护自己已有的文化，从而使得官僚机构更加"官僚化"，使本来就僵化的组织更加僵化。个体在公司中是微不足道的，员工在公司中只能顺应，使得公司只能在原有的环境中按已有的惯性运转，当公司的外部环境发生重大变化时，就会使公司失去适应变化的能力。由于个体在这种组织中必须顺应，所以会使官僚制不断自我繁殖和自我强化。

3. 难以做到"以客户为中心"

从整个公司的角度来说，一个完整的价值流是分散在公司的各个职能部门中，它需要从一个部门转移到另一个部门，最终实现公司价值。在现有的组织结构中，每个部门只考虑本部门的利益，不会把其他部门当成自己的用户，考虑如何更好地满足其他部门的需要。每个部门都有自己更重要的事情要做，从而使一件可以在很短时间内完成的工作要拖很长时间才能完成。从用户的角度看，当用户所接受的服务是涉及公司的不同职能部门时，就需要从一个部门跑到另一个部门，从而增加了用户的费用和时间，必然影响公司服务的质量。

4. 官僚组织必然产生"因人设岗、因岗分事"现象

公司现组织结构存在同属性职能重复设置，或同一职能被分割为不同部门管理，"因人设岗、因岗分事"现象突出。

现行结构中，工程服务公司和技术开发公司都有工程建设、网络改造、网络维护以及销售和客户服务的职能。除了具体负责的业务不同外，两个部门的职能非常相似，但又相互独立，各自为政。彼此在利益方面界定的相当清晰，而在

用户维护方面却又相互推诿。

5. 官僚组织不能成就"人才"成长机制

公司的发展，最终的决定因素在于员工。公司现行的组织结构在人才培养和运用方式上的机制十分落后：首先是公司的文化，这种组织结构容易形成部门之间的互相贬低和不信任，很多员工存在消极和对抗心理，而领导只能就事论事，不可能营造有效的积极的工作氛围；其次，现行组织结构使公司的分工方式单一，员工一般只是按照领导划定的工作范围开展工作，无法接触全方位的专业知识，即使是在公司内部，也是隔行如隔山；而对专业的钻研程度由于公司内部大多各自为政，难以得到其他条件的支持，专业研究也很难进行。

（二）公司组织调整的动力分析

1. 公司员工的诉求因素

在调研座谈会上，有员工反映"各部门之间缺乏工作的协同性"；也有员工反映"部门之间的责权关系不明晰"；还有员工反映"各部门间信息沟通不畅"、"不能实现一站式服务"……

这次调研活动中，通过直接参与和书面等形式表达看法的员工已达220人，占员工总数的31.7%，员工参与的积极性空前高涨。虽然有些参与"调研座谈会"的员工并没有完全放下思想包袱，所表达的意见可能存在一定的保留；也有些员工由于准备不充分，在表达时也一定存在某种片面性，但是，我们仍能从中看出，公司员工要求改革、要求改变公司现状的呼声十分强烈。

公司管理体制等问题前面已经多处论述，不再重复，不过我们必须认识到，员工所提出的问题意味着公司的组织结构、组织文化、工作制度、晋升制度、绩效考核、工作流程等对员工积极性、创造性、主人翁意识、员工潜力的发挥等产生了很大的阻碍作用。

近十年，公司员工构成和素质都发生了很大变化。从员工构成来说，04年公司成立前，有线电视台主要有两种"身份"——电视台的事业编员工和临时工。事业编员工属于派驻到有线电视台，对有线事业发展使命感不强；而临时工，不言而喻，不可能将有线事业作为自己的立命之本。公司成立之后，当初的临时工成为公司的正式员工，使他们拥有了归属感，也激发了他们对公司发展的使命感。从员工素质来说，目前公司专科以上学历占公司员工的90%以上，其中本科435人（全日制223人，在职213人），占员工总数的63.41%；公司员工的文化层次已经发生明显变化。

这些变化必然使公司成员的工作态度、工作作风、工作期望和价值等观念发生改变，他们有强烈的参与欲望，强烈的主人翁意识，他们不再满足于既有状态，对不合理、不公平、不规范的制度以及保守的、落后的、等级束缚的组织形式不再听之任之；他们对公司过去存在的各种不良现象，比如"人为损害"、"跑冒滴漏"、"铺张浪费"以及"将公司资源据为己有"等现象不再熟视无睹……另外，他们有着强烈的自我发展需求和不断创新的愿望，他们要求公司提供一个良好的发展平台，他们需要公司创造一个良性的运行机制，能使他们充分发挥主观能动性和创造力。基于此，他们强烈要求公司要对组织目标、组织形式、权力结构、奖惩制度等进行修正，也就是要求公司进行组织结构调整。

2. 公司战略调整因素

一个企业的发展通常要经历创业、发展、分权、协调、合作成长五个阶段。企业在不同的发展阶段，会形成不同的核心价值观，因此企业的总体目标和战略也会不同，这将导致企业的一系列的变化。企业必须根据所处发展阶段的实际特征进行相应的结构调整。

当前，我公司的内外部环境已经与成立之初发生了深刻变化，已经进入到其特定的发展阶段。"三网融合"给我们提出了更多的要求，它促使我们制定全新的战略以保证公司健康稳定发展。而战略的有效实施必须有与之相适应的组织结构作为保障，因此公司必须调整组织结构以适应和支持公司的全新战略。

3. 市场需求和顾客导向因素

市场需求环境既是推动企业组织调整的生存压力，也是促进企业组织调整的发展推力。从前者看，消费者的要求，消费者的权益意识以及消费者的选择都会对企业的生存形成压力，从而促进企业的组织调整；而从后者看，满足消费者需求是推动企业组织调整的最大推动力，消费者需求的增加和变化都会引起企业的组织调整。

公司原有金字塔型组织结构使得每个部门只考虑本部门的利益，而根本不会把下一道工序的用户当成自己的顾客来服务。因此，如果要在竞争激烈的市场环境下满足消费者的需求，也就是要"以客户为中心"就必须进行组织调整。

　　在当今的买方市场，有线客户对我们的要求越来越高，仅以实现"一站式"服务为例，就必须对现有的部门进行合并或拆分。

　　4.信息技术的发展因素

　　信息技术的发展促进了知识经济时代的来临，它使企业投入生产过程的生产要素发生了变化。它改变了企业内部的信息沟通方式，使得企业中的每一个成员都可以平等地获得自己所需的信息，信息的收集与处理再也不是企业中高层管理者的专有权利，信息不再是严格地按照等级系列进行传递，更重要的是，它使人们的思想观念发生了变化。这种变化必然引起企业中权力运用方式以及领导者的管理控制方式发生相应的变化，也必然会引起企业组织结构形式的相应变化。信息技术对企业的组织调整提出了新的要求，同时，也为企业的组织调整提供了条件和基础，它使企业实现组织结构的扁平化成为可能。

第七部分　公司组织结构调整建议

　　之所以将调整组织结构的建议单独列为调研报告的一部分，而且是最后一部分，是因为它即是在调研中反映出的最突出的问题，也是公司管理中各种问题的实质，即公司原有组织结构形式已经与公司的发展不适应，已经成为公司发展的阻碍，即"生产关系不适应生产力发展"的问题。正如前面所论述的，"管理是组织实现目标的手段，是受组织支配的"，"管理出现了问题，必然是组织本身出现了问题。"公司组织结构问题是公司一切管理问题的"纲"，只有解决这个"纲"，才能做到"纲举目张"。

对于公司组织结构的调整，九大课题组都站在公司整体发展的立场上，提出了自己意见和想法：

有课题组提出：要改变现有的"金字塔型"组织结构，逐步实现"扁平化"，以适应现代企业管理；

有课题组提出：成立战略发展部门，负责规划公司的发展；成立市场营销部门，负责开发公司的业务和产品；成立资讯节目部门，负责节目的收转以及频道和网站的经营；

有课题组提出：整合现有分散在公司各口的网络拓展、网络设计、网络建设和管理部门，成立网络发展部门，全面负责公司的网络规划、拓展与建设；

有课题组提出：整合现有分散在公司各口的客服窗口和维护部门，在五城区部署集全业务营销于一体的综合营业厅以及能够提供全程、全业务服务的维修队伍；

有课题组提出：整合现有分散在公司各口的数据管理部门，成立公司总的信息化部门，全面负责公司的信息化建设和管理；

有课题组提出：要强化公司的财务管理、人力资源管理，将这两个机构上升成总经理直管部门；

有课题组提出：要强化公司的客户服务和监督部门，提高客服接访和客服受理部门的权限，或将其设立成独立机构；

......

此外，还有不少员工对公司的发展极为关注，提出自己对于公司组织结构的意见和建议：

有员工说：要加强内部控制，公司缺少内部审计的职能部门，内部审计应独立于财务部门；

有员工说：公司工作中缺少法律的支撑与监督，应设立专门的法务部门；

有员工说：变电所的工作直接涉及前端机房等公司核心部门的安全生产，应和播控等部门统一划归到一个机构管理；

有员工说：公司的发展离不开技术支撑，要由专门的机构负责公司的技术发展和规划；

……

从大量员工反映的问题以及课题组和员工对公司组织结构调整的建议中，我们强烈地意识到：公司组织结构调整是公司改革的关键，是公司改革的灵魂！只有进行公司组织结构调整才能实现公司全新的管理；只有进行组织调整才能克服官僚主义和僵化的传统管理组织；只有进行组织调整才能适应变化了的内外部环境，实现对人、财、物、时间、信息等资源更加合理有效的组合和配置，保证人员流、物资流和信息流的正常运转，实现管理组织的合理化，运行的高效化。

一、公司组织结构调整目标

公司组织结构调整是一项系统工程，不仅表现在形式上，本质上更是要从组织内部入手，实现公司全体员工思想意识的变革，而同时必须通过综合的配套改革，如人事、薪酬、绩效改革来保障。

基于此，公司组织结构调整目标是：解放思想、转变观念，建立面向客户、面向市场，以规划、建设和服务为支撑，以技术和管理为保障，建立责权分明、沟通顺畅，内部精简高效、市场反应灵敏的趋于扁平化的组织机构。

二、公司组织结构调整原则

1. 组织结构调整制度设计

组织结构调整制度设计是组织机构调整之上的制度设计，它是一套与组织架构相应的制度安排，即科学合理地安排监督机制、用人机制和激励机制，用以支配若干在组织中有重大利害关系的部门、管理者、员工之间的关系，从而提高组织绩效，实现组织发展目标。

2. 战略决定组织结构原则

公司战略需要通过合适的组织结构来实现，组织结构服务于公司战略。由于公司战略规划的要求和变化，自然影响公司的业务活动，从而影响部门和职责等方面的设计；战略中心的转移也会引起组织工作重点的改变，从而导致各部门与职责在公司中重要程度的改变，并最终导致各管理职务以及部门之间关系的响应调整。

过去公司是以"用户管理"为指向的组织结构，如今公司战略规划的要求则是坚持市场导向，以客户为中心，提高公司对市场的应变能力，制定和建立市场营销机制，集中调配资源，面向统一市场，充分利用现代企业管理方法和信息化手段，从粗放、经验式的管理向精细化、科学化的管理过渡。

3. 组织适应环境

组织环境影响和制约着组织的结构。随着三网融合的快速推进，有线电视市场已由卖方市场转变为买方市场。虽然公司拥有一定规模的用户资源，但是，由于与电信等竞争对手相比，无论是市场机制、管理能力、经济规模、市场营销能力、服务能力都有巨大差距。所以，为适应这种竞争环境，要求公司组织结构设置上重点调配自身资源，面向市场设置组织结构，打破原有惯例，实行"特定"的运营管理机制，充分调动市场部门积极性，以充分挖掘市场空间与价值，缩小与主要竞争对手的差距。

4. 分工与协作原则

应充分考虑按专业化的要求来设置组织结构；同时尽可能将组织中的执行性机构和监督性机构分开设置。因此，应遵循"以客服为中心，以市场规划、网络建设、网络运维为支撑，以资金管理、技术管理、综合管理为保障"的原则，设计公司的组织结构。

三、公司组织结构调整设计

结合组织结构设计理论和调研反馈上来的意见和建议，我们对公司组织结构设计如下：（略）

（注：调研综合组在梳理员工反馈问题期间，发现调研中员工反映最多的一个问题是"各部门之间沟通协作不畅，效率低下"。而在调研课题组对109名一线员工的调查中，这一问题更加突出，有高达77.06%的员工迫切要求提高各部门之间工作的协同性。

因此，"沟通协作"问题引起了综合组的特别关注。通过结合现代企业管理理论对这一问题进行深入分析，我们发现，简单的"沟通"问题，实则牵扯到公司管理的本质问题。"沟通协作不畅",表面上是公司缺乏相应的管理制度、缺乏相应的流程约束,然而,它的根本原因在于"沟通"的环节过多,"沟通"的"成本"过高——基于公司目前的组织结构,一项跨部门的工作,需要从一个部门的基层出发,层层上报;经过两个部门总负责人之间的协调确认,再层层下达到另一部门的基层,处理完成之后反馈信息再沿同样的路径返回到发起人。正是由于公司目前组织结构的层级过多、链条过长,决策权又集中在上层,才造成员工们想沟通又"怕"沟通,才导致调研中"协调沟通不畅、效率低下"问题的集中凸显——这就是综合组透过员工们反映的普遍问题,找到的公司管理问题的本质,即:组织结构问题。)

第八部分　后记

公司这次调研活动开展得非常成功。在每次调研座谈会上,何总都以真诚、亲切、渴求的态度营造出让员工放松、忘我、投入的良好氛围,并鼓励大家知无不言、言无不尽,充分发挥民主,不设条条框框;表达看法的形式也不要受局限,既可以在座谈会上充分表达,也可以在会后通过书面报告、电子邮件、QQ信息等方式表达自己对公司现状及未来发展的认识和看法;既可以针对自己的工作岗位,也可以针对自己所在部门,更可以对其他岗位、其他部门阐述自己的认识,特别希望听到员工站在公司的层面上充分表达出自己的观点,使员工们放下思想包袱,抛却顾虑,畅所欲言,极大地丰富了调研内容,为下一步公司的全面改革提供了重要依据。

　　调研综合组全程参与调研活动，如实记录每个调研对象的意见和建议，并对反馈上来的问题进行了认真地整理、汇总和归纳。员工们的踊跃参与和积极表现让我们看到了公司发展的希望，也让我们深切地感受到公司员工迫切希望改革、迫切希望实现自我价值、迫切希望公司发展壮大的强烈愿望。

　　作为这次调研活动的亲历者，综合组的每一位成员都为能够参与其中而倍感荣幸。这份调研报告是我们在真实反映员工诉求的基础上，对公司未来发展所做的深刻思考，希望能给公司领导们提供一份有益的参考。

调研综合组（执笔：倪红）

2012年12月8日

史 料 归 集

沈阳市编制委员会文件

沈编发〈1992〉105号

关于成立沈阳电视台有线电视筹备处的批复

沈阳电视台：

沈电视发（1992）24号《关于申请有线电视台机构编制的请示报告》收悉。为事适应有线电视台建设需要，经研究，同意成立沈阳有线电视台筹备处，隶属你台领导，暂定事业编制30名，处级干部职数3名，经费来源自收自支。

一九九二年六月十五日

沈阳有线电视财务管理委员会第一次会议

1993年3月31日，沈阳有线电视财务管理委员会第一次会议在沈阳召开。参加人员有：（甲方）韩永言、刘凤城、孔军、杨永春、潘新庆；（乙方）彭评选、蒋建宁、周军、张纪。会议确定如下意向：

1. 甲方办理完成有线电视项目免除所得税手续。根据国家财政部税务总局［(87)财税征字第02号］文件规定办理先分后税，双方在各自的核算地完成缴纳所得税手续。

2. 甲方用于有线电视方面的集资、贷款（含利息）以及筹备期所发生的费用和已发生的债权、债务关系，经双方核实认可，其资金额视为乙方投资，并由乙方还清。具体数额根据票据计算。

3. 乙方应根据工程进度确保资金到位，在乙方1993年资金到位前，甲方向乙方说明1993年度各项工程的立项、评估、设计及实施步骤，并将该年度各项目工程进度明细报表及各项目所需资金计划的明细报表报财管会审议。资金到位后，乙方监督资金使用及工程进展情况。

4. 乙方定于1993年5月10日前投资2500万元人民币。主要用于返还集资贷款约900万元，有线电视中心建设约1000万元，有线电视设备购置、施工费等约600万元。初步定于1993年7月1日前投入500万元，资金具体到位时间根据第三条提供的计划加以安排。

5. 为保证用户入网初装费及收视费及时收取，并使双方掌握收取的情况，须遵循以下条件：

（1）初装费采取预收方式，收视费收取办法原则上不低于半年预收，具体实施办法由双方另行商议；

（2）印制统一连号单据，一式四联，其中沈阳电视台、国安电气公司、用户各一联；

（3）具体收费办法由甲方结合沈阳的实际情况制定出切实可行的实施办法，并经双方讨论确定。

6. 1994、1995年度投资计划由财务管理委员会提出并确定。

7. 如遇特殊情况，1997年底未达到50万户联网，可延长建设期，直至达到50万户联网，再开始确定发展期。

8. 按规定，沈阳有线电视台为省有线电视预留频道，其中所发生的有关费用将按上级规定办理。

9. 乙方财务监察员和市场监察员待定。

10. 财务管理委员会会议每季度召开一次，特殊情况会议可提前或推迟。

沈阳有线电视工程领导小组
会议讨论材料主要内容

1993年4月，沈阳有线电视台筹备处起草了"沈阳有线电视工程领导小组会议"讨论材料。主要内容有：

一、关于沈阳市有线电视系统工程实施前需落实的几个问题；

二、沈阳市有线电视系统概述；

三、沈阳市有线电视系统工程宣传工作计划；

四、沈阳市有线电视宣传提纲。

沈阳有线电视工程领导小组第一次会议

1993年4月22日，沈阳有线电视工程领导小组举行第一次会议，调整了领导小组成员：副市长任殿喜、张毓茂任组长，政府副秘书长兼办公厅主任龙致华、沈阳电视台台长韩永言任副组长，有关部、委、办、局的负责同志为成员。

会议确定如下事项：

1. 要本着"经济节省、技术可行、安全可靠、考虑未来发展、达到国际先进水平"的原则建设有线电视工程。

2. 关于敷设干线和供电问题，由电视台牵头，电信局、电业局、电车总公司等单位参加，组织技术权威组成沈阳市有线电视技术顾问组，进行深入论证。

3. 要按照经济规律来研究初装费和收视费的价格，做到保本微利。其中：单位和居民个人不搞两套价格；对宾馆等集中使用单位，不能只搞一次初装费。价格要一年一定，根据物价指数的涨落，并考虑到折旧因素定价。前三年，税务部门要对建设有线电视工程给以扶持，予以免税。但必须收缴的税要按规定收取，在收缴费用时把征收的15%税金加进去。

4. 工程建设由市建委牵头，作为公用设施建设项目审批、呈办手续、纳入管网建设规划。

5. 要搞好宣传，让全市广大群众关心、了解、支持有线电视工程建设。宣传计划由沈阳电视台安排。

沈阳电视台　中信国安公司
临时财务协调会议

1993年5月8日，沈阳电视台和中信北京国安电气公司召开财务临时协调会议。参加会议的有中信总公司审计部主任韩俊才，国安电气公司有线电视部经理周军、财务部经理胡燕欣，有线部工程师曾炜；沈阳电视台副台长兼总工刘凤城，有线筹备处办公室主任孔军，计划财务处处长杨永春，有线筹备处办公室副主任苏焕伟、潘新庆以及有线筹备处有关人员。会议就以下问题达成了一致意见：

1. 有线电视实行独立的财务核算。

2. 建立健全基础会计核算程序。

3. 建立健全新的会计核算制度，国安电气公司由委派的财务监察员协助有线筹备处建制建账，参与编制会计报表等工作。加快新的财务核算制度的建立。

4. 根据财管会第一次会议纪要第二条精神。前期设备投资依据有线筹备处出示的定购合同及票据核对。

5. 双方在下次财管会上，审议通过具体的财务管理办法及会计制度，纳入有线电视台管理的规章制度中，并按制度执行。

省政府1993年第3期省长办公会议
研究沈阳市有线电视建设事业

1993年8月20日，省长办公会议研究沈阳市有线电视建设事业。辽宁省政府办公厅召开第3期省长办公会议，会议由张荣茂、张榕明副省长主持召开，参加会议的人员有：省政府办公厅李增祥、省广播电视厅李克康、省电视台孙德成、省文化厅李起云、郭大顺、沈阳市政府副市长任殿喜、张毓茂、副秘书长张馥卿、市规划局王清、市建委侯俊、沈阳电视台韩永言。张荣茂、张榕明副省长与沈阳市副市长任殿喜、张毓茂及辽宁省、沈阳市有关部门的负责同志共同协商沈阳市有线电视建设事业。会议议定：（1）沈阳市有线电视网络建设运行是沈阳市也是我省广播电视事业的大事，沈阳市计划于今年十月一日开播，省有关部门要给予积极的支持和配合。（2）同意有线电视在沈阳市一市一网，由沈阳市主建，省有线电视台制作的节目由沈阳有线电视台统一播送运营，省有线电视台节目制作等经费列入沈阳市有线电视台运行成本。（3）鉴于沈阳市有线电视网的建设和运营涉及省市多方，由省广播电视厅牵头，组织省市有关单位成立协调工作组，负责协调工作。（4）省广播电视厅要加快筹建全省有线电视网络工作。

沈阳市编制委员会文件
沈编发〈1993〉39号
关于成立沈阳有线电视台的批复

沈阳电视台：

沈电视发（1993）30号文收悉。为丰富群众文化生活，更好地为经济建设服务，经研究，同意成立沈阳有线电视台，与沈阳电视台一套机构两个名义。内部机构设工程部、市场部、技术部、播出部、节目部、办公室。核定事业编制180名（含原有线电视台筹备处37名编制），处级干部职数12名（含原有线电视台筹备处3名处级干部职数），增加台领导职数1名。

调整后，你台事业编制总数为508名，处级干部职数54名，局级干部职数6名，内部机构总数29个。原沈阳电视台有线电视筹备处撤销。

一九九三年八月二十六日

沈阳有线开通试播典礼

1993年9月28日，沈阳有线开通试播典礼。沈阳有线电视台举行沈阳有线开通试播典礼。参加典礼大会的有：辽宁省政府副省长张荣茂，辽宁省委宣传部副部长高东晓、辽宁省广播电视厅副厅长李克康；沈阳市委副书记丁世发、市委常委宣传部部长高柏金、市人大常委会副主任吴泮权、市政府副市长马向东、市政协副主席单光大，市政府秘书长周永顺，市委副秘书长兼办公厅主任王洁纯，市政府副秘书长兼办公厅主任龙致华，市委办公厅副主任张建华，沈阳电视台台长韩永言，沈阳电视台副台长禹振侠、刘凤城；中国国际信托投资公司总经理王军，中信公司办公厅主任杨昭礼、中信公司审计部主任韩俊才、中信国安实业发展总公司总经理李士林、中信国安电气公司总经理彭评选，中信兴业信托投资公司副总经理郑京生、中国国际经济咨询公司副总经理蒲明书，以及北京有线电视台刘敏等全国18个省市电视台的21位领导，市委、市政府各委办局的20多位同志，人民日报、中央人民广播电台、新华社等全国十大新闻单位和沈阳16家新闻单位的30多位记者。大会收到了来自全国各电视台的贺电58封。市政府副市长马向东、中信国安电气公司总经理彭评选和省广播电视厅副厅长李克康分别在会上做了重要讲话，恭贺沈阳有线开通试播。

沈阳有线电视财务管理委员会第二次会议

1993年10月27日，沈阳有线电视财务管理委员会第二次会议于25日至27日在北京召开。

（甲方）韩永言、刘凤城、孔军、潘新庆；（乙方）彭评选、蒋建宁、罗宁、李宏、周军、张纪、丁守俊等参加了会议。会议达成如下意向：

1. 关于初装费调整问题。由于物价指数上涨，双方认为：与物价部门协商，上调沈阳市有线电视用户初装费用。

2. 从1994年1月1日起，正式收取沈阳有线电视用户收视费。

3. 双方合作期间，沈阳有线电视台行政业务上隶属沈阳电视台领导。在经济上完全独立核算，自主经营；在财务收支管理上接受财管会的监督。

4. 辽宁有线电视台使用沈阳有线电视网络信号，暂时不涉及经济问题。今后可能发生的利益分配等问题，提交财务管理委员会讨论决定。

5. 为继续拓展用户市场，提高用户普及率，解决建设中所需资金等问题，沈阳有线电视台将在11月中下旬，在皇姑、马路湾、五里河三个片区进行现场集中收费试点。

6. 为保证建设专款的合理使用，沈阳有线电视台应立即着手认真进行1993年度财务决算，做出详尽的财务分析，并在此基础上制定1994年度工程财务预算，提交下一次财管会审议通过。

7. 鉴于1993年沈阳有线电视项目的建设已超额完成。会议决定，对有贡献的职工实施奖励。

市长办公会议
研究沈阳有线电视管理问题

1994年5月29日，沈阳市政府市长办公会议研究沈阳有线电视管理等问题。沈阳市常务副市长任殿喜和副市长张毓茂共同主持召开了关于明确沈阳有线电视管理体制等问题的办公会议，沈阳电视台台长高占文，沈阳电信局局长邵文章、原副局长赵廷芳参加了会议，中信国安公司副总经理罗宁和中信国安证券公司副经理朱芳应邀列席了会议。会议确定如下事项：

1. 沈阳电视台与中信国安公司共同合作建设沈阳有线电视网络的合同不变，要继续很好地执行。

2. 按照国务院批准的沈阳城市总体规划要求，为避免重复建设，防止浪费，沈阳有线电视网要尽量利用现有地下主干光纤。对现有的有线电视网络规划，要认真研究一次，尽可能走地下，不走地上。

3. 关于沈阳有线电视现在利用的电信局主干光纤问题，可以与沈阳电信局采取合作的方式解决。

4. 要本着对人民、对城市高度负责的精神，认真加强对有线电视网络工程的管理，提高工程质量。要立即着手建设专业维修队伍，并充分利用电信方面的专业力量确保工程质量。

5. 为了加强对有线电视网络的统一协调，成立由市政府办公厅、中信国安公司、沈阳电视台和沈阳电信局等方面领导参加的"沈阳市有线电视网络工程协调小组"，由市政府办公厅综合三处牵头，负责全市有线电视网络协调工作。

6. 组织电视和电信等方面的专家对准备开通信号的有线电视网络工程进行联合检查验收。沈阳电信局在6月10日午夜12时之前接通现已成熟的尚未开通的四个光纤片区；沈阳电视台要在7月20日午夜12时之前让现已交款尚未看到有线电视节目的四个片区的居民用户都能及时看到有线电视节目，力争到年底开通20万户。

7. 如果利用有线电视网络开发其他业务，必须事先经有关部门研究同意，报市政府确定，未经同意和批准，任何单位均不得擅自开发。

沈阳电视台沈阳有线电视网络
升级改造工作会议

2000年4月23日，沈阳电视台召开沈阳有线电视网络升级改造工作会议。沈阳电视台领导班子在沈阳市七月宾馆召开了沈阳有线电视网络升级改造工作会议。会议通过了"网改"计划，内容包括：

1. 沈阳有线电视网络将建成双向860兆赫兹具有A、B

两个平台的综合业务网，实现网络多功能增值业务。计划4年完成，投资约5.3亿元。

2. 有组织、有计划、分步骤地开展"网改"。（1）建立"网改"领导小组和各个分组；（2）向沈阳市计委申请立项；（3）科学论证"网改"方案和"网改"投资及回报测算；（4）向主管市长汇报"网改"工作；（5）积极与规划、建委等部门沟通，取得有线"入地"的优惠政策。

3. 解决好两个问题。（1）妥善处理"中信国安"的问题；（2）着手进行有线中心机房选址工作。

沈阳传媒网络有限公司
营业执照

注册号　210100000038829

组织机构代码　76958366-3

税务登记号　210103769583663

名称　沈阳传媒网络有限公司

类型　有限责任公司（非自然人投资或控股的法人独资）

住所　沈阳市沈河区小西路71号

法定代表人　白明路

注册资本　人民币陆亿捌仟零捌万元

成立日期　2004年08月12日

营业期限　2004年08月12日至2024年08月12日

经营范围　沈阳有线广播电视传输覆盖网的建设（租赁）、经营、维护及网络的升级和改造。利用广播电视传输网络开展基本业务、扩展业务、增值业务。（依法须经批准的项目，经相关部门批准后方可开展经营活动。）

登记机关　沈阳市工商行政管理局

2004年08月12日

2005年度

沈阳传媒网络有限公司工作思路

1. 构建产业管理平台

（1）建立公司组织结构

（2）实施员工聘用制

2. 建立业务流程管理体系

（3）工作的量化

（4）制度的建立

（5）程序的循环

3. 建立效益薪酬考评体系

（6）成本的控制

（7）效益的评估

（8）薪酬的分配

4. 培养"沈阳有线"市场体系

（9）完成郊县网络整合

（10）促进城区网络一体化

（11）恢复网络建设审批权

5. 建立"一站式"客服体系

（12）建立公司客服中心

（13）建立区级客服公司

6. 实施一业为主多元化发展战略

（14）巩固发展模拟电视用户

（15）稳妥推进数字电视发展

（16）积极发展宽带上网用户

（17）进行可视电话市场调研

（18）抓好电视节目转播收费工作

关于建立公司内设机构组成部门的通知

2005年3月10日，沈阳传媒网络有限公司办公室印发《关于建立公司内设机构组成部门的通知》［沈传网办发（2005）1号］。董事会研究决定，公司内设机构由以下部门组成：

1. 沈阳传媒网络有限公司市场运营公司组成部门：网络拓展部、外联策划部、信息管理部。

辖管部门：

（1）客服中心：监管部、受理部。

（2）经营管理部

2. 沈阳传媒网络有限公司技术开发公司组成部门：数字电视业务部、宽带业务部、规划设计部、器材管理部、管网部、播控部、传输部。

3. 沈阳传媒网络有限公司工程服务公司组成部门：工

程监理部、网络巡检部、工程协调部、结算部、和平区客服分公司、沈河区客服分公司、皇姑区客服分公司、铁西区客服分公司、大东区客服分公司、航联客服分公司。

4. 沈阳传媒网络有限公司办公室组成部门：综合部、人力资源部、计划财务部、行政管理部、保卫部。

沈阳传媒网络有限公司
关于王东明等同志任职的通知

2005年3月25日，沈阳传媒网络有限公司办公室印发《关于王东明等同志任职的通知》[沈传网办发（2005）2号]。

按照《沈阳传媒网络有限公司内设机构管理人员招聘方案》的要求，在民主推荐和综合考评的基础上，经公司招聘委员会评议组终审会议研究，并报公司董事会批准，决定聘任：王东明同志为市场运营公司网络拓展部经理；倪红同志为市场运营公司外联策划部经理；邢大勇同志为市场运营公司信息管理部经理；宋明颖同志为客服中心受理部经理；刘芳同志为客服中心受理部副经理；华岩同志为技术开发公司数字电视业务部经理；李成雨同志为技术开发公司宽带业务部经理；李秉仁同志为技术开发公司规划设计部经理；张立国同志为技术开发公司器材管理部经理；曲刚同志为技术开发公司管网部经理；车欣悦同志为技术开发公司播控部经理；冯志勇同志为技术开发公司传输部经理；刘世颖同志为工程服务公司工程监理部经理；董涛同志为工程服务公司网络巡检部副经理；刘海同志为工程服务公司结算部经理；张广辉同志为和平区客服分公司经理；王贺同志为和平区客服分公司副经理；吴竞鹏同志为和平区客服分公司副经理；赵新民同志为沈河区客服分公司经理；刘心纯同志为沈河区客服分公司副经理；伊秀中同志为皇姑区客服分公司经理；张克同志为皇姑区客服分公司副经理；孙金洲同志为铁西区客服分公司经理；苏秀文同志为铁西区客服分公司副经理；王克岩同志为大东区客服分公司经理；王亚奎同志为大东区客服分公司副经理；夏永兴同志为航联客服分公司经理；唐殿宝同志为航联客服分公司副经理；于德水同志为航联客服分公司副经理；王梅同志为办公室计划财务部经理；刘家彬同志为办公室保卫部副经理。以上聘任人员，聘期三年。

关于恢复广电系统审批
有线电视网络建设项目的请示

王世伟部长：

1992年，根据省政府常务会议"省里建设彩电塔，市里建设有线网"的精神，沈阳电视台代市政府承建了沈阳有线电视网（简称"沈阳有线"）。沈阳有线现已覆盖沈阳地区，是沈阳市唯一的行政区域性有线广播电视传输覆盖网。

在沈阳有线建设的过程中，沈阳电视台一直承担着沈阳在建设项目中有线电视网络建设项目的审批，并派专人在市建委项目审批中心负责这项工作，使得沈阳地区有线电视网络建设按照标准实行统一的规划、建设，并得以健康发展。

随着市广电局的成立，有线电视建设项目审批工作在转换的过程中，出现了一些空白：如开发及施工单位以纯盈利为目的，不经专业审批，非标准建网，网络设计及施工材料均不合格，乃至违规发展非行政区域网，甚至拆除沈阳有线原有网络，擅自扩网，自成体系，使本来统一规划、标准设计、有序发展的有线电视网络处于无序状态。现仅城区就出现非沈阳有线用户近15万户（其中包括：省广电局网5.5万户、东电网3.5万户、铁路网3.5万户、市广电局网2.5万户），使我市有线电视安全播出难以控制，严重违反了中央关于广播电视"一城一网"的规定。

为了使我市有线电视网络健康有序快速发展，更好地规划、建设沈阳有线网络，根据国务院令第228号《广播电视管理条例》关于"同一行政区域只能设立一个区域性有线广播电视传输覆盖网。有线电视站应当按照规划与区域性有线电视传输覆盖网联网"，以及国家广电总局令第36号《城市社区有线电视系统管理暂行办法》关于"当地行政区域性有线广播电视传输覆盖网已通达的社区，其原有的城市社区有线电视系统必须与当地行政区域性有线广播电视传输覆盖网联网，纳入当地行政区域性有线广播电视网络统一维护和管理"的规定，特提出恢复广电系统审批有线电视网络建设项目工作。市广电局作为行政审批管理部门，沈阳传媒网络有限公司的技术人员参与具体工作，将广电系统审批有线电视网络建设项目列入市行政审批程序，从源头上解决"一城一网"问题。从而，保证有线电视网络建设统一标准，保证用户端信号的高质量，保证辖控沈阳地区的沈阳有线播控中心的电视信号安全播出。

当否，请批示。

沈阳传媒网络有限公司

2005年7月18日

沈阳市区县（市）有线电视
网络整合实施方案

为落实（沈文改办发〔2005〕10号）《关于沈阳市区县（市）有线电视网络整合工作的意见》的精神，沈阳传媒网络有限公司按照"意见"的要求，针对所承担的网络整合工作任务，特制定本实施方案。

一、网络整合对象

1. 东陵区、于洪区和新城子区的有线电视网络；新民市、辽中县、法库县和康平县的有线电视网络。

二、网络整合原则

2. 网络整合，是指城区有线电视网络与区县（市）有线电视网络合一，实现中央提出的"一城一网"。

3. 网络整合，不涉及各区县（市）现有广电系统机构、级别、职能、人员及经费渠道等的变更，只是网络隶属关系的变化。

4. 网络整合所涉及的各区县（市）网络资产划归沈阳传媒网络有限公司。由沈阳传媒网络有限公司委托其在各区县（市）设立的区县级传媒网络有限公司经营管理。

5. 网络整合后的各区县（市）传媒网络有限公司为独立法人，实行自主经营、独立核算、自负盈亏、依法纳税的经营体制。

三、网络整合时间

6. 东陵区、于洪区和新城子区的网络整合今年 8 月份完成，7 月下旬召开郊区网络整合专项工作会议，部署具体操作事宜；新民市、辽中县、法库县和康平县的网络整合今年 12 月份完成，9 月下旬召开县（市）网络整合专项工作会议，部署具体操作事宜。

四、网络整合方式

7. 按照苏家屯区的操作办法，由区县（市）国资局核定网络资产后出具资产转移证明，由市国资局的委托人——市文广集团委托沈阳传媒网络有限公司出具接收资产证明。沈阳传媒网络有限公司负责投资组建区县（市）传媒网络有限公司，并委托其经营管理该资产。

8. 区县（市）传媒网络有限公司的经理、副经理及财务负责人由沈阳传媒网络有限公司聘任，其他人事安置由区县（市）传媒网络有限公司按规定自行处理。

五、网络整合组织机构

9. 设立沈阳市区县（市）网络整合专项工作领导小组，小组下设办公室。网络整合专项工作领导小组负责区县（市）网络整合的整体推进工作。

10. 沈阳市区县（市）网络整合专项工作领导小组由市委市政府主管领导挂帅，由市委宣传部、市文改办、市广电局、沈阳电视台、沈阳传媒网络有限公司及区县（市）等主管领导组成。领导小组办公室，由市文改办、市广电局、沈阳传媒网络有限公司，区县（市）委宣传部等部门与单位组成；办公地点设在沈阳传媒网络有限公司。

沈阳传媒网络有限公司

2005年7月22日

2006年市长办公会议
研究沈阳有线电视数字化整体转换工作

2006年5月15日，市长李英杰在市政府520会议室主持召开办公会议，研究了有线电视数字化整体转换等项工作。关于有线电研究沈阳市有线电视建设事业视数字化整体转换工作，会议议定如下：

1. 在市委、市政府统一领导下，按照国家试点要求，借鉴外地经验，组建由赵长义常务副市长任组长，王玲副市长任副组长，相关部门参加的领导小组，加快推进有线电视数字化试点工作。

2. 领导小组要制订全面、系统的有线电视数字化整体转换方案，广泛征求人大代表、政协委员及市民的意见，经过反复论证确定最佳方案，提交政府常务会和市委常委会讨论确定。

3. 有线电视数字化管理系统要在遵守国家行业管理有关规定的前提下，力争实现投资主体多元化，建立现代企业制度。在项目启动阶段，市财政可给予必要的贴息扶持。

4. 实行有线电视数字化转换后，收视维护费的增加应尽量降低幅度，以减轻群众负担，并要对特困户和孤寡老人等弱势群体给予必要的减收和免收政策。提高收视维护费必须由物价部门组织听证会，严格按法定程序审批后实行。

5. 恢复基建项目的有线电视建设工程审批，由市广播电视局负责行使行政审批职能，纳入全市行政审批大厅统一办理。建设地下光缆管网的道路挖掘赔补费，可按公益性管网建设的标准收取，由市城建局负责落实。

6. 同意按照国家广播电影电视总局关于有线电视必须实行"一城一网"的规定，整合区、县（市）有线电视网络资源，由市有线电视数字化领导小组提出具体实施意见。

7. 数字电视综合大厦的筹建，由建设单位提出申请，市规划局负责审批并制订规划设计方案，做到既保证有线电视数字化管理的需要，又要建成标志性建筑。建设资金由建设单位自筹，政府给予相关政策支持。此项工作由王玲副市长负责协调，由主管秘书长协助落实。

关于建议加快推进我市有线电视
数字化整体转换工作请示的主要内容

2006年11月28日，沈阳电视台向市政府呈报了《关于建议加快推进我市有线电视数字化整体转换工作的请示》[沈视（2006）30号]。请示的主要内容是：沈阳作为全国首批49个有线电视数字化试点城市之一，在市委、市政府的关怀和直接领导下，整体转换的各项准备工作正在有条不紊地积极推进之中。建议市政府进一步加快推进我市有线电视数字化整体转换工作，部署并协调相关部门通力协作，形成全市上下齐心协力抓转换的工作局面。建议如下：

1. 5月15日市长办公会议（《市长办公会议纪要》第93号）已明确，在市委、市政府的领导下，组建由市主要领导挂帅的有线电视数字化整体转换推进工作领导小组。建议市委、市政府尽快明确领导小组的组成人员以及领导小组办公室组成人员。同时按照市长办公会议的要求，以领导小组的名义向市委常委会和市政府常务会提交我市有线电视数字化整体转换的方案，待讨论通过后尽快实施。

2. 建议以政府文件的形式部署我市有线电视数字化整体转换工作。

3. 各相关部门在成本监审的基础上，尽快提出有线电视数字化收视维护费调整的标准，力争2006年年底前依照法定程序召开价格听证会，并报政府及上级主管部门审批。

4. 建议以市有线电视数字化整体转换推进工作领导小组的名义，定期向媒体发布信息，加大宣传力度，让全市人民了解数字电视，认识数字电视，接受数字电视，为我市有线电视数字化整体转换的顺利推进营造舆论氛围。

2007年沈阳有线数字电视
基本节目内容与服务项目

沈阳有线数字电视整体转换后，其服务内容规划为七部分：

一、电视节目

沈阳有线数字电视为用户精心编排了65套富有特色的电视节目。具体内容为：

1. 中央电视台（15套）：CCTV1～12、新闻频道、音乐频道、少儿频道；

2. 辽宁电视台（7套）：辽宁电视台1～6套、公共频道；

3. 沈阳电视台（5套）：沈阳电视台1～5套；

4. 国内卫视（20套）：北京、上海东方、天津、重庆、内蒙古、吉林、黑龙江、江苏、浙江、安徽、福建东南、江西、山东、河南、湖南、广东、广西、四川、云南、深圳；

5. 教育台（4套）：中国教育1～2套，空中课堂，辽宁教育；

6. 上海文广（8套）：欢笑剧场、金色频道、七彩戏剧、生活时尚、法治天地、游戏风云、动漫秀场、卫生健康；

7. 中数节目（6套）：中数导视、早期教育、中华美食、视觉生活、汽摩频道、留学世界。

二、广播节目

沈阳有线数字电视为用户量身打造了20套音色纯正的立体声广播节目，具体内容为：

1. 自办（1套）：音乐欣赏；

2. 辽宁电视台数字音乐广播（10套）：中文流行歌曲、外国流行歌曲、中国古典音乐、西洋古典音乐、民族音乐、摇滚乐、舞曲、轻音乐、歌手专辑、怀旧老歌；

3. 中国国际广播电台（5套）：中国国际广播、新闻广播、音乐之声、华夏之声、金曲调频；

4. 沈阳人民广播电视台（4套）：略

三、信息杂志

沈阳有线数字电视为用户开辟的信息杂志，以最大限度地方便百姓生活，一方面搜集包括医、食、住、行、游、购、娱在内的生活化、实用化信息供用户随时查阅，一方面打造多媒体信息发布平台供用户免费使用。

信息杂志分为居家生活、都市时尚、阳光政务、全民教育和求职招聘等五个板块，下设35个栏目，全方位满足用户日常需求。具体为：

（一）居家生活：从居家到出行、从菜市到楼市、从生活窍门到健康指导，为用户提供丰富的资讯。下设健康指导、生活窍门、交通播报、气象预告、置业安居、日用导购、幸运彩票、城市黄页、今日天气、身边新闻、荧屏导视等10个栏目。

1. 健康指导：介绍预防和保健常识；提供就医指南。

2. 生活窍门：介绍理财、购物、洗衣、做饭等各种日常生活小窍门。

3. 交通播报：介绍全市公交线路；提供公路、铁路、航班等信息查询。

4. 气象预告：介绍本地天气预报、气象指数预报及着装、晨练指数预报；提供省内城市、旅游景点及国内主要城市天气预报。

5. 置业安居：提供买房、卖房、装修等全方位的信息服务；推荐信誉良好的中介机构、搬家公司。

6. 日用导购：介绍主要生活用品（如食品、日用品）的市场价格、质量及最佳购买地点。

7. 幸运彩票：介绍选号技巧，公布各类彩票当期开奖和历史开奖信息。

8. 城市黄页：介绍各种公共设施，公布全市各类常用电话、公开电话。

9. 身边新闻：报道本市各类新闻事件。

10. 荧屏导视：预报每日精彩电视节目。

（二）都市时尚：旅游、汽车、服饰、美容、美食、宠物、数码、娱乐，各种流行情报洞察时尚，让生活时刻保鲜。下设影音娱乐、人车生活、旅行向导、美食时尚、手机数码、宠物乐园、时尚导购等7个栏目。

1. 影音娱乐：介绍本地即将上映的新剧新片、大型表演；播报明星、电影、电视、音乐等各类娱乐情报。

2. 人车生活：搜集汽车商讯、介绍汽车用品，提供买车、用车、养车、修车信息。

3. 旅行向导：搜集时尚旅游资讯；介绍应季旅游景点、旅行线路；提供出行小贴士。

4. 美食时尚：介绍本地最有特色的店铺、最好吃的菜肴。

5. 手机数码：提供相关促销信息；介绍产品选购、使用、保养技巧。

6. 宠物乐园：提供宠物用品、医疗、美容等各种信息。交流宠物饲养经验，讲述宠物传奇故事，展示宠物精彩瞬间。

7. 时尚导购：放送服装服饰、美容美发、家居日用等时尚用品的流行情报；发布商品促销信息；介绍购物技巧，提供质量报告，指导正确消费。

（三）阳光政务：发布全市最新的政务信息，公开政府机构及办事指南。打造政府的政务公开平台，搭建市民与政府的沟通桥梁。下设政府机构、政府公文、政务信息、公示公告、政策法规、办事指南、便民指南等7个栏目。

1. 政府机构：公布各政策工作部门及联系方式。

2. 政府公文：公布各种政府公文。

3. 政务信息：发布全市最新政务信息。

4. 公示公告：发布各种公示公告。

5. 政策法规：公布各行业政策法规。

6. 办事指南：公布政府各机构的办事程序。

7. 便民问答：解答市民关于政府工作的各种问题。

（四）全民教育：幼儿教育、基础教育、职业教育、高中等教育、成人教育、老年教育、专业培训，无论哪个年龄段，都能找到属于自己的教学指导。下设教育热点、招考信息、基础讲堂、职业培训、高考分数等5个栏目。

1. 教育热点：发布各种教育新闻及资讯。

2. 招考信息：汇总教育方面的相关政策，介绍中、高考的招生信息及各种考试信息。

3. 基础讲堂：提供从小学到高中与课改信息同步的课程大纲，使家长和学生进一步了解课改进程。

4. 职业培训：介绍再就业信息、提供培训机构、推荐热门课程、推荐家教老师。

5. 高考分数：介绍近三年来全国各高校的招生分数线。

（五）求职招聘：无论是找工作还是招人才，求职招聘将帮助您找到理想的工作或招到合格的人才。下设热销人才、人事公告、找工作、招人才、职业指导、热门岗位等6

个栏目。

1. 找工作：提供各种用人单位招聘信息。

2. 招人才：提供各类人才信息。

3. 职业指导：提供简历指导、面试指导、就业指导及测评。

4. 人事公告：提供各种人事公告信息。

5. 热门岗位：提供热门行业热门岗位的招聘信息。

6. 热销人才：推荐热门人才。

四、准视频点播

沈阳有线数字电视每天精选数十部新闻、电影、体育、综艺等节目，采用循环播出的方式实现准视频点播。用户可以通过家中的数字电视机顶盒，根据自己的喜好进行即时点播和预约点播。新闻点播以近日中央、省和我市的新闻为主，如果用户错过了正常收看的时间，那么就可以在这里点击收看，它给工作或家务繁忙不能正点收看新闻的用户带来了很大方便；丰富的点播内容充分体现出数字电视的个性化服务功能。

五、股市行情

沈阳有线数字电视采用了股民们最常使用的钱龙证券分析系统，在提供实时大盘显示和个股查询的同时，还为用户提供了股评、公告及数据分析等周全而完善的股市分析服务。它给股民们提供了一个方便快捷的股市操控平台，让炒股更为轻松。

六、家庭信箱

沈阳有线数字电视为每个用户开通了一个免费邮箱，用户可以以电子邮件或实时消息的方式接收到水、电、气、天气、交通等与生活息息相关的公共事业信息以及政务、商业、娱乐等其他信息。

七、管理功能

沈阳有线数字电视还提供了各种实用功能以方便用户使用数字电视。如：节目指南功能可以帮助用户查询到一周内各个频道的节目单，并预先设置自己喜爱的节目以便在播出时自动提示；节目编辑功能可以帮助用户设置方便自己收看的节目列表，同时使用密码以防止被人修改；父母锁功能可以帮助家长对孩子的收视节目加以限制；等等。

数字电视改变了传统电视"你播我看"的使用方式，使观众从被动的"看"变为自主的"用"；它使电视不再局限于家庭娱乐工具的定位，而成为一个多媒体信息平台，从方方面面满足用户的需求。随着数字电视业务的拓展和新技术的应用，它将为用户开辟出一个更加个性化、专业化的信息专属空间，勾勒出一种未来的生活模式。

关于对沈阳市广播电视局
建设广播电视监测网给予支持的通知（主要内容）

2007年3月7日，沈阳市广播电视局印发《关于对市广播电视局建设的广播电视监测网给予支持的通知》（沈广电发［2007］9号）。

通知指出：广播电视监测网的主要功能是对全市广播电视覆盖网的传输效果进行监测，依法维护空中电波和网台播出秩序，保证人民群众的收听收看效果。沈阳市广播电视监测网的规划方案是将我市8个区、县（市）的广播电视信号经过数字压缩采集方式通过光缆干线回传到市广电局。

通知要求：为了解决8个区、县（市）的广播电视信号回传到市广电局的传输问题，拟采取以下方法：

1. 请市传媒网络公司给予支持，通过市传媒网络公司的光缆线路，将东陵区、于洪区、苏家屯区和沈北新区的广播电视信号，回传到沈阳广播电视监测网；

2. 借助传发中心的光缆线路将法库县、康平县、辽中县的广播电视信号，回传到沈阳市广播电视监测网；

3. 请各区、县（市）广播电视台、站在广播电视信号回传工作中给予支持并做好相关配合工作。

沈阳市有线数字电视
收视维护费价格听证会

2007年4月6日，沈阳市物价局在沈阳宾馆召开沈阳市有线数字电视收视维护费价格听证会，就沈阳传媒网络有限公司提出的"制定沈阳市有线数字电视收视维护费标准方案"进行公开听证。

本次听证会共聘请代表30人，分别是消费者代表11人，专家学者代表5人，经营者代表4人，有关部门代表10人，实际到会代表30人。

沈阳传媒网络有限公司总经理孔军、常务副总经理何宏刚、市场运营公司副经理裴远真、市场运营公司外联策划部经理倪红作为经营者代表参加了会议。

沈阳传媒网络有限公司常务副总经理何宏刚对听证代表提出的问题——做了解释，并回答了与会媒体记者的关切。

会议成功通过了沈阳传媒网络有限公司提交的"定价方案"。

沈阳市有线数字电视基本收视维护费
标准方案听证会申请人陈述意见

申请人代表　何宏刚

（2007年4月6日）

各位代表：

刚刚听过大家的发言，很受启发，也学到了很多东西。代表们本着对沈阳市民、对政府、对传媒网络高度负责的态度，给我们提出很多很好的意见和建议，并就有线电视数字化整体转换是推进家庭信息化、社会信息化，从而实现国家信息化的必然选择，是当今信息时代信息革命的必然产物，等等，形成了广泛共识。大家的表述，既深刻地认识到有线电视数字化的重要意义，又预测了整体转换的长期性和艰巨性；既客观地分析了市民的承受能力，又兼顾了我市广电事业的发展。在这里，对代表们对我们的关注、关心、关爱表示衷心的感谢。

下面，我代表申请人——沈阳传媒网络有限公司作陈述发言。

一、将听证代表的意见和建议转化为我们搞好整体转换的动力。

代表们从不同角度的发言，给了我们很多启示，使我们深刻认识到与过去粗放式的模拟电视服务相比，有线数字电视服务延伸到每一个家庭的每一个终端和每一套节目，我们的服务方式、工作方式、管理方式都需与这种变化相适应。同时，有线电视数字化又是一项新生事物，没有现成的经验可循，我们认真研究代表们提出的意见和建议，通过实践和探索不断完善我们的工作，确保转换平稳过渡，保证我市有线电视数字化整体转换又好又快健康有序地完成。

二、坚决维护群众的基本收视权，充分尊重用户的收视选择权。

在整体转换中，我们不搞一刀切，强迫用户接受，强行关断模拟信号。保证不参加转换的用户和在册没有机顶盒的终端能收看到至少6套模拟电视节目，坚决维护群众的基本收视权。对参加转换的用户，我们须与其协商签订服务协议，明确各自的权利和义务，充分尊重用户的收视选择权。

三、在为用户开发服务内容增加服务项目上下大功夫。

有线电视从模拟向数字转换后，用户的收视维护费标准也随之发生了变化，我们一定要用适度调整的收视维护费，在为用户开发新的服务内容、增加新的服务项目上狠下功夫，让群众认可，物有所值。使用户不仅看好电视，而且要用好电视使沈城市民家中的电视机确实成为集广播、电视和部分互联网功能于一体的多媒体信息终端，使参加转换的用户尽早实现家庭信息化。

四、认真处理好有线数字电视的社会效益与经济效益的辩证关系。

我国有线电视具有很强的政治属性，是传达中央政令、建设社会主义精神文化的重要阵地。因此，在这次转换过程中，我们坚持社会效益第一位，确保党和政府的声音进入千家万户，维护广大有线用户的合法权益。同时，强化内部管理，严格实施成本控制，努力挖潜、开源节流，从节约每一个铜板做起，科学运营，尽全力提高经济效益，从而尽量减少用户的负担。把有线电视的公益性公共服务、公益性有偿服务和个性化市场服务的不同特征区分开、处理好，明确各自的服务定位和任务要求，把社会效益与经济效益的关系辩证地处理好。

五、以人为本，把"96195"客服中心办成一站式服务的服务品牌。

以人为本，用户至上，是我们工作的出发点和落脚点，也是有线电视数字化推进工作能否成功的关键。我们已经决定提高"96195"客服中心的服务能级，扩大话务座席，使之成为集咨询、投诉、报修、访问为一体的，只需用户播通一号就能实现全方位服务的客户服务系统，让我们的服务触角延伸到用户身边，叫响"沈阳有线，服务无限"，把"96195"打造成赶超"移动"和"网通"的服务品牌。

六、积极做好普及有线数字电视的宣传。

我们要以这次听证会为起点，通过广播、电视、报纸和互联网的强势立体宣传，通过深入到社区的各类活动，让广大群众全面了解什么叫数字电视，有线电视为什么要从模拟转换为数字，有线电视数字化能给百姓带来什么好处，积极普及数字电视知识，做到家喻户晓、妇孺皆知，人人掌握数字电视的相关常识，把我们今天达成的共识演化成全社会的共识。

最后我在这里表个态，在我市有线电视数字化整体转换过程中，我们将认真倾听群众的意见和呼声，不断改进我们的技术、不断改进我们的服务、不断改进我们的管理，把这项事关百姓生活、社会和谐的阳光工程、信息工程、民心工程搞好，诚恳地接受代表们的监督，接受社会各界的监督。

谢谢各位代表，谢谢会议主持人！

2007年市政府第5次常务会议
研究我市有线数字电视收视维护费标准问题

2007年5月18日，市政府第5次常务会议，研究我市有线数字电视收视维护费标准等问题。市长李英杰在520会议室主持召开2007年市政府第5次常务会议，听取关于制定我市有线数字电视收视维护费标准的情况汇报，并做出相应决定：

1. 原则同意市物价局的汇报方案，责成有关部门根据会议讨论意见进一步修改完善后，上报审批；

2. 对老红军及其遗孀、农村五保人员、城市"三无"人员、享受重点优抚对象人员和享受最低生活保障人员的基本收视维护费，采取政府直接补贴的方式予以免收。

关于开展沈阳有线电视
数字化整体转换工作的通知

2007年8月1日，市政府办公厅印发《关于开展沈阳有线电视数字化整体转换工作的通知》[沈政办发（2007）36号]。

通知概要如下：

1. 充分认识有线电视数字化整体转换的重要意义。有线电视数字化是一项关系国计民生的社会系统工程、民心工程、信息工程。

2. 各区、县（市）政府对此项工作要给予高度重视，认真落实好本区域的有线电视数字化整体转换工作任务。

3. 为确保我市有线电视数字化整体转换工作的顺利实施，市政府成立由常务副市长赵长义任组长，市委常委、宣传部长马占春、副市长王玲任副组长，各区、县（市）政府和市政府各相关部门参加的市有线电视数字化整体转换推进工作领导小组，领导小组办公室设在沈阳电视台。各有关部门要按照领导小组的部署和要求，积极做好相关工作。

转发辽宁省物价局关于沈阳市有线数字电视基本收视维护费标准的批复的通知

2008年1月10日，市物价局《转发辽宁省物价局关于沈阳市有线数字电视基本收视维护费标准的批复的通知》[沈价发（2008）1号]。通知要求：

1. 收费时间。对2007年已进行有线电视数字化转换试看满两个月以上的用户，可自2008年1月1日开始收费。

2. 对特殊群体的保障措施。关于对老红军及其遗孀、农村五保人员、城市"三无"人员、享受重点优抚对象人员和享受最低生活保障人员基本收视维护费的补贴政策，按市政府办公厅《关于开展沈阳有线电视数字化整体转换工作的通知》[沈政办发（2007）36号]规定执行。

3. 机顶盒等价格。对需要销售的机顶盒及相关配套设备的销售价格另行批复。

4. 做好宣传工作。沈阳传媒网络有限公司在执行新收费标准前，应通过新闻媒体等多种形式将有线数字电视基本节目内容与服务内容向社会公布。

5. 明码标价工作。沈阳传媒网络有限公司接到文件后，应立即到市审批服务中心物价窗口办理《收费许可证》，并按照《价格法》有关规定做好明码标价工作。

关于有线数字电视居民用户
第二以上终端机顶盒销售价格的批复

2008年4月29日，市物价局印发《关于有线数字电视居民用户第二以上终端机顶盒销售价格的批复》。批复主要内容如下：

1. 有线数字电视居民用户第二以上终端机顶盒（含学习型遥控器、智能卡）每套销售价格605元；

2. 有线数字电视智能卡因用户原因丢失、损坏等需要补卡的，补卡价格每张100元；

3. 有线数字电视机顶盒及相关设备采购价格如发生变动，应重新申报定价；

4. 销售机顶盒时要实行明码标价，不得在规定价格之外另收其他费用。

沈阳传媒网络有限公司
关于王东明等同志聘（免）职务的通知

2008年9月10日，沈阳传媒网络有限公司办公室印发《关于王东明等同志聘（免）职务的通知》（沈传网办发〔2008〕1号）。

决定聘任：王东明为市场运营公司网络拓展部经理；倪红为市场运营公司外联策划部经理；邢大勇为市场运营公司信息管理部经理；胡由义为客服中心监管部经理；宋明颖为客服中心受理部经理；华岩为技术开发公司数字电视业务部经理；李成雨为技术开发公司宽带业务部经理；李秉仁为技术开发公司规划设计部经理；张立国为技术开发公司器材管理部经理；曲刚为技术开发公司管网部经理；车欣悦为技术开发公司播控部经理；冯志勇为技术开发公司传输部经理；刘世颖为工程服务公司监理部经理；董涛为工程服务公司网络巡检部经理；邓军为工程服务公司网络巡检部副经理；刘海为工程服务公司结算部经理；张广辉为工程服务公司和平区客服分公司经理；王贺为工程服务公司和平区客服分公司副经理（经理级）；王亚奎为工程服务公司和平区客服分公司副经理（经理级）；赵新民为工程服务公司沈河区客服分公司经理；刘心纯为工程服务公司沈河区客服分公司副经理（经理级）；伊秀中为工程服务公司皇姑区客服分公司经理；张克为工程服务公司皇姑区客服分公司副经理（经理级）；唐殿宝为工程服务公司皇姑区客服分公司副经理（经理级）；孙金洲为工程服务公司铁西区客服分公司经理；苏秀

文为工程服务公司铁西区客服分公司副经理（经理级）；王克岩为工程服务公司大东区客服分公司经理；吴竞鹏为工程服务公司大东区客服分公司副经理（经理级）；于德水为工程服务公司大东区客服分公司副经理（经理级）；刘芳为办公室综合部经理；杨轩为办公室人力资源部副经理（主持工作）；王梅为办公室计划财务部经理；沈国柱为办公室行政管理部副经理（主持工作）；陈胜为办公室车队队长；刘家彬为办公室保卫部经理。

沈阳传媒网络有限公司
关于何冬梅等同志聘任职务的通知

2008 年 10 月 8 日，沈阳传媒网络有限公司办公室印发《关于何冬梅等同志聘任职务的通知》。

决定聘任：何冬梅为市场运营公司经营管理部副经理；陈洋为客服中心受理部副经理；陈强为客服中心接访部副经理；王岩松为技术开发公司综合业务厅副经理；田妍为办公室计划财务部副经理兼主管会计；何建中为办公室变电所副所长。以上聘任管理人员，聘期至 2010 年 12 月 31 日结束。

沈阳有线注册成立
东陵区传媒网络有限责任公司

2009 年 5 月 22 日，沈阳有线注册成立东陵区传媒网络有限责任公司。

沈阳有线董事会就投资成立沈阳市东陵区传媒网络有限责任公司事宜形成决议，主要内容如下：

1. 由市传媒网络公司注册成立东陵区传媒网络有限责任公司，负责东陵区有线电视网络经营。为市传媒网络公司全资子公司，独立承担法律责任。

2. 以东陵区财政部门划转至市公司的资产作为投资，成立沈阳市东陵区传媒网络有限责任公司。由市传媒网络公司相关部门按照《公司法》的规定，办理工商登记等相关手续。

3. 东陵区财政局在办理东陵网络资产划转市传媒网络公司过程中，以机关事业单位资产管理方式，将资产原值划出，市传媒网络公司以原值接收。

沈阳有线注册成立
沈北新区传媒网络有限责任公司

2009年7月30日，沈阳有线注册成立沈北新区传媒网络有限责任公司。

沈阳有线董事会就投资成立沈阳市沈北新区传媒网络有限责任公司事宜形成决议，主要内容如下：

1. 由沈阳有线注册成立沈北新区传媒网络有限责任公司，负责沈北新区有线电视网络经营活动。为市传媒网络公司全资子公司，独立承担法律责任。

2. 以沈北新区财政部门划转至市传媒网络公司的资产作为投资，成立沈阳市沈北新区传媒网络有限责任公司。由市传媒网络公司办理工商登记等相关手续。

3. 沈北新区财政局以机关事业单位资产管理方式，将资产划出，市传媒网络公司原值接收。市传媒网络公司在分批投资时，须对其资产进行评估，评估后资产减值部分，应依照国有资产管理的相关规定办理核销手续。

关于沈阳传媒网络有限公司标志的说明

2009年7月，沈阳传媒网络有限公司标识设计完成，其文化内涵包括：

标志图形：标识的外形类似中国的方型印章，左上角及右下角加以弧形处理；以写意手法勾勒出的白色MNS连写图案将整个图形均衡地分为左、右两区，左区采用橘黄色渐变，右区采用蓝色渐变。MNS是公司的英文缩写，它有两种解释：一种是Media Network of Shen Yang，意即沈阳传媒网络；一种是Media Network Serves，意即传媒网络服务。

标识释义：1. 标识采用沈阳传媒网络有限公司的英文缩写"M""N""S"为设计元素。标志中间自由挥洒的一笔既是"M""N""S"的连写，又非常写意地呈现出一只振翅高飞的雄鹰。雄鹰代表公司的形象，机智、灵活、迅速、敏感，具有积极向上的拼搏精神和进取精神，象征着沈阳传媒网络有限公司展翅飞翔于天际，站在一定的高度，为广大用户提供更全面的服务。大鹏展翅高飞，象征着沈阳传媒网络有限公司的事业将蓬勃发展。鹰的左翼采用了圆形图点渐变的表现手法，有很强的网络信息传递感，体现了沈阳传媒网络有限公司的时代科技感和从事的信息传输服务。

标志中间自由挥洒的一笔也象征沈阳的母亲河－－"浑河"，它奔流不息永远向前，贯穿整个城市，象征着沈阳传媒网络有限公司的网络覆盖整个沈阳地区。

2. 标志采用国际橙色和科技蓝色作为主色调，表示公司的性质。国际橙色代表现代的朝阳产业，科技蓝色是国际通用的代表科技的标志色调，两种色彩搭配，具有强烈的科技感、现代感及国际化色彩，体现了沈阳传媒网络有限公司的产业特征。

3. 标志外形采用中国的方型印章，象征着沈阳传媒网络有限公司用心诚信服务于每一位客户的责任感，同时也体现出沈阳传媒网络有限公司的雄厚实力。标志内挥洒的一笔采用中国书法的表现形式，与标志外形的中国印章浑然一体，体现了沈阳传媒网络有限公司的华夏文化品位。

标志图文组合方式：公司标志有两种标准的图文组合方式。

1. 横版：以图形标志为基础，右侧添加公司的英文简称、英文全称和中文全称。

2. 竖版：以图形标志为基础，下面添加公司的英文简称、中文全称和英文全称。

另外，还有两种非标准图文组合方式，可根据实际情况应用。

标志及其图文组合的使用范围：公司标识及其图文组合方式用于公司各种资料、印刷品、书籍、网站、名片、礼品等载体以及会议宣传背景、室内装修布置、建筑物装饰等。

标志及其图文组合的使用规则：1. 不得随意变换标志

及其图文组合的颜色、字体及形状；2. 应严格遵守标志的
图文组合方式，不得随意对标志进行图文组合；3. 使用标
志及其图文组合时，整个图形的长宽大小应按同比缩放；
4. 当使用背景颜色与标志颜色相近时，可在标志外框上加
白色雾化效果的边框，以突出标志。

苏家屯区传媒网络有限责任公司
股权转让决议

2009 年 11 月 20 日，沈阳有线董事会就沈阳市苏家屯区
传媒网络有限责任公司股权转让事宜形成决议。

主要内容有：

1. 同意由市传媒网络公司出资收购沈阳鑫桥广告传播
有限公司持有的沈阳市苏家屯区传媒网络有限责任公司 20
万元股权。沈阳市苏家屯区传媒网络有限责任公司为市公司
全资子公司，独立承担法律责任。

2. 由市传媒网络公司责成相关部门与沈阳鑫桥广告传
播有限公司协商并签订转让协议，依法办理股权转让的变更
登记、修改公司章程和出资人及出资额的记载等。

建立"沈阳经济区
传媒网络股份制公司"的设想

2010 年，沈阳传媒网络有限公司常务副总经理何宏刚在
市委宣传部"关于沈阳经济区建设中如何发挥沈阳文化产业

作用座谈会"上代表沈阳传媒网络有限公司发言，提出：建立"沈阳经济区传媒网络股份制公司"。第一步，效仿沈阳中心城市经济辐射周边城市群形成沈阳经济区的做法，建立以沈阳传媒网络为依托，鞍山、抚顺、本溪、营口、辽阳、铁岭及阜新等八城市有线电视网络联合的"沈阳经济区有线电视网络合作体"，建立业务协作机制；第二步，做实"合作体"，成立"沈阳经济区传媒网络集团"，总部设在沈阳。八城市网络管理体制不变，建立联席工作机制，使沈阳经济区传媒网络集团成为紧密型经济组织；在集团共同体利益驱使下，建立"沈阳经济区传媒网络股份集团公司"。成为名副其实的经营实体。

关于有线数字电视居民用户
第二以上终端机顶盒定价办法的通知

2010年12月23日，市物价局印发《关于有线数字电视居民用户第二以上终端机顶盒定价办法的通知》[沈价审批（2010）138号]。通知如下：

1. 有线数字电视居民用户第二及以上终端机顶盒（含遥控器）的销售价格，按照在实际进价的基础上顺加8%的综合费用（含税金）的作价办法执行；

2. 有线数字电视居民用户第二及以上终端所需智能卡和各终端补办的智能卡，也按照上述作价办法执行，但作价后最高不得超过每张30元；

3. 此通知从2011年1月1日起执行。

沈阳传媒网络有限公司
成立软环境建设办公室

2011年2月25日，沈阳传媒网络有限公司印发《关于成立软环境建设办公室的通知》［沈传网发（2011）3号］。

《通知》要求，根据沈阳市环境建设推进组软环境建设办公室《关于成立软环境建设办公室的通知》［沈软办发（2011）1号］精神，沈阳传媒网络有限公司成立软环境建设办公室，办公室设在客户服务公司。

软环境建设办公室的主要职责是：围绕促进公司主营和增值业务发展的有效执行、完善运营管理、优化服务质量、提高工作效率和服务水平，制定相关政策和具体措施；协调解决服务用户工作中遇到的重大问题；检查指导相关工作；总结推广典型经验，表彰先进典型，就影响公司服务形象的责任人提出处理意见。

沈阳传媒网络有限公司
《领导班子会议纪要》

2012年2月16日，沈阳传媒网络有限公司召开总经理常务会议，研究决定有关事项如下：

1. 关于加强子区公司领导班子建设

研究决定：试聘，张立国同志为苏家屯区传媒网络有限责任公司副经理兼财务总监；刘海同志为沈北新区传媒网络有限责任公司副经理兼财务总监；何冬梅同志为东陵区传媒网络有限责任公司财务总监。

2. 关于公司内设机构管理人员重新聘任工作

会议议定：今年3至4月期间，进行公司内设机构管理人员新一轮聘任工作。

3. 关于北陵办公楼的管理

北陵办公楼的入驻单位有：客服公司的受理部、技术中心的规划设计部、宽带业务部和管网建设部等职能部门。就大楼运行管理问题，会议议定：分管副总经理：苏焕伟；运行管理负责人：李成雨；其他各相关职能部门配合做好各项管理工作。

沈阳传媒网络有限公司
关于倪红等同志职务聘免的通知

2012年4月23日，沈阳传媒网络有限公司印发《关于倪红等同志职务聘免的通知》[沈传网办发（2012）1号]，决定聘任：倪红同志为外联策划部经理；邢大勇同志为用户管理部经理；王岩松同志为经营管理部经理；魏绍利同志为信息业务部副经理；牛刚同志为网络拓展部副经理；冯志勇同志为传输部经理；杨林同志为传输部副经理；车欣悦同志为播控部经理；杨涛同志为播控部副经理；李秉仁同志为规划设计部经理；宋雨良同志为数字电视业务部副经理；马明涛同志为数字电视业务部副经理；李大明同志为宽带业务部副经理；杨宇同志为宽带业务部副经理；王一然同志为宽带业务部副经理；孟宪华同志为宽带业务部大客户部经理；王欣同志为宽带大客户部副经理；曲虹同志为器材管理部副经理；姜冬冬同志为综合营业厅副经理；于德水同志为工程监理部经理；唐殿宝同志为管网部经理；邓军同志为管网部副经理；刘忠厚同志为管网部副经理；董涛同志为网络巡检部经理；关晖同志为结算部副经理；于海丹同志为受理部主班经理；刘军同志为受理部副班经理；陈强同志为接访部经理；刘世颖同志为和平客服分公司经理；王亚奎同志为和平区客服分公司副经理（经理级）；张艺凡同志为和平客服分公司副经理；赵新民同志为沈河区客服分公司经理；刘心纯同志为沈河区客服分公司副经理（经理级）；曲刚同志为皇姑区客服分公司经理；王贺同志为皇姑区客服分公司沈飞站经理；高敬同志为皇姑区客服分公司经理助理（享受副经理级待遇）；孙金洲同志为铁西区客服分公司经理；苏秀文同志为铁西区客服分公司副经理（经理级）；王克岩同志为大东区客服分公司经理；吴竞鹏同志为大东区客服分公司黎明站经理；马哲同志为大东区客服分公司副经理；陈洋同志为综合部经理；刘芳同志为人力资源部经理；田妍同志为计划财务部副经理（经理级）；王颖同志为计划财务部副经理级主管会计；沈国柱同志为行政管理部经理；刘家彬同志为保卫部经理；何建中同志为变电所所长；何文光同志为车队副队长；葛长松同志为车队副队长。

沈阳有线开展大型调研活动

自2012年10月10日至12月8日，沈阳有线开展为期两个月的"关于公司发展规划"的调查研究。直接参与者达215人，分8个课题组，围绕33个课题展开调研。何宏刚总经理主持召开9个不同层面、不同层次、不同代表性的座谈会，共搜集了424条意见或建议。经过梳理，催生了沈阳有线新的工作思路。

沈阳传媒网络有限公司
关于杨宇等同志任职的通知

1月18日，沈阳传媒网络有限公司总经理办公室印发《关于杨宇等同志任职的通知》〔沈传网办发（2013）4号〕，决定聘任：杨宇同志为总经理办公室主任助理；王岩松同志为资讯管理部主任助理（负责资讯内容编审工作）；马明涛同志为资讯管理部主任助理（负责资讯内容制作工作）；吴竞鹏同志为网络发展部主任助理（负责网络设计工作）；牛刚同志为网络发展部主任助理（负责网络拓展及网络拆迁工作）；唐殿宝同志为网络发展部主任助理（负责工程管理工作）；于德水同志为网络发展部主任助理（负责工程监理工作）；车欣悦同志为事业规划与信息化管理部主任助理（负责信息化管理工作）；李大明同志为传输与播控部主任助理（负责传输维护工作）；杨林同志为传输与播控部主任助理（负责播出控制工作）；王亚奎同志为设备与器材部主任助理（负责器材维修工作）；孟宪华同志为设备与器材部主任助理（负责设备招标工作）；陈强同志为服务质量监督部主任助理（负责投诉中心工作）；董涛同志为服务质量监督部主任助理

（负责用户回访与客服周报工作）；于海丹同志为客户服务部主任助理（负责呼叫中心工作）；关晖同志为客户服务部主任助理（负责呼叫中心工作）；邓军同志为客户服务部主任助理（负责线路抢修工作）；王一然同志为客户服务部主任助理（负责后台支持和内外协调工作）；陈洋同志为法务审计与经营管理部主任助理（负责法务与经营管理工作）；王颖同志为法务审计与经营管理部主任助理（负责审计监察工作）；何建中同志为行政管理部主任助理（负责动力保障工作）；曲虹同志为行政管理部主任助理（负责车辆管理工作）；王欣同志为行政管理部主任助理（负责车辆管理工作）；沈国柱同志为行政管理部主任助理（负责公司总部总务管理工作）；刘心纯同志为行政管理部主任助理（负责北陵及各区总务管理工作）；苏秀文同志为行政管理部主任助理（负责档案管理及综合事务工作）；魏邵利同志为行政管理部主任助理（负责资产管理工作）；张艺凡同志为和平客服公司太原南街营业厅经理；刘忠厚同志为和平客服公司浦江苑营业厅经理；何文光同志为沈河客服公司五爱街营业厅经理；刘军同志为沈河客服公司小西路营业厅经理；葛长松同志为铁西客服公司云峰街营业厅经理；杨涛同志为铁西客服公司北一路营业厅经理；姜东东同志为皇姑客服公司北陵大街营业厅经理；王贺同志为皇姑客服公司沈飞地区营业厅经理；马哲同志为大东客服公司草仓路营业厅经理；宋雨良同志为大东客服公司黎明地区营业厅经理。

沈阳传媒网络有限公司
关于魏新等同志任职的通知

2013年2月1日，沈阳传媒网络有限公司总经理办公室印发《关于魏新等同志任职的通知》[沈传网办发（2013）5号]，决定聘任：魏新同志为市场开发部主任助理（负责市场统筹策划工作）；许晓娇同志为市场开发部主任助理（负责信息业务与节目经营工作）；石知白同志为事业规划与信息化管理部主任助理（负责事业发展规划工作）；纪冰峰同志为设备与器材部主任助理（负责器材管理工作）；程亮同志为人力资源与运营管理部主任助理（负责运营管理工作）。

沈阳传媒网络有限公司
关于设立客服公司营业厅的通知

2013年2月22日，沈阳传媒网络有限公司总经理办公室下发《关于设立客服公司营业厅的通知》[沈传网办发（2013）3号]，经总经理办公会议讨论，决定：
和平客服公司下设太原南街营业厅、浦江苑营业厅；
沈河客服公司下设五爱街营业厅、小西路营业厅；
铁西客服公司下设云峰街营业厅、北一路营业厅；
皇姑客服公司下设北陵大街营业厅、沈飞地区营业厅；
大东客服公司下设草仓路营业厅、黎明地区营业厅。

沈阳传媒网络有限公司
关于马明涛等同志任免的通知

2013年4月21日，沈阳传媒网络有限公司总经理办公室印发《关于马明涛等同志任免的通知》[沈传网办发 (2013) 18号]，决定聘任：马明涛同志为东陵客服公司丰乐营业厅经理；高媛同志为东陵客服公司丰乐营业厅副经理；孙航同志为东陵客服公司技术科副科长。

关于进一步建立和完善
公司内部控制制度的通知

2013年7月4日，沈阳有线印发《关于进一步建立和完善公司内部控制制度的通知》。为进一步完善公司内部控制制度，建立规范有序的现代企业运行机制，公司决定编制内部控制制度体系，具体事项及安排为：经管部负责内部控制制度体系的设计和汇编工作；计财部负责内部控制制度体系的汇总、审核工作，指导各部室，各公司内控制度的建立和完善；各部室、各公司负责各自业务范围和职责范围内的内控制度的编制工作。

公司内控制度体系：

一、各部门机构及岗位职责（以人资部为主，各部门上报为辅）。二、议事规则、经营管理班子工作规则（总经办）。

三、发展战略、企业文化（总经办）。

四、各项管理制度规定的各职能部门的岗位分工及授权审批流程（各部室、各公司）。

五、人力资源的规划与实施制度、人力资源的激励、约束与退出制度、业绩考核指标体系、与业绩考核挂钩的薪酬制度（人资部）。

六、供应部门管理制度

物资供应计划（物资需求部门）；物资请购规范（经管部）；自采业务规范（设备部）；大宗采购管理（设备部）；固定资产及设备采购管理（行政部、设备部）；劳务及服务采购（人资部及相关部门）；供应商管理（设备部）；合同、订单管理（经管部）；物料进库规程（设备部）；物料出库规程（设备部）；退料规程（设备部）；仓库账务管理（设备部）；存货盘点管理（设备部）；库存分析及报告（设备部）。

七、材料管理制度

领料制度（设备部）；物料使用制度（客服部、网络部）；物料退库制度（设备部）；物料盘点制度（设备部、计财部）。

八、销售环节管理制度

销售与收款控制、销售与授权控制（客服部）。

九、工程项目立标与招标管理制度、建设与验收管理制度（网络部、经管部）。

十、工程项目外包承包商的选择、外包业务控制流程管理制度（网络发展部、经管部）。

十一、资金管理制度

资金使用计划制度、现金管理制度、银行存款管理制度、备用金管理制度、借款管理制度、费用报销管理制度和筹资管理制度（计财部）；各收费站资金管理制度（客服部）。

十二、财务会计管理制度（计财部）

（一）会计核算管理制度

1. 会计核算基础工作管理制度。2. 一般会计业务管理制度。3. 财务会计报告的内部控制制度。4. 利润分配的内部控制制度。5. 会计档案管理制度。6. 会计工作交接的内部控制制度。

（二）财务管理制度

1. 债权管理制度（应收账款、其他应收款）。2. 固定资产管理制度：（1）固定资产购置。（2）固定资产日常管理。（3）固定资产盘点。（4）固定资产处置。（5）在建工程管理。3. 资产减值管理：坏账准备管理；长、短期投资减值准备管理；存货跌价准备管理。4. 债务管理：应付账款、应付工资与福利费管理。5. 成本费用管理：营业成本管理制度、管理费用管理制度、财务费用管理制度。6. 财务分析管理制度。

十三、全面预算管理制度

预算编制、预算执行与参考（以计财部为主，各部门上报为辅）。

十四、内部审计制度

内部审计计划管理、执行管理、结果处理、其他管理制度（经营部）。

十五、投资管理制度

项目投资（市场部）

十六、信息系统管理制度：信息系统的开发、变更、运

行与维护控制管理，信息系统访问安全审批制度，硬件管理
制度（事业部）；会计信息化管理及其控制（计财部）。

沈阳传媒网络有限公司总经理办公会议纪要
［2013］1号

2013年12月30日下午，公司总经理何宏刚同志在网管
中心903会议室主持召开了总经理办公会议。出席会议的
有：副总经理苏焕伟，总经理助理裴远真、王湘农，总工程
师陈坚，副总工程师李成雨。研究决定有关事项如下：

一、建立五大委员会

经营战略委员会（办公室设在市场部）

召 集 人：裴远真

秘　　书：倪　红

技术规划委员会（办公室设在技术部）

召 集 人：李成雨

秘　　书：邢大勇

安全生产委员会（办公室设在保卫部）

召 集 人：苏焕伟

副召集人：陈　坚

秘　　书：刘家彬

副 秘 书：李大明

文化建设委员会（办公室设在总经办）

召 集 人：何宏刚

副召集人：王湘农

秘　　书：张　艳

民主管理委员会（办公室设在总经办）

召 集 人：何宏刚

副召集人：王湘农

秘　　书：张　艳

二、干部聘用问题

会议讨论了张艳同志聘用问题。会议认为，张艳同志具备干部聘用条件：

1. 作为部门临时负责人，工作尽职尽责，对总经理常务会议及办公会议记录工作懂规矩、守纪律，并有较好的文字能力；

2. 有公司一线工作经历；

3. 大学本科学历；

4. 年龄为40周岁以下。

但由于受部门干部职数限制，会议决定聘用张艳同志为主任行政专员，待遇为行政支持类薪档。

会议还决定，聘用孙航同志为东陵区客服公司经理助理（经理助理A级）；程亮同志为于洪区客服公司经理助理（经理助理B级）。

会议还研究了其他事项。

沈阳传媒网络有限公司总经理办公室

2013年12月30日印发

沈阳有线五大委员会委员名单

2013年12月30日，沈阳有线总经理办公会议，讨论通过了五大委员会成员名单：

经营战略委员会委员：裴远真、李成雨、王　刚、倪红、陈　洋、于启洋、王东明、邢大勇、李大明、曲　刚、何冬梅、魏　欣、石知白、车欣悦。

技术规划委员会委员：李成雨、王　刚、倪　红、冯志勇、王克岩、王东明、邢大勇、李大明、张广辉、车欣悦。

安全生产委员会委员：苏焕伟、陈　坚、王　刚、倪红、陈　洋、于启洋、冯志勇、王克岩、王东明、邢大勇、李大明、曲　刚、刘　芳、刘世颖、张广辉、李秉仁、杨轩、何冬梅、张立国、刘家彬。

文化建设委员会委员：何宏刚、苏焕伟、裴远真、王湘农、李成雨、陈　坚、王　梅、王　刚、倪　红、陈　洋、于启洋、冯志勇、王克岩、王东明、邢大勇、李大明、曲刚、刘　芳、刘世颖、张广辉、李秉仁、杨　轩、何冬梅、张立国、刘家彬、张　艳。

民主管理委员会委员：何宏刚、苏焕伟、裴远真、王湘农、李成雨、陈　坚、王　梅、王　刚、倪　红、陈　洋、于启洋、冯志勇、王克岩、王东明、邢大勇、李大明、曲刚、刘　芳、刘世颖、张广辉、李秉仁、杨　轩、何冬梅、张立国、刘家彬、张　艳、刘金良、喻江波、汤明浩、阎伟、于　佳。

沈阳有线领导班子成员分工
和内部管理体制与工作机制

2013年12月31日，调整后的沈阳有线领导班子召开总经理常务会议。会议决定的主要事项有：

一、经营班子领导分工

总经理何宏刚，主持公司全面工作，分管总经理办公室；

副总经理苏焕伟，负责行政保障方面工作，分管行政部、保卫部；

副总经理裴远真，负责经营客服方面工作，分管市场部、集团业务部、社区业务部、资讯部、客服部；

副总经理王湘农，负责运营监管方面工作，分管经营管理部、服务质量监督部、工程监理部、资产管理部、人力资源管理部及东陵、于洪、苏家屯和沈北等4个客服公司；

副总经理兼总工程师李成雨，负责技术工程方面工作，分管技术部、网络建设部、运维部、传播部。

二、总经理助理和财务总监的工作分工

总经理助理陈坚，协助苏焕伟同志分管行政部和保卫部。

财务总监王梅，负责财务方面工作，分管财务部。

三、公司内部管理体制和工作机制

沈阳传媒网络有限公司的管理体制是：实行总经理领导下的副总经理负责制，副总经理分管下的部门责任制。

工作机制是：实行总经理召集下的班子成员分工协作

制，班子成员召集下的委员会工作协调制。

沈阳有线召开郊区公司工作会议

2014年1月24日，沈阳有线召开郊区公司工作会议。会议明确：

一、更换四个郊区公司法人代表，由（集团）公司副总经理王湘农担任；

二、（集团）公司采取核算中心制，区公司不再设立会计员；

三、郊区公司人力资源工作由（集团）公司统一规范管理；四、郊区客服工作纳入96195统一考评体系。

沈阳有线"智慧城市"建设工作启动

2014年2月24日，沈阳有线召开总经理办公会议，会议就"智慧城市"建设工作做了具体部署，会议确定：

一、上报方案。"智慧城市建设操作方案"，以沈阳电视台和沈阳有线网管中心名义报市经信委。

二、成立股份制公司。成立由中国电信、东软集团、华数传媒以及风险投资公司等七家入股组成的基于智慧城市建设的跨行业跨地区的沈阳有线控股的股份制公司。

三、建立机顶盒生产基地。在浑南新区建立基于智慧社区推广项目需要的自主研发生产的"鹰宝"品牌机顶盒生产基地。

四、市场开发与产品研发。总结研究试点社区的市场需求，优先研发政府回购的慧民公共服务项目，把沈阳有线业务融合进去。先期开发1至3个产品。

五、网格化服务。迅速落实与民政部门联手建立的网格化服务，与社区联手设立的"智慧社区信息员"。

沈阳有线的"智慧城市"建设工作随即启动。

沈阳传媒网络有限公司总经理常务会议纪要
〔2014〕4号

2014年4月22日下午，公司总经理何宏刚在网管中心1003会议室主持召开了总经理常务会议。出席会议的有：副总经理苏焕伟、裴远真、王湘农，总工程师李成雨。研究决定有关事项如下：

一、集团业务部、社区业务部，暂合署办公。

二、副总经理苏焕伟，原工作分工原则不变，因工作调整，不再分管行政部、保卫部。

三、总经理助理陈坚，协助负责行政保障方面工作。分管行政部、保卫部。

四、决定聘任：王刚同志为总经理办公室主任、冯志勇同志为资讯部主任、李秉仁同志为经营管理部主任、杨轩同志为人力资源部主任、张立国同志为行政部主任、刘家彬同志为保卫部主任。

五、集团业务部副主任陈洋，负责合署办公后的集团业务部和社区业务部工作。

六、聘用车欣悦同志为主任技术工程师，待遇为专业技术类薪档；聘用张秀艳同志为主任经营管理师，待遇为经营管理类薪档。

会议还研究了其他事项。

沈阳传媒网络有限公司总经理办公室

2014年4月22日印发

数 据 资 料

1994 至 2004 年

沈阳有线电视台创收情况

1994 年，创收 2000 万元；

1995 年，创收 4022 万元；

1996 年，创收 6425 万元；

1997 年，创收 7490 万元；

1998 年，创收 7729 万元；

1999 年，创收 8460 万元；

2000 年，创收 8629 万元；

2001 年，创收 10028 万元；

2002 年，创收 11008 万元；

2003 年，创收 11521 万元；

2004 年，创收 13893 万元。

11 年累计创收 91205 万元。

2005 年至 2014 年

沈阳传媒网络有限公司创收情况

2005 年，创收 1.7 亿元；

2006 年，创收 2.0 亿元；

2007年，创收2.2亿元；

2008年，创收2.7亿元；

2009年，创收3.4亿元；

2010年，创收3.8亿元；

2011年，创收4.6亿元；

2012年，创收5.0亿元；

2013年，创收5.7亿元；

2014年，创收6.0亿元。

10年累计创收37.1亿元。

2005至2014年
新建住宅小区资源用户入网情况数据统计

2005年，入网新建住宅小区170个，入网资源总户数为6.6万户/端，占全市新建住宅小区资源总户数市场份额的85％。

2006年，入网新建住宅小区160个，入网资源总户数为7.3万户/端，占全市新建住宅小区资源总户数市场份额的86％。

2007年，入网新建住宅小区120个，入网资源总户数为6.1万户/端，占全市新建住宅小区资源总户数市场份额的81％。

2008年，入网新建住宅小区109个，入网资源总户数为6万户/端，占全市新建住宅小区资源总户数市场份额的79％。

2009年，入网新建住宅小区94个，入网资源总户数为5.2万户/端，占全市新建住宅小区资源总户数市场份额的65%。

2010年，入网新建住宅小区72个，入网资源总户数为4.8万户/端，占全市新建住宅小区资源总户数市场份额的79.14%。

2011年，联并网61个楼盘，拓展新用户4.1万户/端。

2012年，拓展新增用户资源10.5万户/端。

2013年，拓展新增用户资源5.3万户/端。

2014年，拓展新增用户资源5万户/端。

郊区有线电视
网络整合入网情况数据统计

东陵区有线网络13.06万户。

于洪区有线网络16.59万户。

苏家屯区有线网络10.17万户。

沈北新区有线网络13.33万户。

合计整合入网用户总数为53.15万户。

企事业单位有线电视
网络整合入网情况数据统计

沈阳水泵厂有线网络0.3万户。

省邮电科研所有线电视网络0.11万户。

浑南泰康公司有线电视网络0.3万户。

沈海热电厂有线电视网络0.15万户。

沈阳黎明有线电视网络2.3万户。

沈飞有线电视网络3万户。

601所有线电视网络0.32万户。

沈阳航空学院有线电视网络0.2万户。

沈阳广电中心有线电视网络2.42万户。

合计整合入网用户总数为9.1万户。

沈阳传媒网络有限公司
2012年度郊区公司业绩考核情况

东陵区：直管用户计划新增8000户，实际完成28745户，完成比率：359.31%。数字电视户数计划新增30000户，实际完成76625户，完成比率：255.42%。总收入：计划指标2000万元，实际完成2645.6087万元，完成比率：132.28%。

于洪区：直管用户计划新增10000户，实际完成10284户，完成比率：102.84%。数字电视户数计划新增30000户，实际完成36009户，完成比率：120.03%。总收入：计划指标2400万元，实际完成2737.602万元，完成比率：114.07%。

苏家屯区：直管用户计划新增4500户，实际完成5783户，完成比率：128.51%。数字电视户数计划新增2000户，实际完成5628户，完成比率：281.4%。总收入：计划指标3400万元，实际完成3618.3446万元，完成比率：106.42%。

沈北新区：直管用户计划新增10000户，实际完成17575户，完成比率：175.75%。数字电视户数计划新增

20000 户，实际完成 33378 户，完成比率：166.89%。总收入：计划指标 1550 万元，实际完成 1986.0629 万元，完成比率：128.13%。

1993 至 1998 年用户年增长数量统计表

年份	1993	1994	1995	1996	1997	1998	累计
数量	3.8	11.2	5.0	10.00	6.2	5.9	42.1

（计算单位：万户）

2001 至 2012 年模拟用户收费情况

日期	初装用户数	金额	窗口收费业务数	金额	停机
2001 年	87541	26363672	547803	73599910	19983
2002 年	59662	17716968	581006	85615841	19910
2003 年	55404	14504680	610573	91865001	20057
2004 年	82886	8052490	689293	99075633	20067
2005 年	123239	9015590		120000000	21278
2006 年	90691	9709550		126010000	22802
2007 年	77615	8553720		135470000	21230
2008 年	86362	11466055		98960000	22588
2009 年	58859	6912325		62280000	23769
2010 年	63976	7314995	353705	37377994	31824
2011 年	59559	6078180	235782	20993072	34954
2012 年	63768	5945740	187672	15889002	42289

2005至2012年数字用户收费情况

日期	窗口收费业务数	金额
2005年	9081	5548464
2006年	8874	4915346
2007年	106953	15633178
2008年	1075061	127223052
2009年	1032261	171001230
2010年	1335138	212453341
2011年	1627919	250009796
2012年	2030523	317413528

组织结构图

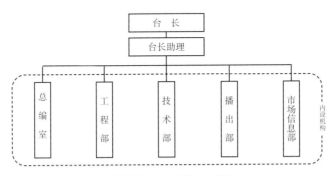

沈阳有线电视台初期组织结构图

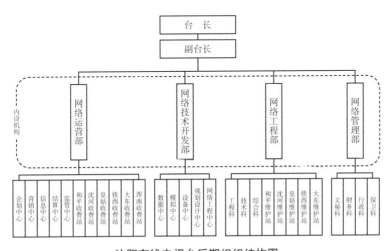

沈阳有线电视台后期组织结构图

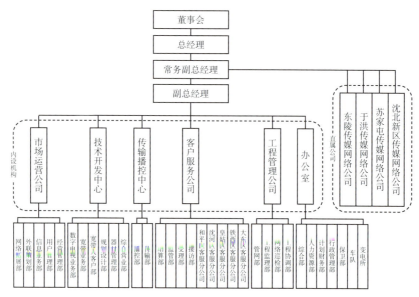

沈阳传媒网络有限公司改革前组织结构图

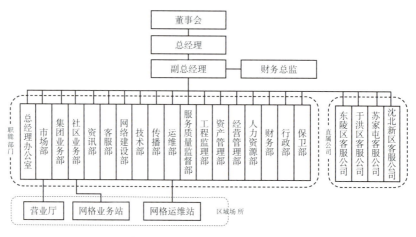

沈阳传媒网络有限公司改革后组织结构图

标识系列与办公场所图片

沈阳有线电视开播纪念标识

注：关于沈阳有线电视开播纪念物品采用标识
说明见18页

沈阳有线纪念印

注：沈阳有线电视开播十周年纪念画册留印

沈阳传媒网络有限公司标识

注：关于沈阳传媒网络有限公司标识——"途鹰"说明
见 139 页

沈阳有线客服吉祥物标识

鹰宝 YINGBAO

注：关于沈阳有线客服吉祥物标识——"鹰宝"
说明见140页

沈阳有线“智慧城市”建设标识

注：关于沈阳有线“智慧城市”建设标识——“慧鹰”
说明见140页

沈阳市智慧城市网络管理中心牌匾

注：沈阳市智慧城市网络管理中心设在沈河区小西路71号

沈阳有线网络管理中心大厦

（沈阳市沈河区小西路71号）

注：图为沈阳传媒网络有限公司办公地址

沈阳有线电视台原址

（沈阳市皇姑区昆山东路40号）

注：图为原沈阳电视台有线电视筹备处
和沈阳有线电视台办公旧址

编　后　语

　　翻过《沈阳有线志》，了然"三段论"：以沈阳电视台有线电视筹备处为标志的沈阳有线筹建时期，为第一段；以沈阳有线电视台为标志的沈阳有线建设时期，为第二段；以沈阳传媒网络有限公司为标志的沈阳有线发展时期，为第三段。这，便是沈阳有线的全部。

　　然而，盘点25年的沈阳有线历程，这里只见到星星点点，没能把沈阳有线人为开创发展沈阳广电网络事业而奋斗的壮丽鲜活地场景展现开来，但那些可歌可泣的人和事，将永远刻在沈阳广电网络事业的历史丰碑上，永远留在沈阳有线的记忆中！

　　《沈阳有线志》，虽因资源不补，史料或缺，文笔有限，只写进了只言片语，但还是要感谢那些为之提供、收集、整理、编纂而辛劳的人们，你们的心血"志"中可见一斑。

　　沈阳有线的精神，随着沈阳广播电视事业历史的不断积淀，将更加厚重！

何宏刚

2017年3月12日